WESTEND

JÖRG ARMBRUSTER

DER ARABISCHE FRÜHLING

ALS DIE ISLAMISCHE JUGEND BEGANN, DIE WELT ZU VERÄNDERN

WESTEND

Mehr über unsere Autoren und Bücher:
www.westendverlag.de

Die Deutsche Nationalbibliothek verzeichnet diese Publikation in
der Deutschen Nationalbibliografie; detaillierte bibliografische Daten
sind im Internet über http://dnb.d-nb.de abrufbar.

Das Werk einschließlich aller seiner Teile ist urheberrechtlich geschützt.
Jede Verwertung ist ohne Zustimmung des Verlags unzulässig. Das gilt ins-
besondere für Vervielfältigungen, Übersetzungen, Mikroverfilmungen und
die Einspeicherung und Verarbeitung in elektronischen Systemen.

ISBN 978-3-938060-44-5
© Westend Verlag GmbH, Frankfurt/Main 2011
Satz: Publikations Atelier, Dreieich
Druck und Bindung: CPI – Clausen & Bosse, Leck
Printed in Germany

Für b.a., weil sie mir Mut gemacht hat.

Inhalt

1 Despotendämmerung 9
2 Der 25. Januar – Tag des Zorns in Ägypten 16
3 »Wir sind es leid!« 25
4 Der 2./3. Februar: Kampf um den Tahrir-Platz 31
5 Der 11. Februar: Ende und Anfang 44
6 Rechenschaft – nicht Rache 53
7 Tunesien: Mohammed Bouazizi und die Generäle 62
8 Die ägyptische Armee und das ägyptische Volk – wirklich eins? 69
9 Jemen – Ein Staat zerfällt 77
10 Bahrain – Schiiten gegen Sunniten 88
11 Syrien – der Damaszener Winter 94
12 »Gott, Gaddafi und Libyen!« 110
13 Frühling in Libyen 124
14 Iman al-Obeidi 144
15 Rapper West – Moamar, Dunja und die anderen 159
16 Rapper Ost: Sufian, Mohammed und Ahmed 166

17	Kairo – der Tahrir-Platz in der Internetfalle	174
18	Können Araber überhaupt Demokratie?	191
19	Israel – der ungeliebte Nachbar	204
20	Das Ende der Ohnmacht?	212
21	Der kalte Frühling	220
	Literatur und Quellen	**235**

1 Despotendämmerung

Für möglich gehalten hatte diese Entwicklung in Ägypten kaum einer, auch die Anführer der schon lange rebellischen Jugend Ägyptens nicht. Anfang Januar 2011 war die am häufigsten gestellte Reporterfrage an ägyptische Oppositionelle, ob Tunesien ein Vorbild sei. Natürlich sei die tunesische Revolution ein wunderbares Vorbild, hieß es, aber Ägypten sei nun mal nicht Tunesien.

Ahmed Salah ist einer der Oppositionsführer, jung und smart. Er spricht perfekt englisch mit amerikanischem Akzent und wurde außerdem schon einige Male verhaftet, was in Kairo so etwas wie das Gütesiegel eines Oppositionellen ist. Er begründete seine Skepsis damals so: »Die Sicherheitskräfte foltern systematisch, das passiert hier fast jeden Tag. Die Sicherheitsdienste beschäftigen über eine Million Ägypter, Polizisten in Uniform, in Zivil, Schlägertrupps, Spitzel. Jeder Nachbar kann ein Spitzel sein. Wir leben in einem Überwachungsstaat. Außerdem bestimmt ausschließlich das Regime, was in den Medien erscheinen darf und was nicht. Das ist unsere tägliche Gehirnwäsche.«

Das hatte er am 17. Januar dem Kamerateam der ARD ins Mikrofon gesagt, also gerade mal eine Woche vor der ersten Massendemonstration in Ägypten. Dabei hatten die Tunesier die Ägypter immer beneidet, auch das hatte Ahmed Salah in dem Gespräch erzählt, weil die Ägypter angeblich so viel besser organisiert seien als die Tunesier. Er blieb aber bei seiner Skepsis wenige Tage vor dem ersten großen Sturm auf das Betonregime von Husni Mubarak, und er blieb natürlich bei seiner Bewunderung für die Tunesier.

Anfang November 2010 war ich mit meinem Kamerateam und dem Producer von unserem Büro in Kairo losgefahren, um in der Oase Faijum einen der Funktionäre der Moslembruderschaft zu einem Interview zu treffen. Es war kurz vor den Parlamentswahlen, die für Ende November angesetzt waren, und die Moslembruderschaft hatte beschlossen, diese Wahlen nicht zu boykottieren, obwohl der Wahlbetrug programmiert war. Der Faijum ist ein fruchtbarer Landstrich zwischen Nil und Wüste, gut zwei Autostunden westlich von Kairo gelegen. Von hier bezieht die Millionenstadt Gemüse, Bohnen und auch Fleisch. Der Faijum ist fest in der Hand der Moslembruderschaft, der nachgesagt wird, sie wolle aus Ägypten einen streng religiösen Staat machen. Selbst jene, die sich als Vertreter der liberalen »Change-Bewegung« um den Friedensnobelpreisträger Mohammed el-Baradei vorgestellt hatten, pflegten auffällig kurze Wege zu den Moslembrüdern.

Zum Beispiel Taha Abdel-Tawab, ein Physiotherapeut aus dem Städtchen Snoras und ein glühender Anhänger des Friedensnobelpreisträgers. Seine Leidenschaft hatte ihm Polizeigefängnis und Folter eingebracht. Seine Frau, eine Lehrerin, hatten die Funktionäre der Schulbehörde mehrfach verwarnt und, als Taha nicht klein beigab, sie kurzerhand aus dem Schuldienst geworfen. Und wenige Wochen vor den Parlamentswahlen Ende November 2010 hatten die Behörden ihm sogar sämtliche Behandlungsaufträge entzogen, was einem Berufsverbot gleichkam. Dies mit der Begründung, er sei unzuverlässig, er würde schließlich diesen Vaterlandsverräter el-Baradei unterstützen.

Über Taha hatten wir den Politiker der Moslembruderschaft im Faijum, Ahmadi Mohammed, kennengelernt; denn ohne die damals noch verbotene islamistische Organisation gehe nichts im Faijum, hatte Taha uns erklärt, er müsse ihm erst das ausländische Team vorstellen, dann könnten wir mit den Dreharbeiten anfangen. Dieser Ahmadi Mohammed ist kein weltinteressierter und sprachgewandter Mensch wie Ahmed Salah, sondern eher kleinbürgerlich, mit dem Kinnbart eines eifernden Puritaners, so um die Mitte vierzig, das Haar etwas schütter, freundliche Augen. Er lebt in einem zwar großen, aber bescheiden eingerichteten Haus mitten in einem einfachen Wohnviertel des Städtchens Snoras. Anfangs beobachtete er die westlichen Besucher misstrauisch, als wir ihn im Empfangsraum seines Hauses trafen. Schließlich kennt er doch das Zerrbild vom demokratiefeindlichen Religionsfanatiker, das westliche Medien häufig von den Moslembrüdern in ihren Berichten zeichnen. Aber er stellte sich damals, Anfang November 2010, meinen Fragen.

Dazu gehörte: »Warum nimmt die Bruderschaft überhaupt an diesen Wahlen teil, von denen man doch weiß, dass sie gefälscht werden? Warum boykottiert ihr das Regime nicht?«

Er antwortete damals: »Ägypten verändern, das ist ein zäher Prozess. Das dauert noch lange, und wir müssen alles nutzen, selbst diese Wahlen, die tatsächlich eine Farce sind.«

Wirklich überzeugend klang das nicht, denn dass gefälscht würde, davon ging auch er aus, hatte er doch am eigenen Leib bei den Wahlen 2005 erleben müssen, wie die Kandidaten der Staatspartei ihm den sicher geglaubten Sieg wieder abnahmen und in das Parlament einzogen.

Doch er bestand darauf: »An einen schnellen Wandel ist in Ägypten nicht zu denken.« Das sagte er rund zwei Monate vor der Achtzehn-Tage-Revolution auf dem Tahrir-Platz, der übersetzt »Platz der Befreiung« heißt.

Eine Woche nach Mubaraks Rücktritt am 11. Februar 2011 treffen wir ihn wieder. Nein, das habe er sich nicht vorstellen können, dass alles so schnell gehe, sagt er uns mit leuchtenden Augen.

Schließlich Libyen. Auch dort hatte sich niemand einen Wandel auch nur im Entferntesten erträumen können. »Sieben Geheimdienste hat Gaddafi, die sich gegenseitig in Schach halten, und alle sieben bespitzeln das Volk«, hatte ich bei den seltenen Besuchen gehört. Journalisten gaben die Behörden nur sehr zögerlich ein Visum, wenn die aus dem Land berichten wollten, es war verschlossener als eine Auster. Gaddafi wollte sich nicht in die Karten schauen lassen und wenn, dann höchstens organisiert und überwacht zu besonderen Anlässen wie dem Tag, an dem er seine Revolution von 1969 feiern ließ, am 1. September. Jeder Journalist bekam einen Aufpasser zur Seite, der jeden seiner Schritte überwachte. Wollte der Besucher aus dem Westen sein Hotel verlassen, musste er seinen staatlichen Aufpasser informieren. Kontakte zu normalen Bürgern waren unter diesen Umständen so gut wie nie möglich. Die meisten Libyer wichen Gesprächsversuchen fast immer aus. Die Angst saß zu tief, später Besuch von der libyschen Stasi zu bekommen und verhört zu werden – »Was hast du mit dem Ausländer besprochen?« – und schlimmstenfalls in einem der berüchtigten Gefängnisse zu verschwinden.

Nur einmal hatte ich erlebt, dass sich Jugendliche vorsichtig kritisch äußerten. Im August 2000 war das, wenige Tage vor den üblichen Revolutionsparaden am 1. September. Damals hatte sich Gaddafi schon vom Terrorismus losgesagt und Terrorgruppen den Geldhahn zugedreht. Er wollte zurück zum reichen Westen, der unter anderem Libyen für den Terroranschlag gegen den Pan-Am-Jumbo 1988 über dem schottischen Städtchen Lockerbie verantwortlich machte – zu Recht, wie sich wenige Jahre später herausstellte. Das gegen das Land verhängte UN-Embargo zeigte Wirkung, und Gaddafi spürte, dass die Jugend im Land immer unzufriedener wurde. Sie lebte eingesperrt in einem Käfig, von dem das Gold immer mehr abblätterte. Sie durfte nicht reisen, hatte kein Geld, sich Motorräder zu kaufen oder wenigstens ein altes Auto. Sie lebte isoliert, angefeindet vom Westen. Dort, so ging das Gerücht um, würden alle ihre Wünsche erfüllt. Doch die Ufer jenseits des Mittelmeers waren fast unerreichbar für sie.

Das setzte den libyschen Alleinherrscher unter Druck. Er musste ein Ventil schaffen. Als Zugeständnis öffnete er sein Land gerade so weit, dass die Jugendlichen ein bisschen Dampf ablassen konnten. So wurden 2000 in Tripolis die ersten Internetcafés eingerichtet, in denen man zunächst unzensiert Webseiten öffnen konnte, sogar solche über Gaddafis Männerfreundschaft mit Terroristen – in den staatseigenen Medien ein Tabuthema.

Damals sagte uns einer der überglücklichen Internetsurfer in einem dieser Cafés: »Ich kann jetzt erfahren, was überall auf der Welt los ist. Deswegen gehe ich jeden Tag hierher. Früher konnte ich das nicht. Das Internet ist für uns ein Fenster nach draußen.«

Jeder rechnete damals damit, dass Gaddafi dieses Fenster wieder zuschlagen würde. Doch es blieb geöffnet, wenn auch gelegentlich einige Seiten zensiert wurden. Irgendwann mussten sogar Satellitenschüsseln zugelassen werden. Bis zum Bürgerkrieg 2011 konnten die Libyer durch viele Fenster in die Welt außerhalb ihres Landes blicken. Sie konnten sich informieren, wenn sie nur wollten. Als die Unruhen und die Kämpfe ausbrachen, schalteten die Behörden allerdings das Internet wieder ab.

Über Facebook und Twitter hatte die Opposition schon Wochen vor den ersten Protesten zum »Tag des Zorns« am 17. Februar 2011 aufgerufen. Das Regime ahnte, was ihm blühen könnte, hatten doch diese neuen sozialen Medien schon zwei arabische Diktatoren gestürzt: Zine el-Abidine Ben Ali in Tunesien und Husni Mubarak in Ägypten. Diese »Facebook-Knaben« waren durchaus auch in der Lage, den Betonbunker des libyschen »Bruders Führer« zu knacken. »Facebook-Knaben« – so hatte Gaddafi die libysche Internetgeneration in einem Gespräch mit dem Rechtsanwalt und Oppositionsführer aus der Hafenstadt Bengasi, Abdel Hafiz Ghoga, verächtlich genannt.

Anders als in Tunesien und Ägypten wurde in Libyen aber nicht mit virtuellen Waffen gekämpft, nicht mit Facebook, Twitter oder Blogs, sondern sehr schnell mit solchen, die töten: mit

Kalaschnikows und Kanonen. Der libysche Frühling ist kalt, und unfreundlich, dunkle Wolken sind aufgezogen.

Gerade das Beispiel Libyen zeigt, zu welcher Leidensfähigkeit und Geduld die Menschen im Nahen Osten fähig sein mussten, wie viele Demütigungen und Kränkungen sie täglich ertragen und wie viel Ärger sie schlucken mussten, ehe sie sich stark genug fühlten, um sagen zu können: »Jetzt ist es genug, jetzt machen wir nicht mehr mit«, und den Aufstand gegen ihre autoritären Machthaber wagten.

Über vierzig Jahre war Gaddafi der uneingeschränkte Alleinherrscher über das Land gewesen, oft genug exzentrisch und unberechenbar, vom Westen erst geächtet, dann aber wieder hofiert. Man brauchte sein Öl. Gaddafi – ein Diktator, den lange kein Libyer in Frage zu stellen gewagt hatte aus Angst, in einem der winzigen Verliese der Geheimdienste zu verschwinden.

Für Husni Mubarak gilt Ähnliches, der zwar berechenbar war und vom Westen nie fallen gelassen, sondern immer hofiert wurde. In seinen Polizeistationen wurde aber gefoltert und totgeschlagen, ohne dass die Täter mit Strafen rechnen mussten. Die Europäer und Amerikaner wussten das, haben aber so gut wie nie laut protestiert.

Als dann die Menschen in Ägypten die täglichen Erniedrigungen, die Gängelung durch Zensurbehörden, die Angst vor Polizeifolter und die allgegenwärtige Korruption nicht mehr aushielten und auf die Straße gingen, war das Risiko für sie immer noch sehr hoch. Aber sie hielten stand, selbst als ihre Gegner auf sie schossen. Sie wehrten sich, obwohl es Pflastersteine und Gummigeschosse hagelte und die Polizei mit Schützenpanzern gegen sie vorrückte.

Das ägyptische Gesundheitsministerium gab Anfang März unmittelbar nach Ende des achtzehn Tage dauernden Aufstands an, dass mindestens 365 Menschen getötet worden seien. Im April sprach es von über 800. Vermutlich sind es noch mehr. Viele Familien vermissen auch heute noch Angehörige, die während der Demonstrationen auf dem Tahrir-Platz verschwunden sind. Wie viele in Libyen ums Leben kamen, ist bislang nicht bekannt. Die Schätzungen gehen aber in die Tausende.

Auf Dauer lassen sich Menschen nicht unterdrücken, das lehrt der Aufstand der Jugend im Nahen Osten. Außerdem: Demokratische Politik, also Mitbestimmung, Teilhabe an politischen Prozessen, ferner Respekt, Würde und Selbstbestimmung, das sind Bedürfnisse und Rechte aller Menschen, egal welcher Religion sie angehören und aus welcher Region sie stammen. Wer versucht, ihnen diese Rechte vorzuenthalten, wird auf Dauer scheitern, im Nahen Osten allerdings eher später als früher.

Diese Erkenntnisse sind vielleicht nicht neu, kann man einwenden, es gibt aber nur wenige Ereignisse in der Geschichte der Menschheit, die diese Einsichten so nachdrücklich belegen wie die Aufstände der arabischen Jugend im Nahen Osten. Egal ob junge Männer oder Frauen, egal ob mit oder ohne Kopftuch, egal ob islamisch oder christlich. Man konnte sie alle sehen auf dem Tahrir-Platz in Kairo oder in Sanaa im Jemen, auf dem Perlenplatz in Manama in Bahrain oder in Bengasi oder Tunis. Die islamische Jugend im Nahen Osten hat jedenfalls die Welt um diese Erkenntnisse bereichert und damit ein Stück besser gemacht.

2 Der 25. Januar – Tag des Zorns in Ägypten

Der 25. Januar 2011 begann abends am 7. Juni 2010. An jenem Juniabend sitzt der 28-jährige Khaled Said in einem Internetcafé im Stadtteil Kleopatra der Mittelmeerstadt Alexandria und schreibt an seinem Blog. Da betreten zwei Männer in Zivil das Cybercafé und verlangen seinen Personalausweis. Als er sich weigert, auf ihren rüden Ton einzugehen, und seinen Ausweis nicht zeigt, fackeln die Männer nicht lange: Sie packen ihn und prügeln auf ihn ein. Sie verdrehen seine Arme auf den Rücken, reißen an seinen Haaren und schlagen seinen Kopf immer wieder auf einen Marmortisch. Dann schleppen sie ihn vor das Kaffeehaus und prügeln weiter auf ihn ein. Er schreit um Hilfe. Vergeblich.

Der Kaffeehausbesitzer Hassan Mesbah traut sich nicht, ihm beizustehen, beschreibt aber später sein Entsetzen.

»Als er tot war, haben sie seinen Körper weggeschafft wie den Kadaver eines Schafes«, erzählt er einer Oppositionszeitung.

Spätestens als die beiden Polizisten in Zivil den Kopf Khaleds gegen ein Eisengitter hämmerten und wie von Sinnen auf ihn eintraten, starb er. Nach zwanzig Minuten Prügel war sein Körper so entstellt, dass sich ägyptische Oppositionszeitungen weigerten, die Bilder zu veröffentlichen. Sie seien den Lesern nicht zumutbar, erklärten sie. Khaleds Kinn ist mehrfach gebrochen, Zähne eingeschlagen, das ganze Gesicht entstellt.

Die Polizei Alexandrias behauptete zwar sofort, er sei drogenabhängig und habe versucht, ein Päckchen mit Drogen zu verschlucken. Daran sei er erstickt. Doch niemand glaubte ihr. Erst als auch von Menschenrechtsorganisationen im Ausland Proteste und Fragen kamen, nahm die Staatsanwaltschaft Ermittlungen gegen die beiden Polizisten auf: wegen »exzessiver Gewaltanwendung« und wegen »ungerechtfertigter Festnahme«. In Ägypten steht auf solche Polizeidelikte eine Gefängnisstrafe von höchstens einem Jahr. Verurteilt ist bislang keiner der beiden Totschläger. Eine der üblichen Reaktionen im autoritären Ägypten.

Eines hatte das Regime nicht bedacht. Die tägliche Einschüchterung kann zwar verhindern, dass es in den Straßen von Alexandria zu Dauerprotesten kommt, sie kann aber die Geschichte dieses 28-Jährigen nicht aus dem Internet löschen. Twitter und Facebook werden zur Klagemauer in Sachen Khaled Said und zu friedlichen Waffen gegen das Regime Mubaraks.

Am 25. Januar 2011 ist der tote Khaled die Hauptperson des ersten großen Massenprotests des Jahres. Die Demonstranten tragen Plakate durch Kairo, auf denen sein geschundenes Gesicht abgebildet ist, als Heldenikone gegen Unterdrückung und Polizeiwillkür. »Wir alle sind Khaled Said« hatte sich die Bewegung genannt, die zu dieser Demonstration aufgerufen hat, und auf deren Facebook-Seite sich bald über 400 000 Unterstützer eingeschrieben haben sollen. Die »6.-April-Bewegung« und »National Association for Change« von Friedensnobelpreisträger Mohammed el-Baradei haben sich dem Aufruf angeschlossen.

Der 25. Januar ist erst der Anfang. Hunderttausende gehen auf die Straße. Es sind nicht nur die zornigen Jungen, auch alte Männer schließen sich an, aus den Armenvierteln kommen sie, aber auch gutbürgerliche Ägypter beteiligen sich an der Demonstration, Bürger also, von denen man kaum einen solchen Mut erwartet hätte.

»Ich tue dies, damit meine Kinder es einmal besser haben«, erzählt uns der Besitzer eines gutgehenden Reisebüros. Lehrer schließen sich an, weil sie gegen ihre überfüllten Klassen protestieren wollen. Bis zu fünfzig Kinder muss ein einziger Lehrer an manchen Schulen unterrichten. Der 25. Januar, das ist der Protesttag der zornigen Jugend, der verzweifelten Armen, der resignierten Staatsbeamten und des desillusionierten Bürgertums. Sie alle haben ein Ziel: Mubarak und sein System müssen weg. Sonst kann es nicht besser werden.

Kaum einer hatte mit einer solchen massenhaften Teilnahme gerechnet. Von jenem Dienstag an sind die Proteste nicht mehr zu stoppen. Achtzehn Tage werden sie dauern, dann wird Mubarak zurücktreten, müssen. Ein paar Tage vorher ordnete das Militär sogar an, den obersten Dienstherrn der beiden Prügelpolizisten, den bei den meisten Ägyptern verhassten Innenminister Habib el-Adly, bei einer Kabinettsumbildung nicht mehr zu berücksichtigen und später sogar zu verhaften, aber zunächst nicht wegen der Menschenrechtsverletzungen, die er als oberster Polizist zu verantworten hat, sondern wegen Korruption und Geldwäsche. Die Mordanklage folgte später. Dieser Prozess soll noch im Sommer 2011 verhandelt werden.

Eines seiner ersten Opfer im Jahr 2011 war der ägyptische Künstler Ahmed Bassiouny gewesen, gerade mal 31 Jahre alt, Vater von zwei Kindern. Er arbeitete als Videokünstler, als Fotograf, als Musiker, veranstaltete Performances. An der Helwan-Universität in Kairo bot er Kurse an, etwa zum Thema digitale Soundkunst. Er verdiente damit zwar seinen Lebensunterhalt, wenn aber einer seiner Studenten nicht zahlen konnte, durfte dieser dennoch bleiben. Der Mann mit der schmalen dunklen Brille und den wachen nachdenklichen Augen war beliebt bei seinen Studenten. Sein Ziel war es, ihnen Selbständigkeit und kreatives Denken beizubringen. »Wir müssen mutiger sein«, war eines seiner Credos. Und die Demonstrationen waren für ihn ein Weg der ägyptischen Jugend, sich aus der vom Mubarak-Regime verordneten Unmündigkeit zu befreien.

Für den 28. Januar hatten die Oppositionsbewegungen zum »Freitag des Zorns« aufgerufen. Eine Million Menschen sollten nach dem Freitagsgebet auf die Straßen in Ägypten gehen und den Rücktritt Mubaraks fordern, so hatten sich die Veranstalter den Tag vorgestellt. Für Ahmed Bassiouny war es eine Selbstverständlichkeit, diesem Aufruf zu folgen. Schon während der letzten Tage hatte er auf dem Tahrir-Platz demonstriert, hatte laut den Rücktritt Mubaraks gefordert, hatte dafür Polizeiprügel einstecken und Tränengas abbekommen müssen.

Dennoch schreibt er am 27. Januar mittags auf seiner Facebook-Seite: »Die Sicherheitskräfte haben mich schlimm geschlagen, aber das wird mich nicht daran hindern, morgen wieder zu protestieren. Sie wollen aus unserem Protest einen Krieg machen, wir werden friedlich bleiben. Wir wollen nur unsere gestohlene Würde zurückhaben. Auch morgen werde ich wieder freundlich zu ihnen sein.«

Gegen das Tränengas kaufte er sich eine etwas überdimensionierte Atemschutzmaske. Das war der einzige Schutz gegen die Polizei, den er sich zugestand.

Freitagmorgen zog er mit seiner Kamera und seiner Maske im Gepäck wieder los. Er hinkte leicht, weil ein Polizeiknüppel ihn getroffen hatte. Seine Frau und seine beiden kleinen Kinder, der sechs Jahre alte Adam und die gerade mal ein Jahr alte Salma, blieben zu Hause. Auf dem Tahrir-Platz traf er sich mit seinen Freunden, unter anderem mit Magdi Mustafa, Künstler wie Ahmed.

»Ahmed war ein sehr guter Freund von mir. Und wir waren von Anfang an zusammen. Ursprünglich wollten wir Material für eine Performance sammeln mit unseren kleinen Kameras. Wir wurden aber jeden Tag sofort angegriffen. So beschlossen wir, nur noch zu demonstrieren. Die Polizei ging sehr hart gegen uns vor«, erzählt Magdi Mustafa später.

Und die hatte einen einzigen Auftrag: die Demonstrationen mit aller Härte zu zerschlagen und die Protestierenden aus den ägyptischen Städten zu vertreiben. Mit Tränengas, mit Gummigeschossen und sogar mit Scharfschützen, die zum Beispiel auf Häusern rund um den Tahrir-Platz in Stellung gegangen waren. Tote waren von Anfang an mit eingeplant – genauso wie willkürliche Verhaftungen. So war einer der Wortführer der Protestbewegung, der Friedensnobelpreisträger Mohammed el-Baradei, unmittelbar nach seinem Freitagsgebet festgesetzt worden. Die Sicherheitskräfte wollten der Protestbewegung den Kopf nehmen und konnten sich nicht vorstellen, dass die jungen Leute einen solchen Führer gar nicht brauchten, weil sie sich ganz anders organisiert hatten.

Sie hatten sich schon lange über Facebook verständigt und organisierten sich jetzt über ihre Mobiltelefone und SMS: »Meidet diese Gegend. Da ist zu viel Polizei. Macht lieber einen Umweg. Die und die Straßen sind frei.« Mit solchen Nachrichten versuchten sie, die Polizeisperren zu umgehen. In kleinen Gruppen, zu denen immer mehr Menschen stießen, zogen sie in Richtung Innenstadt. Aus den Armenvierteln schlossen sich jene Ägypter an, die am meisten unter dem Regime zu leiden hatten. Fast vierzig Prozent der rund 83 Millionen Ägypter leben unterhalb der Armutsgrenze, können ihre Familien nicht ernähren, ihre Kinder haben keine Zukunft.

Die Polizei hatte die Lage immer weniger unter Kontrolle. Hunderttausende demonstrierten am Nachmittag des 28. Januar in Kairo und in anderen Städten Ägyptens. Die schwarz uniformierten Polizisten warfen Tränengasgranaten und feuerten Gummigeschosse auf die Demonstranten. Der Innenminister hatte ihnen sogar den Befehl gegeben, auf die Demonstranten scharf zu schießen. Die Innenstadt Kairos war in eine gigantische Wolke aus Tränengas gehüllt, die bis in die obersten Stockwerke der Hochhäuser stieg. Die Demonstranten antworteten mit Pflastersteinen und Barrikaden, zündeten Polizeiautos an.

Polizeistationen gingen in Flammen auf. Über der Stadt standen schwarze Rauchsäulen. Truppentransporter der Polizei, die Verstärkung bringen sollten, rasten in die Menschenmenge, Körper flogen durch die Luft, knallten auf den Asphalt und blieben reglos liegen.

Sicherlich hat auch der Künstler Ahmed Bassiouny diese Szenen erlebt. Jedenfalls war er unter den Demonstranten auf dem Tahrir-Platz, wo die Polizei besonders brutal vorging, seine Gasmaske unter dem Arm, seine Kamera immer einsatzbereit. Auf Häusern am Platz entdeckt er durch das Teleobjektiv seiner Kamera die Scharfschützen der Polizei. Als er, so berichten Augenzeugen später, seine Freunde auf die Gefahr aufmerksam machen will, bricht er zusammen, getroffen nicht von der Kugel eines dieser Scharfschützen, sondern von einem Gummigeschoss. Er wird nie wieder aufstehen. Ob er in diesem Augenblick schon tot ist oder nur bewusstlos, können seine Freunde auch heute nicht sagen. Einige wollen beobachtet haben, dass ein Polizeiauto ihn noch absichtlich überrollt hat. Am Abend meldet das ägyptische Gesundheitsministerium, es habe sechs Tote gegeben an diesem Freitag.

Doch am gleichen Abend muss das Regime eingestehen: Es hat verloren, es hat die Demonstranten unterschätzt, sie nicht unter Kontrolle gebracht, trotz der Brutalität der Polizei, trotz der angeblich nur sechs Toten und weit über tausend Verletzten. Die Demonstranten hatten Schutzkleidung aus Pappe unter ihre Jeans und T-Shirts angezogen. Mit Zwiebeln und Essig unter ihrem Mundschutz versuchten sie, die Wirkung des beißenden Tränengases abzuschwächen. Das Regime zieht die Polizei zurück, die für Tage aus der Stadt verschwindet. Das Militär übernimmt die Kontrolle der Landes, bejubelt von den Demonstranten, die die Soldaten wie Verbündete begrüßen.

An die gleichzeitig ausgerufene Ausgangssperre hält sich niemand. Der Tahrir-Platz soll so lange besetzt bleiben, bis Mubarak zurückgetreten ist. Tausende richten sich auf eine lange Belagerung des Platzes ein. Panzer umstellen ihn. Die Armee hat es übernommen, die öffentliche Ordnung zu sichern, nachdem sich die Polizei aus der Stadt völlig zurückgezogen hat. Demonstranten setzen das Gebäude der Staatspartei in Brand. Es brennt völlig aus.

Am gleichen Abend entlässt Präsident Mubarak sein Kabinett, am nächsten Tag ernennt er den Geheimdienstchef Ahmed Suleiman zu seinem Stellvertreter. Damit hat Ägypten nach dreißig Jahren zum ersten Mal wieder einen Vizepräsidenten. Gemeint ist dies als Zugeständnis an die Demonstranten.

Er verstehe doch, was die Demonstranten wollen. Auch er sei gegen Korruption und Armut und wolle noch mehr dagegen tun als bisher, hatte er am 28. Januar nachts um halb elf Uhr im Staatsfernsehen verkündet und dies wohl auch so gemeint. Doch diese Gesten zeigen nur, wie wenig Mubarak und sein Regime begriffen haben, was die Demonstranten eigentlich wollen: keine kleinen Zugeständnisse, sondern einen radikalen Neuanfang in Ägypten.

Außerdem treibt Mubarak ein unehrliches Doppelspiel an diesem Freitag, dem 28. Januar. Während er vorgibt, den Demonstranten entgegenzukommen, indem er Verständnis vortäuscht, dringen Bewaffnete – vermutlich im Auftrag des Innenministeriums – im ganzen Land in Gefängnisse ein und befreien Tausende Kriminelle, die sich sofort auf den Weg nach Hause machen. Selbst in Hochsicherheitsgefängnissen stehen plötzlich die Zellentüren offen. Aus elf der 26 Gefängnisse in Ägypten können Gefangene fliehen, unter ihnen auch islamistische Extremisten, viele Gewaltverbrecher, Vergewaltiger und wegen Terrorismus Verurteilte. Nicht wenige halten einfach Autos an und zwingen den Fahrer mit vorgehaltener Waffe, sie zu fahren.

Offensichtlich soll die ägyptische Bevölkerung, so schreiben viele Zeitungskommentatoren am nächsten Morgen, alarmiert werden. Wenn die Demonstrationen weitergingen, dann werde das ganze Land destabilisiert, so die Interpretation dieser geplanten Gefangenenbefreiung. Ein paar Tage später werden viele dieser Gewaltverbrecher am Tahrir-Platz aufmarschieren als Mubaraks letztes Aufgebot gegen den Sturz seines Regimes.

Libyens Gaddafi setzte einen Monat später, im Februar 2011, das gleiche Mittel ein, um seine Bevölkerung einzuschüchtern. Auch er ließ Gefängnistüren öffnen, damit Gewaltverbrecher entkommen konnten. Diktatoren haben augenscheinlich wenig Fantasie und kupfern voneinander ab.

Saddam Hussein, der irakische Diktator, hatte damit angefangen. Als der Golfkrieg kaum noch abzuwenden war, gab er den Befehl, das Gefängnis Abu Ghraib zu öffnen und Tausende Gewaltverbrecher freizulassen, woraufhin sich einige von ihnen zu Banden zusammengeschlossen und die Bevölkerung terrorisierten. Das war im Winter 2002. Ob dies von Saddam Hussein so geplant war, lässt sich nur schwer belegen.

Noch einmal zurück zum 28. Januar. Es ist Abend. Panzer sind in der Stadt aufgefahren. Immer noch hängt Tränengas in der Luft. Die Menschen versuchen, es mit Wasser aus ihren Augen zu waschen. Sie weinen und sie jubeln, sie liegen sich in den Armen, sie wissen, sie haben einen ersten großen Sieg errungen, wenn auch zu einem sehr hohen Preis. Human Rights Watch spricht an diesem Abend von mindestens 26 Toten. Auch Polizisten sind darunter.

Gehört auch der Künstler Ahmed Bassiouny zu diesen Opfern? Seine Freunde wissen es nicht. Sie gehen zu ihm nach Hause. Sie müssen seine Frau darüber informieren, dass ihr Mann verschwunden ist. Man werde alles tun, um ihn zu finden. Die junge Frau bricht zusammen. Für Wochen ist sie für niemanden zu sprechen außer für engste Freunde. Nach fünf Tagen erst wird Bassiounys Leichnam in einem Krankenhaus entdeckt und nach Hause gebracht.

Auf dem Tahrir-Platz waren lange Zeit Plakate aufgestellt, die Fotos von den während der Demonstrationen Getöteten zeigten.

Sie sind die Märtyrer der Bewegung. Ahmeds Bild hing bis zur Räumung des Platzes neben einem amerikanischen Fast-Food-Restaurant.

3 »Wir sind es leid!«

Auch in den folgenden Tagen bleibt der Tahrir-Platz von Ägyptern besetzt, die eine Art Querschnitt der Benachteiligten des Landes repräsentieren: Studenten, die es leid sind, ohne Zukunft zu leben, die wissen, dass sie keine oder nur schlecht bezahlte Jobs nach ihrem Studium finden werden. Ingenieure, die es leid sind, abends als Taxifahrer arbeiten müssen, weil sie nur so ihre Familie ernähren können. Taxifahrer, die es leid sind, dass immer mehr Studierte in ihren Beruf drängen, der ohnehin kaum eine Familie ernährt. Staatsangestellte, die gerade mal 250 ägyptische Pfund im Monat verdienen – das sind noch nicht einmal dreißig Euro im Monat – und die schon im vergangenen Jahr vor dem Parlamentsgebäude gegen diese Hungerlöhne protestiert haben. Zeitungsredakteure, die es leid sind, ständig gegängelt zu werden, und die endlich schreiben wollen, was sie wirklich denken. Bürger, die genug haben von der täglichen und allgegenwärtigen Korruption, die Staatsbeamte nicht mehr schmieren wollen, nur um eine Bescheinigung ausgestellt zu bekommen.

Die global agierende, unabhängige Antikorruptionsorganisation Transparency International stuft Ägypten als eines der korruptesten Länder des Nahen Ostens ein. Auf der Transparency-Liste liegt es auf Platz 115 von 180 Ländern weltweit.

Zum Tahrir-Platz gingen aber auch Geschäftsleute, die »Vitamin W« leid sind, W steht für wasta, das man grob mit Beziehungen übersetzen kann. Nichts geht ohne Beziehungen: im Beruf, bei Prüfungen oder bei Geschäften. Man muss immer die richtigen Menschen kennen, um etwas zu erreichen. Und die halten natürlich die Hand auf für eine Gefälligkeit oder erwarten, dass man sich bei Gelegenheit revanchiert.

Auf dem Tahrir-Platz konnte man aber auch Demonstranten treffen, die sich die Plakate vorlesen lassen mussten, weil sie nie lesen und schreiben gelernt haben. Rund dreißig Prozent aller Ägypter sind Analphabeten, mehr Frauen als Männer, Bauern häufiger als Städter. Sie alle sind Opfer eines Bildungssystems, das schlechter nicht sein kann. Mubarak hatte die Ägypter nicht nur mit Hilfe der Staatssicherheit zu unterdrücken versucht, die verweigerte Bildung sollte sie zusätzlich unmündig halten.

Zum Beispiel Mohammed. Wer wie er in einem Dorf am Nil geboren wird, hat schlicht Pech gehabt, besonders dann, wenn die Eltern einfache Bauern sind mit ein bisschen Land, das sie von ihren Eltern geerbt haben. Sie können sich über Wasser halten mit ihrem Vieh, den Hühnern, den zwei Wasserbüffeln, dem Esel und mit den Feldern, auf denen sie Bohnen und Futterklee anbauen. Mohammeds Vater muss regelmäßig bei den Landbesitzern, die aus einer alten ortsansässigen Familie stammen und bislang ohne Unterbrechung die Abgeordneten im Parlament gestellt haben, als Tagelöhner arbeiten, um dazuzuverdienen. Wenn es regelmäßig Arbeit gibt für ihn, dann kommen vielleicht hundert, höchstens zweihundert ägyptische Pfund im Monat zusammen. Das sind weniger als 25 Euro.

Die sieben Personen leben in einem flachen Lehmhaus mit gestampftem Boden. Die beiden Wohnräume, in die abends Matratzen für die Nacht ausgelegt werden, sind voller Fliegen, die sich offensichtlich am liebsten in die Augen der Kinder setzen. Die Familie lebt mit ihrem Vieh unter demselben Dach, die Ställe schließen sich an die Wohnräume an. Schon als Kind musste Mohammed früh mitarbeiten, konnte also höchstens zur Grundschule gehen und das unregelmäßig, er lernte in einer völlig überfüllten Klasse gerade mal lesen und schreiben.

Laut dem Egypt Human Development Report, einer von dem United Nations Development Programme (UNDP/Entwicklungsprogramm der Vereinten Nationen) und dem ägyptischen Ministerium für ökonomische Entwicklung 2010 herausgegebenen Studie, schaffen die Kinder der ärmsten Familien höchstens einen Abschluss in der Grundschule. Dabei hat Mohammed noch Glück gehabt, wenn er wenigstens dieses Zeugnis bekommt. Fast jedes dritte Kind armer Eltern geht gar nicht zur Schule, obwohl es in Ägypten eine Schulpflicht gibt. Außerdem hat die Qualität des Schulunterrichts in den letzten Jahren dramatisch abgenommen, stellt eine andere Untersuchung der UNDP fest. Der Arab Human Development Report (AHDR) beklagte schon 2004 das niedrige Wissensniveau an den Schulen und die mangelnde Fähigkeit der Schüler, analytisch und innovativ zu denken. Auswendiglernen ist angesagt an den Grundschulen.

Der AHDR stellt fest: »… den Schülern wird Unterwürfigkeit eingetrichtert. Dieses Lernmilieu lässt keinen freien Dialog und aktives Erforschen zu und eröffnet daher kaum die Möglichkeit von freiem Denken und Kritikfähigkeit.«

Das können die schlecht bezahlten Lehrer ihren Schulklassen mit bis zu fünfzig Kindern kaum anbieten. Individuelle Förderung ist undenkbar unter solchen Bedingungen. Seit 2002 hat sich die Klassengröße verschlechtert. Kamen in jenem Jahr an den Grundschulen noch 25 Schüler auf einen Lehrer, hat sich neun Jahre später die Schülerzahl in den Klassen fast verdoppelt. »Dies bedeutet«, folgert der AHDR-Report, »dass Bildung die Kraft verloren hat, sozialen Aufstieg zu ermöglichen.«

Mohammed hat also kaum eine Chance, aus diesem Kreislauf von Armut und Unwissenheit auszubrechen. Nur ein halbes Prozent dieser Kinder aus den ärmsten Familien schafft einen Abschluss auf der Oberschule, also die Voraussetzung, um mehr zu werden als nur ein mittelloser Bauer.

Was bleibt Mohammed? Wenn der Vater stirbt, wird zwischen ihm und seinen Brüdern, aber auch den Brüdern des Vaters das wenige Land aufgeteilt. So will es die Scharia, die Grundlage für das ägyptische Erbrecht ist. Viel bleibt Mohammed also nicht, mit Sicherheit muss auch er sich als Tagelöhner verdingen – genauso wie seine Brüder.

Seine Schwestern haben es noch schlechter. Bei Mädchen ist die Analphabetenrate noch höher als bei Jungen, und sie bekommen nur die Hälfte des Erbanteils, der für Söhne vorgesehen ist. Seine Schwestern heiraten wahrscheinlich einen anderen Bauern im Dorf. Vermögend wird er nicht sein; denn sie bringen ja so gut wie keine Mitgift mit. Sie alle bleiben also in der Armutsfalle stecken.

Kein Wunder, dass sie mit Spannung und Verwunderung verfolgt haben, was auf dem Tahrir-Platz geschehen ist. Vielleicht auch mit gemischten Gefühlen. In den kleinen Städten und in den Dörfern haben die Menschen während der Achtzehn-Tage-Revolution in Ägypten kaum demonstriert. Nur wenige waren auf den Tahrir-Platz nach Kairo gefahren. Die Angst vor der Polizei und den Sicherheitsdiensten sitzt bei den Bauern und Tagelöhnern immer noch zu tief. Auf dem Land gibt es so gut wie keine Möglichkeit, sich gegen Polizeiwillkür zu wehren. Großgrundbesitzer, Staatspartei, Polizei und Imame haben einen kaum zu knackenden Block gebildet, ein Geflecht, das sich engmaschig über die Dörfer gelegt hat und aus dem es kaum ein Entkommen gab. Wer sich wehrt, sieht sich dieser Übermacht gegenüber: der Polizei, die ihn verprügelt, dem Großgrundbesitzer, der ihn entlässt, und dem Imam, der ihn wegen Ungehorsam gegen Gott verurteilt.

Ohne die Funktionäre der Staatspartei ging nichts in den Dörfern. Sie hatten jedes Amt und jeden Posten der Verwaltung besetzt, sie stellten ein oder entließen, teilten zu oder verweigerten. Selbst heute noch sind diese geradezu feudal anmutenden Herrschaftsverhältnisse in manchen Dörfern tief in die Köpfe der abhängigen Bauer eingegraben, auch wenn es gelegentlich Aufstände gegen allzu gierige Großgrundbesitzer gegeben hat.

Die heftigsten waren im Jahr 2004 zu verzeichnen. Damals kamen bei solchen Zusammenstößen in Ägypten 49 Bauern ums Leben, über 430 wurden verhaftet. Jedes Mal war es um Land gegangen, das Grundbesitzer für sich beansprucht hatten.

Den Fellachen mehr Rechte und mehr Rechtsschutz einzuräumen, wird eine der wichtigsten Aufgaben einer demokratisch gewählten Regierung sein. Und dagegen laufen die alten Herren auf dem Land schon heute Sturm und rüsten sich zum Kampf gegen die neue Zeit. Auf einer Drehreise durch die fruchtbare Oase Faijum konnte ich beobachten, wie ein ehemaliger Parlamentsabgeordneter der Staatspartei einen Schlägertrupp zusammenstellte, um die Dorfbewohner einzuschüchtern. Und der Funktionär der Moslembruderschaft im Faijum, Ahmadi Kassem, gestand uns, er fürchte um sein Leben, weil die alten Kräfte noch immer mächtig seien und auf ihre Privilegien sicherlich nicht kampflos verzichten würden.

Viele dieser konservativ-islamischen Bauern beobachten aber auch mit Misstrauen, was in den Großstädten passiert: Kairo ist für sie ein einziges Sündenbabel, das die sittenstrenge Moral der Fellachen untergräbt. Mubarak bot Halt und Sicherheit, für sie war er ein Held, ein Führer, der ihnen die Richtung gewiesen hat, wenn auch nicht den Weg aus ihrer Armut. Die ist irgendwie gottgegeben.

»Ich kann den Präsidenten nicht einfach aus meinem Herzen reißen«, erzählt uns Bauer Ahmed Mohammed bei unserem Besuch im Faijum und zeigt uns ein Poster mit dem Konterfei des zurückgetretenen Präsidenten. Ahmed ist jung, gerade mal dreißig Jahre alt, hat also nie einen anderen Präsidenten erlebt als Mubarak. Eigentlich ist er wütend auf ihn und hat auch allen Grund dazu.

»So sieht es bei uns aus, keine Kanalisation, kein sauberes Wasser, kaum Strom.« Voller Zorn führt er uns durch sein Dorf und zeigt er uns das Erbe Mubaraks: offene Abwasserkanäle in den Straßen, die vor sich hinstinken, ein Paradies für Parasiten und Bakterien, die die im Freien spielenden Kinder krank machen. Strom gibt es nur unregelmäßig, für trinkbares Wasser in Flaschen müssten sie viel Geld bezahlen, das sie aber nicht haben. Arbeit für Jugendliche gibt es so gut wie nicht in dem Dorf.

Eigentlich hat Mubarak nichts für uns getan, hören wir immer wieder: »Wir haben keine Arbeit. Eine Witwe bekommt bei uns eine Pension von gerade mal achtzig Pfund im Monat. Davon kann man nicht leben.« Achtzig ägyptische Pfund, das sind keine zehn Euro. Für einen ganzen Monat.

Das müsste eigentlich Grund genug sein, um alle Mubarak-Bilder sofort zu zerreißen und auf den Müll zu werfen. Nicht so Bauer Ahmed. Er kann nicht. Vorsichtig entfaltet er das sorgsam zusammengelegte Poster des zurückgetretenen Präsidenten, das er seit Jahren wie ein Heiligenbild aufbewahrt hat. Er will, dass wir ihn zusammen mit dem Präsidentenbild aufnehmen, und legt damit eine Art letztes Treuebekenntnis zu einem gescheiterten Politiker ab, von dem er fast entschuldigend sagt: »Ich habe ja nichts gewusst von dem, was ihm jetzt nachgesagt wird.«

Aber wegwerfen wird er das Poster nicht, vielleicht noch nicht. Jedenfalls ist für ihn eine Welt zusammengebrochen, wenn auch eine, die nie wirklich gut zu ihm war.

4 Der 2./3. Februar: Kampf um den Tahrir-Platz

Ein paar zehntausend Demonstranten haben sich inzwischen auf dem Tahrir-Platz häuslich eingerichtet, haben Zelte aufgebaut, Toiletten eingerichtet, vor denen sich lange Schlangen bilden. In einer Ecke des Platzes schmieren Frauen weißen Käse auf Fladenbrote und belegen sie mit Tomaten und Gurkenscheiben. Sie sind ganz in Schwarz gekleidet, einige tragen den Gesichtsschleier, der nur einen Sehschlitz für die Augen freilässt. Offensichtlich gehören sie der Moslembruderschaft an, die sich sonst auf dem Platz und bei den Protesten sehr zurückhält. Man wolle dem Regime keinen Vorwand liefern, die Demokratiebewegung als fundamentalistisch zu diskriminieren, hören wir von ihnen.

Ägypter schleppen Kartons mit Wasserflaschen auf den Platz. Irgendjemand hat sie gespendet. In einer anderen Ecke haben Ärzte und Krankenpfleger einen Bereich abgesperrt und eine Krankenstation eingerichtet, um Verletze zu versorgen. Die Kopfverbände der Verwundeten müssen regelmäßig kontrolliert werden. Die Polizei hatte mit ihren Knüppeln brutal zugeschlagen. Auch weiß man nicht, ob diese staatlichen Schlägertrupps wieder zurückkommen. Man muss auf das Schlimmste vorbereitet sein. Mit Sicherheit will man so lange bleiben, bis Mubarak zurückgetreten ist. Die Organisatoren der Proteste, junge liberale Oppositionelle wie die der vor drei Jahren ins Leben gerufenen Bewegung 6. April, haben sogar Reinigungsdienste eingeteilt: junge Männer und Frauen, die mit Besen und Schaufel den

Platz sauber halten. Sie tun dies sehr gewissenhaft, als wollten sie gleich das alte Regime wegfegen.

»Wir wollen ein neues, ein sauberes Ägypten ohne Korruption«, erklärt mir in ernstem Ton eine junge Studentin, die einen Trupp Männer mit Besen kommandiert.

Überhaupt steht die ägyptische Welt auf dem Tahrir-Platz ein bisschen Kopf. Männer und Frauen schlafen unter denselben aus Plastikplanen gebauten Zelten, ohne dass es zu sexueller Belästigung kommt. Dabei sind Grapschen und Tatschen und Schlimmeres eines der Hauptübel zwischen den Geschlechtern in Ägypten. Nicht aber auf dem Tahrir-Platz während der ägyptischen Revolution.

»Ich fühle mich hier so sicher vor Belästigungen wie nirgends in Kairo«, erzählt die Studentin Alia, »die Männer gehen höflich zur Seite, wenn ich vorbei will, keiner versucht zu grapschen.«

Auf den Panzern, die den Platz seit einer knappen Woche umstellt haben, turnen Kinder, Demonstranten und Soldaten teilen sich das Flaschenwasser. Fast könnte man meinen, die ägyptische Armee hat die Seite gewechselt. Tatsächlich aber wird das Land immer noch von Generälen regiert, die zunächst nicht vorhaben, ihre Macht abzugeben. Von einem Rücktritt Mubaraks ist keine Rede. Am 1. Februar hatte er immerhin zugesagt, im Herbst nicht mehr für das Präsidentenamt kandidieren zu wollen. Außerdem soll die Verfassung so geändert werden, dass auch unabhängige Kandidaten antreten können. Scheibchenweise versucht das Regime, Zugeständnisse zu machen.

Das reicht den Demonstranten auf dem Platz aber nicht. Sie verlangen Mubaraks Rücktritt, und zwar sofort. Das skandieren sie, bis sie heiser sind. Sie singen und lachen, denn sie spüren, sie können gewinnen. Hier entsteht ein neues, ein liberales Ägypten, das jeden Einzelnen achtet, in dem man frei atmen kann und keine Angst mehr haben muss, weder vor der Polizei noch vor Behördenwillkür. Das ist das Grundgefühl der Menschen auf dem Tahrir-Platz in jenen Tagen, ein Ägypten frei von

Korruption und Selbstsucht, ein Ägypten, in dem es allen irgendwie gutgehen soll. Das ist ihr Traum.

Eine fröhliche und friedliche Idylle könnte er sein, der Tahrir-Platz am Morgen dieses 2. Februar, eine heitere Utopie, wenn sich nicht in den Seitenstraßen Unheil zusammenbrauen würde.

Mubaraks letztes Aufgebot versammelt sich dort. Einer der Treffpunkte am frühen Morgen des 2. Februar ist die Corniche, die breite Straße vor dem Fernsehgebäude am Nil, das von Panzern der Armee abgeriegelt ist. Es sind finster aussehende Typen, denen die schlechte Laune ins Gesicht geschrieben steht. Jeden Fremden beobachten sie misstrauisch. Es sind Gestalten, denen man nachts lieber nicht begegnen möchte. Nicht wenige von ihnen dürften zu den Sträflingen gehören, die ein paar Tage vorher aus den Gefängnissen abhauen konnten. Morgens um sieben sind die ersten auf der Straße am Nil aufgetaucht, nicht weit entfernt vom Tahrir-Platz, und ihre Anwesenheit lässt nichts Gutes für den Tag erwarten. Sie tragen riesige Plakate mit Mubarak-Bildern vor sich her. Sie fragen uns, als wir sie drehen wollen, wie wir zu Mubarak stehen, und sie bedrohen mich und meinen Dolmetscher, als wir uns nicht eindeutig pro erklären. Ein Offizier muss uns aus dem Gedränge holen.

Später sehen wir, wie sie faustgroße Pflastersteine aus den Straßen graben, jeder Ausländer, der sich ihnen nähert, wird verjagt: »Haut ab. Wir brauchen euch hier nicht.«

Das ägyptische Staatsfernsehen hatte in den letzten Tagen gegen die ausländischen Reporter gehetzt und das Ausland verantwortlich gemacht für die Unruhen. Westliche Geheimdienste steckten dahinter, der Mossad natürlich und die CIA. Die ausländischen Reporter seien deren Agenten, das suggerierten die staatlichen Nachrichtensprecher im ägyptischen Fernsehen. Die Seitenstraßen rund um den Tahrir-Platz sind am späten Vormittag voll von ihnen. Auch auf dem Platz hat man inzwischen mitbekommen, was sich da zusammenbraut. Die Demonstranten bauen Barrikaden.

Die einzigen, die Zusammenstöße verhindern könnten, sind die Soldaten, die rund um den Platz aufmarschiert sind. Doch die Soldaten sitzen auf ihren Panzern und schauen zu. Sie tun nichts, sie greifen nicht ein, sie werden keinem Verletzten helfen, und sie werden auch nicht verhindern, dass Bewaffnete mit Pistolen und Brandsätzen auf die Demonstranten losgehen. Offensichtlich haben sie den Befehl abzuwarten, wie die Schlacht am Tahrir-Platz ausgeht.

Gegen vierzehn Uhr fliegen die ersten Steine, faustgroße Pflastersteine. Aus den Seitenstraßen rückt Mubaraks Schlägerarmee vor, bewaffnet mit Knüppeln und Wurfgeschossen, aber auch mit tödlichen Waffen wie Macheten oder Pistolen. Angeheuert und bezahlt hat diese Truppe die Staatspartei, wie sich später herausstellen wird.

Die ersten Demonstranten werden getroffen, brechen zusammen, bluten aus großen Wunden. Es hört sich an wie ein Trommelfeuer, wenn die Steine auf die Metallbarrikaden der Demonstranten prasseln. Einige der Mubarak-Schläger sind auf die Dächer oder Balkone umliegender Häuser geklettert und werfen Molotowcocktails auf den Platz. Schon in den ersten Stunden dieses Kampfes gibt es Tote und Schwerverletzte.

Auf einmal galoppieren Reiter auf Kamelen und Pferden in die Menschenmenge auf dem Tahrir-Platz und schlagen mit Peitschen und Stahlruten auf die bisher friedlichen Demonstranten ein. »Allah u'akbar«, rufen sie, also »Gott ist groß«. Eine gespenstische Szene. Vielleicht fünfzig Reiter sind es, vielleicht mehr. Ohne ausdrückliche Erlaubnis des Innenministeriums und des Militärs hätte diese Kavallerie Mubaraks nie das Stadtzentrum erreichen können. Später gesteht einer der Reiter, er sei von der Staatspartei bezahlt worden für diese Attacke. Pferd und Kamel stehen in der politischen Symbolik Ägyptens für die inzwischen aufgelöste Staatspartei NDP, die nationaldemokratische Partei.

Die Kämpfe gehen den ganzen Nachmittag weiter. Auch in der folgenden Nacht kämpfen Pro- und Anti-Mubarak-Trupps erbittert gegeneinander mit allem, was sie an Waffen mitgebracht haben. Holzknüppel, Schlagringe, Eisenstangen, aber auch Schusswaffen. Von den Balkonen werfen die Angreifer brennende Molotowcocktails, die auf dem Platz explodieren und ihn für ein paar Sekunden gespenstisch beleuchten. Menschen schreien. Schüsse sind zu hören. In dieser Nacht gibt es Hunderte Tote und Tausende Verletzte auf beiden Seiten. Doch den Besetzern des Platzes gelingt es, ihre Barrikaden langsam nach vorne zu schieben und die Mubarak-Anhänger zurückzudrängen. Die Demonstranten haben mit solchen Angriffen gerechnet und sich vorbereitet, haben wieder ihre verborgene Schutzkleidung angezogen, Rüstungen aus stabiler Pappe, um sich gegen Pflastersteine und bei Nahkämpfen gegen Schläge mit Knüppeln und Messerstiche zu schützen. Manche tragen Kochtöpfe als Helme.

Dann geschieht etwas Überraschendes. Die Regierung will mit den Demonstranten reden. Offensichtlich ahnt sie, mit Gewalt ist diese Auseinandersetzung nicht mehr zu gewinnen. An jenem Donnerstag, dem 3. Februar, machen der neu ernannte Vizepräsident Omar Suleiman und Ministerpräsident Ahmed Shafik den Tahrir-Platz-Besetzern zum ersten Mal ein Gesprächsangebot. Man sei bereit, über ihre Forderungen zu diskutieren. Aber die Opposition verweigert jedes Gespräch, solange Mubarak nicht zurückgetreten sei.

Suleiman verspricht, Mubaraks jüngerer Sohn, Gamal Mubarak, werde nicht bei den Präsidentenwahlen kandidieren. Doch auch dieses Zugeständnis kann die Opposition nicht umstimmen. Am Abend des 3. Februar flauen die Kämpfe überraschend ab. Die Schlägertrupps ziehen sich zurück. Das Regime hat offensichtlich seine Kettenhunde wieder an die Leine genommen. Es hat einsehen müssen, dass die Bewegung durch Gewalt nicht mehr zu stoppen ist. Jetzt endlich rückt auch das Militär vor, um die Demonstranten vor Übergriffen zu schützen.

Am nächsten Tag gibt die amerikanische Menschenrechtsorganisation Human Rights Watch bekannt, über dreihundert

Menschen seien getötet worden seit dem 25. Januar, die meisten davon in den letzten zwei Tagen. Das ägyptische Gesundheitsministerium spricht von über fünftausend Verletzten.

Wäre das Militär früher dazwischengegangen, dann hätte es vermutlich nicht so viele Tote und Verletze gegeben. Doch es sah zu, die Militärführung wartete ab. Warum?

Augenscheinlich steckt ein Kalkül dahinter: Zunächst wollte man wissen, ob die Demokratiebewegung nicht doch durch die vom Regime angeheuerten Schlägertrupps beseitigt werden könnte. Erst als diese Hoffnung sich nicht erfüllte, wechselte das Militär die Strategie und damit die Seite.

Die Generäle und hohen Offiziere haben gut gelebt während der dreißig Jahre Mubarak-Herrschaft. Sie bekamen jedes Jahr enorme Militärhilfe aus den USA: mehr als 1,3 Milliarden Dollar. Und in Ägypten ist es ein offenes Geheimnis, dass nicht die gesamte Summe in den Militärhaushalt investiert wurde. Wohlhabend sind sie jedenfalls alle geworden. Das Regime erlaubte ihnen den Bau von Einkaufszentren, die Beteiligung an Touristenhotels am Roten Meer. Ein regelrechtes Wirtschaftsimperium hatte sich das Militär im Verlauf der Zeit aufgebaut. Sie konnten sich auf den schönsten Nilinseln Klubs einrichten, in denen sie herumsaßen und Wasserpfeife rauchten. Außerdem leben sie in Wohnbezirken, die durch hohe Mauern und Sicherheitsdienste von der Außenwelt völlig abgeschottet sind. Alles Privilegien, die sie Mubarak, seinem Regime und den Amerikanern verdanken.

Doch am Abend des 3. Februar hatte die Demokratiebewegung einen wichtigen Etappensieg errungen. Sie hatte Mubaraks Schlägertrupps abgewehrt und bewiesen, dass man sie so nicht vertreiben kann. Mubarak war entscheidend geschwächt, sein Rücktritt nur noch eine Frage der Zeit. Also begann das Militär, sich neu zu positionieren für die Zeit nach Mubarak. Offensichtlich hat es am 3. Februar den Präsidenten endgültig fallen gelassen, um die eigenen Privilegien zu retten. Für diese Zeit danach bietet es an jenem Donnerstag sogar einige Bauernopfer an. Der Generalstaatsanwalt des Landes verhängt auf Anweisung des neuen Innenministers gegen mehrere Minister ein Ausreiseverbot. Sie dürfen das Land nicht mehr verlassen, weil sie wegen Korruption angeklagt werden sollen. Das sind zwar neue Töne in Ägypten, aber noch nicht die Musik, die die Demonstranten hören wollen.

Allerdings zeigen sich Anfang Februar auch innerhalb der Oppositionsbewegung Risse. Die einen verlangen unumstößlich, dass es ohne Rücktritt keine Gespräche geben solle, das sind in erster Linie die jungen Leute der 6.-April-Bewegung. Ein anderer Teil gibt sich konzilianter, man könne auch verhandeln, wenn Mubarak noch im Amt ist. Dazu gehört der sogenannte »Rat der Weisen«, der in jener denkwürdigen ersten Februarwoche entstanden ist.

Auf dem Tahrir-Platz erscheinen nur wenige der Weisen, aber sie sympathisieren mit den Platzbesetzern. Der Rat versucht einen fast unmöglichen Spagat: Auf der einen Seite will er das Militär in Sachen Demokratie beraten, auf der anderen die Demokratiebewegung weiter unterstützen.

Dieser Rat ist ein lockerer Zusammenschluss von einigen Oppositionspolitikern, Intellektuellen wie dem Politologen Amr Hamzawy und Wirtschaftsbossen wie dem Milliardär Naguib Sawiris, also durchaus einflussreiche Ägypter, von denen einige bis vor Kurzem noch Vertraute Mubaraks waren.

Der als Telekommunikationsunternehmer reich gewordene koptische Christ Naguib Sawiris ist so einer, der sich in dieser Woche auf die Seite der Mubarak-Kritiker schlägt, um zwischen Regierungspalast und Tahrir-Platz zu vermitteln und Gespräche in Gang zu bringen.

Allerdings will der Rat der Weisen Mubarak einen ehrenvollen Rückzug ermöglichen. Bis zum September des Jahres soll er Präsident bleiben. Dann will er ja ohnehin freiwillig gehen: »Es war nicht alles schlimm, was Mubarak gemacht hat in diesen dreißig

Jahren. Der Präsident hat Stabilität gebracht. Er hat ein Investitionsklima geschaffen, das es uns Investoren möglich gemacht hat, so groß zu werden«, erklärte uns Naguib Sawiris, der angeblich reichste Mann Afrikas, in einem Fernsehinterview. »Er hat viele positive Dinge getan. Was uns aber gefehlt hat, war Freiheit, Demokratie, die Wahlen waren nicht gut.«

Wer ist Sawiris? Ein Trittbrettfahrer der Revolution, einer, der Angst hat, zu spät zu kommen? Einer, der noch im letzten Augenblick überläuft? Oder ein ehrlicher Demokrat, der sich schon lange nach diesem Augenblick gesehnt hat?

Er rechnet sich jedenfalls nicht zu den Profiteuren des alten Regimes. 120 000 Arbeitsplätze habe er geschaffen, immer seine Steuern bezahlt. Das Letzte können wir natürlich nicht nachprüfen.

»Es gab aber viele Leute, die nichts getan haben«, sagt er, »die viel Geld kassiert haben für Nichtstun, nur weil sie um den Präsidenten geschwänzelt sind. Das waren die Lakaien Mubaraks. Oder sie hatten politische Ämter inne und haben sich Aufträge zugeschanzt.«

Persönliche Beziehungen waren wichtiger als persönliche Leistungen. Selbst die Besten, ob in Wirtschaft oder Kultur, hatten es unendlich schwerer, nach oben zu kommen, wenn sie versuchten, gegen den Strom zu schwimmen. Nur Mitschwimmer hatten Aussicht auf große Staatsaufträge. Die sechzig Jahre dauernde Herrschaft der Generäle hatte sich zuletzt so gut wie in allen Lebensbereichen festgesetzt und am Ende jede gesellschaftliche Entwicklung gelähmt.

Die demokratische Revolution in Ägypten ist also nicht nur eine Idee der unter Dreißigjährigen, die mit Internet und Laptop aufgewachsen sind, oder nur ein Wunschtraum der Leute vom Tahrir-Platz oder nur eine letzte verzweifelte Hoffnung der ewig Benachteiligten, die es in Ägypten reichlich gibt. Das Ende der Eiszeit Mubaraks wünschen sich auch Ägypter, die gut gelebt haben in dem alten System, Leute wie Sawiris. Sie verzweifelten an der Erstarrung des Systems, an der Unflexibilität und der Feindlichkeit gegenüber jeder Kreativität. Stabilität und Demokratie, das seien die besten Voraussetzungen für ein erfolgreiches Unternehmertum und für die Wirtschaft des Landes, sagt Sawiris, der sich der westlichen Lebensart näher fühlt als der des Nahen Ostens.

Und die Moslembrüder? Können die nicht wieder alles kaputtmachen? Nein, sagt er, Angst vor den Moslembrüdern habe er nicht, schließlich sei der Tahrir-Platz-Aufstand die Revolution der republikanischen Facebook-Generation, nicht die der religiösen Fundamentalisten. Die Angst vor den islamischen Fundamentalisten sei bewusst von Mubarak geschürt worden, damit der Westen ihn unterstützt und über die schlimmsten Menschenrechtsverletzungen hinwegsieht. Und der Westen ist auf dieses Spiel – »entweder Mubarak oder die Moslembrüder« – reingefallen, hat sich gelegentlich mal beschwert, wenn die Menschenrechtsverletzungen besonders eklatant waren, mehr aber nicht.

Bedingungen der guten Regierungsführung waren so gut wie nie an die Wirtschafts- und Entwicklungshilfe geknüpft, die Ägypten reichlich aus dem Westen überwiesen bekam, beklagt der Politologe Amr Hamzawy: »Selbst nach den gefälschten Wahlen im November 2010 hatte sich niemand gerührt, noch nicht einmal das Europäische Parlament hat sich beschwert.«

Allein für die beiden Jahre 2011 und 2012 hatte das Bundesministerium für wirtschaftliche Zusammenarbeit Ägypten 190 Millionen Euro zugesagt. An Bedingungen knüpfen wollte man diese Entwicklungsgelder nicht, noch nicht einmal nach dem Anschlag gegen eine koptische Kirche am 1. Januar 2011 in Alexandria, bei dem 21 Ägypter getötet wurden. Ägypten sei ein »vertrauenswürdiger Partner bei der Bekämpfung des internationalen Terrorismus«, sagte Entwicklungsminister Dirk Niebel laut *ZEIT*-Online damals.

Und bei den Besuchen der verschiedenen deutschen Außenminister wurde immer die enge Freundschaft zwischen den beiden Ländern betont, so zuletzt während der Pressekonferenz, die Guido Westerwelle und sein ägyptischer Kollege Abu Gheit im Juni 2010 gaben.

»Zwischen uns passt kein Blatt Papier«, hatte Westerwelle damals gesagt. Kein Wort zum gerade verlängerten Kriegsrecht in Ägypten, das die zahllosen täglichen Menschenrechtsverletzungen in dem Land legalisiert. Durch solche Nachsicht ist in Deutschland ein Zerrbild von Ägypten entstanden: Strand, Korallen, Pyramiden und vielleicht noch im April die leckeren Frühkartoffeln aus dem Nildelta zum heimischen Spargel. Mehr als dreißig Jahre hat der Westen lieber weggeschaut als sich eingemischt, und dies alles wegen seiner Angst vor dem Dämon Moslembrüder.

»Ich als gläubiger Christ habe jedenfalls keine Angst vor diesen Moslembrüdern«, bekennt Naguib Sawiris.

Zu einer ähnlichen Einschätzung kommt der Politologe Amr Hamzawy, der Anfang Februar ebenfalls Mitglied im Rat der Weisen ist: »Ich glaube, die Moslembruderschaft wird erhebliche Schwierigkeiten haben. Sie müssen eine Partei gründen, die den zivilen Charakter des ägyptischen Staates respektieren muss. Dann sind sie eine Partei von vielen und müssen um die Gunst der Wähler kämpfen. Religion allein als Wahlprogramm reicht da nicht mehr aus.«

Aber kann man ihnen trauen? Als in der Wolle gefärbte Demokraten sind sie nicht gerade bekannt, aber islamistische Schreckgespenster sind sie auch nicht. Bei den Demonstrationen auf dem Platz haben sie sich lange zurückgehalten; denn als Revolutionäre verstehen sie sich schon lange nicht mehr, sondern eher als streng religiöse Sozialarbeiter. Gewalt hat in ihrer Geschichte zwar lange Zeit eine wichtige Rolle gespielt. Das Gebetbuch aller islamistischen Terroristen hatte in den fünfziger Jahren der Moslembruder Sayyid Qutb geschrieben, der für seine unbeugsame Haltung mit dem Leben bezahlen musste. Er hat die Vorstellung von der Alleinherrschaft Gottes geprägt, aus der sich jede weltliche Herrschaft ableiten müsse. Auf sein Buch *Wegzei-*

chen berufen sich heute noch eingefleischte islamistische Terroristen. Doch solcher Gewalt hat die moderne Moslembruderschaft seit Jahrzehnten glaubwürdig abgeschworen.

Ist die Idee von der Errichtung eines Gottesstaats also Unfug? Ein Hirngespinst des Westens?

Der stellvertretende Vorsitzende der Bruderschaft, Mohammed Rashad al Bayoumi, sagt kurz und knapp: »Ja! Du meinst wohl, wir wollten so etwas wie den Iran?« Es hat lange gedauert, bis wir einen Interviewtermin bei ihm bekommen haben. Moslembrüder begegnen Reportern aus dem Westen mit viel Misstrauen. Zu oft haben sie sich falsch interpretiert gefühlt. Geradezu eine Falle fürchtet er bei meiner nächsten Frage, welche Rolle Religion in der Politik eines demokratischen Ägypten spielen soll. Er gerät regelrecht in Rage.

»Sag's doch gleich! Du denkst, wir wollen einen Gottesstaat. Nein, damit haben wir nichts zu tun. Für uns gilt immer die Verfassung des Landes, außer den Paragraphen, die auf Mubarak zugeschnitten sind. Wir wollen keinen zusätzlichen Islam in der Verfassung, sie soll so sein, wie sie ist.«

Spätestens wenn die Debatte um die endgültige Verfassung losgeht, wird sich zeigen, wie viel Religion die Moslembrüder tatsächlich in der Politik haben wollen. Viele Jugendliche gewinnen können sie damit jedenfalls kaum. Deren Lebensgefühl orientiert sich hauptsächlich am Westen, von dem sie das liberale Denken, die Menschenrechte und den Freiheitsgedanken gern übernehmen. Dagegen schockt sie aber immer wieder dessen Doppelmoral, zum Beispiel bei der Palästinafrage: Israel darf rücksichtslos Krieg führen gegen die Palästinenser im Gazastreifen, ohne ernsthafte Konsequenzen durch die internationale Gemeinschaft fürchten zu müssen, während die Palästinenser bei jedem Anschlag sofort verurteilt werden. So kommt diese westliche Politik zumindest bei den meisten Jugendlichen in Ägypten an. Sie wünschen sich einen ehrlichen Westen, der Wasser trinkt, wenn er Wasser predigt.

Die Moslembrüder müssen sich jedenfalls beeilen, wenn sie nicht ganz den Anschluss an die neue Zeit in Ägypten verpassen wollen. Sie sind von der Revolution der Jugend fast genauso überrollt worden wie der ägyptische Staat selbst. Facebook und Internet, all diese neuen Kommunikationswege, waren den Greisen der Moslembruderschaft irgendwie zu fremd und zu anonym: »Wir setzten lieber auf direkte Kontakte und Gespräche«, sagt Mohammed Rashad al Bayoumi in dem Fernsehinterview. Deswegen haben sie viel zu spät damit angefangen, ihre Botschaft vom gottgefälligen Leben über ein eigenes Online-Büro zu verbreiten, das während der Großdemonstrationen auch noch durch vom Staat angeheuerte Schläger zerstört worden war. Die jungen Demonstranten des Tahrir-Platzes sind ihnen jedenfalls weit vorausgelaufen, vielleicht sogar schon entlaufen. Der politische Islam ist heute nur noch einer von mehreren politischen Entwürfen für das neue Ägypten.

»Die Regierung hat immer verkündet, wir wollten eine islamistische Diktatur einrichten«, beklagt der zweithöchste Moslembruder Ägyptens, Mohammed Rashad al Bayoumi. »Das stimmt aber nicht. Wir halten uns an die demokratischen Spielregeln. Wir wollen soziale Gerechtigkeit. Wir wollen keine Unterdrücker sein.«

Allerdings ist die Moslembruderschaft heute die mit am besten organisierte Partei neben den alten Blockparteien wie der bürgerlichen Wafd-Partei oder der sozialistischen Tagammu-Partei, der man auch nachsagt, sie habe ihre Parlamentssitze von der Regierung zugeteilt bekommen, damit sich die nationaldemokratische Staatspartei nicht so allein fühlt in der Volksvertretung. Die Moslembrüder haben jedenfalls gute Chancen, bei Parlamentswahlen erfolgreich zu sein, so wie sie es schon 2005 waren, als sie trotz des Verbotes und trotz massiver Behinderung durch die Polizei durch einen einfachen Trick zwanzig Prozent der Sitze im Parlament erringen. Die Partei hatte ihre Kandidaten als unabhängige Kandidaten, die angeblich nichts mit der

Moslembruderschaft zu tun haben, ins Rennen geschickt. Jeder wusste das, doch das Regime duldete es, weil es mit diesem Erfolg nicht gerechnet hatte.

Auch die Leute vom Tahrir-Platz haben die Moslembruderschaft längst als eine Partei von vielen akzeptiert: »Jede Gruppe, solange sie nicht gewalttätig ist oder zur Gewalt aufruft, hat das Recht, als Partei anerkannt zu werden«, sagte uns zum Beispiel der Student und Demonstrant Bassem Fathy. Und eine Studentin auf dem Platz belehrt uns: »Ihr im Westen habt Mubarak Militärhilfe gegeben, aber uns keine Demokratieförderung wegen eurer Angst vor den Moslembrüdern. Ist das eure Demokratie?«

Ganz so drastisch ist es zwar nicht. Die deutschen politischen Stiftungen, um die uns andere Länder beneiden, haben wichtige Vorarbeit geleistet für die Demokratisierung des Landes. Die EU hat Menschenrechtsprojekte gefördert und Demokratieforschung finanziert. NGOs (Non-governmental Organisations/ Nichtregierungsorganisationen) der USA haben junge Ägypter im Umgang mit Blogs und Facebook geschult. Finanziert wurden diese Kurse aus dem Haushalt der US-Regierung, die außerdem jahrelang das liberale Politikforschungsinstitut in Kairo, das »Ibn Khaldoun Center for Development Studies«, mitfinanziert hat, das Jahr für Jahr den Stand der Zivilgesellschaft und der Demokratisierung in der arabischen Welt bilanziert hat. Dieses auch mit Geldern der Europäischen Union finanzierte Institut ist schon in den neunziger Jahren des letzten Jahrhunderts für jenes liberale Ägypten eingetreten, das sich die Demonstranten vom Tahrir-Platz wünschen. Und sie hoffen, dass auch die Moslembrüder da hineinpassen.

5 Der 11. Februar: Ende und Anfang

Es ist ein kalter Morgen, die Menschen sind schlecht gelaunt. Achtzehn Tage hat man inzwischen demonstriert, gekämpft, in den Nächten gefroren und sich tagsüber die Kehle wund geschrien mit immer mit demselben Slogan: »Mubarak, tritt zurück, sonst gehen wir nicht nach Hause.«

Und jetzt das! Mubarak ließ am 10. Februar für den Abend eine Rede ankündigen. Ein General war mittags sogar auf den Tahrir-Platz gekommen und hatte mitgeteilt, alle Forderungen der Demonstranten würden erfüllt werden. Das hatte gute Laune gemacht. Das konnte doch nur bedeuten: Am Abend gibt der Despot seinen Rücktritt bekannt. So hatten es die Demonstranten verstanden.

Feiertagsstimmung machte sich breit auf dem Platz. Endlich ist es so weit. Selbst ein CIA-Sprecher in Washington gesteht am Nachmittag, er rechne mit dem Rücktritt. Jene Welt, die vor ein paar Wochen noch gesagt hatte, Mubarak sei unverzichtbar, atmet jetzt auf. Die quälende Unregierbarkeit des Landes am Nil scheint zu Ende zu gehen.

Und dann am Abend die Rede. Immer wieder war sie verschoben worden. Auf dem Tahrir-Platz hatte eine Firma eine Großbildleinwand aufgebaut. Public Viewing der letzten Minuten eines abgehalfterten Alleinherrschers. Dutzende Kamerateams warteten auf dem Platz, um diesen Augenblick festzuhalten und natürlich den Jubel der Menschen. Die arabischen Nachrichtenkanäle sendeten live vom Platz, die Despoten der anderen arabischen Länder konnten also miterleben, wie es einem ergeht, der von der Macht nicht lassen kann. Seit dreißig Jahren war Mubarak einer der Ihren gewesen. Auch deutsche Sender hatten sich entschlossen, die Rede – live kommentiert – zu übertragen. Die Sondersendung in der ARD erreichte eine der höchsten Einschaltquoten aller Sondersendungen über die Aufstände in Ägypten. Über sechs Millionen Deutsche wollten den Rücktritt des Präsidenten miterleben.

Erst erscheint der Ansager auf dem Bildschirm, dann Mubarak. Er sitzt hinter einem mächtigen Schreibtisch, alt, starr, sein Gesicht wie eine Maske. Ein Pharao, der schon zu Lebzeiten eine Mumie geworden ist. Dann beginnt er zu reden. Seine ersten Worte gehen in einem Pfeifkonzert unter. Dann wird es stiller auf dem Platz. Man hört zu und wartet auf die entscheidenden Worte: »Ich trete zurück.«

Er redet und redet, doch die erwarteten Worte kommen nicht. Nach zwanzig Minuten ist die Rede zu Ende, keiner könnte wiederholen, was er eigentlich gesagt hat, nur die entscheidenden Worte sind nicht gefallen. Mubarak hat in seiner Ansprache lediglich gesagt, ausländischem Druck beuge er sich nicht.

Dann bricht ein Pfeifkonzert los auf dem Tahrir-Platz, so laut und gellend, wie es Kairo noch nie gehört hat. Die Enttäuschung, die Wut, der Zorn: Alles bricht aus den jungen Menschen heraus. Dass die Situation nicht in Gewalt umschlägt, ist ein kleines Wunder. Jeder hätte Verständnis. Die Soldaten werden nervös, doch die Demonstranten bleiben friedlich. Sie sind empört, fühlen sich von den Generälen reingelegt. Spielt das Regime etwa mit ihnen?

»Dann machen wir eben weiter«, rufen sie enttäuscht und wissen nicht, wie lange sie noch auf dem Tahrir-Platz ausharren müssen. Selbst für die Mitglieder der 6.-April-Bewegung war dieser Abend ein harter Schlag. Und diese Bewegung hat schon viele Schläge aushalten müssen seit ihrer Gründung im Jahr 2008.

Im März 2008 hatten die Textilarbeiter der Stadt Mahalla al Kubra im östlichen Nildelta beschlossen, gegen die Hungerlöhne und die sich immer mehr verschlechternden Arbeitsbedingungen zu streiken. Der Streik sollte am 6. April beginnen. Seit zwei Monaten hatten sie keinen Lohn mehr bekommen, konnten kaum noch ihre Familien ernähren. Das Regime hatte seit Jahren in diesen Staatsbetrieb, einst Stolz der ägyptischen Baumwollindustrie, nichts mehr investiert, die Maschinen nicht modernisiert, um die Fabriken überlebensfähig zu machen gegen die Konkurrenz aus Asien. Es hatte diesen für das Land so wichtigen Wirtschaftszweig schlicht ruiniert durch Unfähigkeit, Korruption und Gleichgültigkeit. Also setzten die Betriebsleitungen den Knebel bei denen an, von denen sie glaubten, dass sie sich nicht wehren können, bei den 25 000 Arbeitern und Arbeiterinnen der Textilfabrik. Streiks waren ja verboten im Land, die Gewerkschaften waren Teil des Staatsapparates, also auch keine Gefahr. Doch die Betriebsführung irrte sich gewaltig. Am 6. April gingen 500 000 Demonstranten in Mahalla al Kubra auf die Straße für höhere Löhne und bessere Arbeitsbedingungen. Praktisch die ganze Stadt war auf den Beinen. Zunächst friedlich. Dann schlug die Polizei brutal zurück.

Am 8. April 2008 schrieb der Blogger Iskander El Amrani in dem Blog »The Arabist«: »Ein Volksaufstand findet in der Stadt im Nildelta statt, ein Aufstand gegen die hohen Preise und gegen die Verhaftung von mehr als dreihundert Einwohnern der Stadt. Steine schleudernde Jugendliche und die Polizei, die mit Gummigeschossen zurückfeuert, erinnern an ähnliche Szenen in den besetzten Gebieten von Palästina. Und die Proteste der Stadt ähneln immer mehr der Intifada.«

Aus den friedlichen Streiks für mehr Lohn wurden sehr schnell Straßenkämpfe zwischen der schwarz gekleideten Sicherheitspolizei und unzufriedenen Jugendlichen aus Mahalla, von denen viele arbeitslos sind. Sie skandierten Anti-Mubarak-Slogans. Schulen und ein Restaurant gingen in Flammen auf. Wer es angezündet hat, ist auch heute noch unklar. Einer der kämpfenden Jugendlichen rechtfertigt die Zerstörungen gegenüber Blogger Al-Amrani so: »Ich weiß nicht, wer die Schulen angezündet hat. Ich kann aber verstehen, dass ein Bus, der dem Staat gehört, in Flammen aufgegangen ist. Mit der Zerstörung des Restaurants wollten wohl einige gegen die steigenden Lebensmittelpreise protestieren. Vor fünf Jahren hat ein Falafel-Sandwich noch 35 Piaster gekostet, heute kostet es das Doppelte. Das können wir uns nicht mehr leisten.«

Dieser 6. April 2008 – das war der D-Day der ägyptischen Opposition. Zum ersten Mal war eine ganze Stadt gegen den Staat aufgestanden. Alte wie Junge waren auf die Straße gegangen, junge Frauen und auch Hausfrauen. Es waren aber letztendlich die Jugendlichen gewesen, die diesen Lohnstreik zu einem politischen Streik gemacht hatten. Viele von ihnen waren arbeitslos, ohne Zukunft, schlecht ausgebildet. Ihre Eltern hatten die täglichen Demütigungen des Regimes noch ausgehalten und höchstens mehr Geld gefordert. Die Jugendlichen wollten mehr, nämlich einen anderen Staat, einen ohne Mubarak. Vor allem aber wollten sie eine gerechtere Zukunft, die sie selbst gestalten konnten, in der sie so mündig sein konnten, wie sie wollten, und nicht, wie der Staat es zuließ. Das hatten sie tagelang geschrien, hatten sich mit den Schwarzen von der Bereitschaftspolizei geprügelt, hatten Steine geworfen und Gummigeschosse ausgehalten, hatten Tränengas geschluckt und lange der Polizei widerstanden.

Und der Erfolg dieser Intifada von Mahalla ist nicht nur ihrem Mut zu verdanken, es war noch etwas anderes passiert, womit keiner der Sicherheitskräfte zunächst gerechnet hatte. Ein junger Ägypter und eine junge Ägypterin, beide aus Kairo, hatten in Facebook mit zu diesem Streik aufgerufen: der Ingenieur Ahmed Maher und die Personalsachbearbeiterin Isaa Abdel Fatah. Mit ihnen beginnt ein neues Zeitalter der ägyptischen Protestbewegung.

Beide hatten bei den Präsidentenwahlen 2005 den Oppositionskandidaten Aiman Nour unterstützt und Wahlkampf für ihn gemacht. Beide gehörten der Kefaya-Bewegung an, der Mutter aller Protestbewegungen in Ägypten. Kefaya bedeutet »genug«, genug von Mubarak, genug von dem ganzen System, und ist ein lockerer Zusammenschluss von Oppositionellen. Das ganze Jahr 2005 gingen Aktivisten von Kefaya auf die Straße, um gegen das Regime zu protestieren. Doch dass das ägyptische Parlament 2005 zähneknirschend das System für andere Parteien und Gegenkandidaten bei den Präsidentenwahlen öffnete, ist nicht diesen Protesten zu verdanken, sondern dem Druck der Amerikaner und der Europäischen Union. Für die meisten Abgeordneten grenzte das zwar an Majestätsbeleidigung, doch der Forderung des amerikanischen Präsidenten George W. Bush, mehr Demokratie bei den anstehenden Wahlen im Land zuzulassen, konnten sie sich nicht entziehen. Immerhin sind die Amerikaner der größte Geldgeber des Landes. Mehr Militärhilfe als die Ägypter bekommen nur die Israelis.

Der damalige Präsident der USA, George W. Bush, wollte mit seiner »Greater Middle East Initiative« nachträglich beweisen, dass Demokratie sehr wohl exportierbar sei. Die Behörden ließen zähneknirschend Parteien zu, außerdem Gegenkandidaten bei den Präsidentenwahlen. Doch das war es auch schon. Aiman Nour schnitt schlecht ab. Trotzdem wurde er nach den Präsidentenwahlen verhaftet und unter einem Vorwand zu vier Jahren Gefängnis verurteilt. Viel Protest kam nicht von den Amerikanern. Von der angeblich so großen Initiative zur Demokratisierung des Nahen Ostens war bald keine Rede mehr. Das mag auch damit zu tun gehabt haben, dass die Moslembrüder, der Schrecken aller amerikanischen Regierungen, sehr gut abgeschnitten hatten. Keiner hatte mit diesem Erfolg gerechnet. Schon gar nicht die Amerikaner. Die Moslembrüder so stark im Parlament? Das habe man eigentlich nicht gewollt. Dann lieber doch Mubarak, sagten sich die Amerikaner und die EU.

Nach diesen Erfahrungen mit dem Demokratieverständnis des Westens stand für Ahmed Maher und Isaa Abdel Fatah fest, dieses System ist von innen her nicht reformierbar. Beide verabschiedeten sich von diesem verlogenen Spiel von übermächtiger Regierungspartei und geduldete Opposition, zu der sie auch die 2005 erfolgreiche Moslembruderschaft rechneten. Sie tauchten ab in eine virtuelle Welt, mit deren Hilfe sie hofften, den »regime change« herbeiführen zu können.

»Wir haben als unabhängige Bewegung begonnen. Wir wollten mit keiner der bekannten Parteien etwas zu tun haben«, erzählt Ahmed Maher mir in Kairo, »wir wollten auch keine konventionelle Politik machen. Wir suchten nach neuen Methoden und neuen Taktiken, mit denen man einen gewaltfreien Wandel herbeiführen kann, und wollten sie ausprobieren.«

Bei ihrer Suche stoßen sie im Internet auf eine arabische Seite mit dem Namen »Akademie des Wandels«, die von Ägyptern in Katar gegründet worden war. Die Betreiber dieser Seite hatten Beispiele für friedlichen politischen Wandel gesammelt, etwa Modelle des Wandels aus Chile, Holland oder den Vereinigten Staaten. Das Beispiel, das der 6.-April-Bewegung am nächsten kam, war die Gruppe Otpor in Serbien, die unter ähnlichen Bedingungen Politik machen musste wie die Jugendbewegung in Ägypten: Die politischen Parteien nahmen sie nicht ernst, sie misstrauten den neuen Methoden.

Die Organisation Otpor, zu deutsch: Widerstand, hatte schon Erfahrung gesammelt auf dem Gebiet des »Tyrannensturzes«. Ihrer Mobilisierungsfähigkeit hatten es die Serben mit zu verdanken, dass der Diktator Slobodan Milošević im Jahr 2000 gehen musste. Das Otpor-Rezept gegen Diktatoren klingt einfach, ist aber doch schwer umzusetzen.

»Diktatoren herrschen durch Angst. Nur wenn sie erfolgreich Angst und Schrecken verbreiten können, können sie sich an der Macht halten«, erklärt Otpor-Gründer Srđa Popović in einem Bericht des *Weltspiegels*. »Man muss also die Angst besiegen. Dann kommt das Regime schnell ins Wanken.«

Nur wer diese Angst verliert, ist in der Lage, eine Diktatur zu stürzen, so das Credo von Otpor. Dieses Rezept geht auf den Hohepriester des gewaltlosen Widerstands, den ehemaligen Harvard-Professor Gene Sharp, zurück. In einem Interview der *Frankfurter Allgemeinen Zeitung* vom 18. Februar 2011 bestätigte er, dass seine Empfehlungen für Länder wie Ägypten genau aufgegangen sind: »Das Wichtigste ist, dass die Ägypter sehr früh ihre Angst überwunden haben. Das ist eine erstaunliche Transformation für Leute, die jahrzehntelang unterdrückt worden sind. Es ist ihnen gelungen, ihre Proteste so gewaltfrei zu halten wie möglich, obwohl sich am Ende mehr als eine Million Menschen daran beteiligt haben. Das erfordert enorme Disziplin. Wären die Proteste gewaltsam geworden, hätten wir ein Blutvergießen wie auf dem Platz des Himmlischen Friedens 1989 erlebt.«

Schon bei den Streiks in Mahalla hatten Ahmed Maher und Isaa Abdel Fatah über Facebook zu diesen Arbeitskämpfen aufgerufen. Ahmed Maher erklärte im Mai 2008 der *Washington Post:* »Unsere Hauptaufgabe besteht darin, die Menschen über ihre Rechte aufzuklären, so dass sie wissen, wie sie ihre Handschellen aufbrechen und ihre Fußfesseln lösen können.« Für Ahmed und Isaa galt schon damals: Gandhi statt Gewalt. Gewalttätig ist die andere Seite, die Polizei. Isaa wurde während dieser Streiks von der Polizei verhaftet und erst nach vierzehn Tagen wieder freigelassen. Sie hatte genug und verabschiedete sich aus der Politik.

Ahmed und seine Freunde blieben in der Politik und gründeten ein paar Monate später die Facebook-Bewegung 6. April. Ihre politischen Ziele waren und sind noch heute: politische Reformen und Demokratisierung durch gewaltlosen Widerstand zu erreichen, ein Ende der Notstandsgesetze, Unabhängigkeit von politischen Parteien, auch wenn man bereit ist, mit ihnen Koalitionen einzugehen, und schließlich der Schutz der Menschenrechte und das Recht, Parteien zu gründen und sich politisch zu engagieren. Und sie trafen damit ins Herz der Generation der unter Dreißigjährigen in Ägypten, die keinen anderen Präsidenten kennengelernt haben als Mubarak.

Über 70 000 Anhänger meldeten sich auf der Facebook Seite der Bewegung an, die meisten ohne Bilder und verschlüsselt; denn der ägyptische Geheimdienst las natürlich mit. Maher selber kam mehrfach ins Gefängnis, wurde gefoltert und musste untertauchen. Er hielt das alles aus. Er dachte nur an das eine: an ein neues Ägypten, in dem Mubarak und seine Anhänger keinen Platz mehr haben.

Am 10. Februar 2011 glaubte er, am Ziel zu sein. Die Mühsal der letzten Jahre schien sich gelohnt zu haben. Abends jedoch gab es diese Fernsehansprache Mubaraks, der keinen Rücktritt verkündete, sondern nur ein bisschen Politkosmetik betrieb. Die Enttäuschung saß tief bei allen, natürlich auch bei Maher, der diese gewaltigen Demonstrationen mitorganisiert hatte.

Wird die Unterstützung nun bröckeln? Wie lange können sie noch durchhalten, ohne Anhänger zu verlieren? Schließlich müssen viele arbeiten, um ihre Familien zu ernähren. Wird es friedlich bleiben? Grund für Gewalt gab es ja genug nach dieser Rede. Wie wird sich dann die Armee verhalten? Bisher hatte man den Eindruck, sie ist aufseiten der Demonstranten. Das muss aber nicht so bleiben. Fragen, die er auch am Morgen des 11. Februar nicht beantworten konnte.

Der 11. Februar, ein Freitag. Wie schon in den Wochen davor sind wieder Großdemonstrationen angekündigt nach dem Freitagsgebet, wieder ein »Tag des Zorns«, diesmal eines besonders heftigen Zorns. Demonstranten besetzten die Corniche am Nil und belagern die Zentrale der Lüge, wie sie das ägyptische Fernsehen nennen. Panzer sind aufgefahren und schützen das Gebäude, das an eine Hutschachtel erinnert. Andere kündigen einen Marsch zum Präsidentenpalast in Heliopolis an. Den wollen sie belagern, bis Mubarak daraus verschwunden ist. Zusammenstöße mit der Präsidentengarde, die den Palast bewacht, drohen. Diese Garde ist eine besonders ausgebildete und auf den Präsidenten eingeschworene Militäreinheit, die angeblich kein Pardon kennt.

Gegen zwei Uhr nachmittags gibt ein Pressesprecher der Armee bekannt, Mubarak habe seinen Palast, in dem er fast dreißig Jahre residiert hatte, im Hubschrauber verlassen. Er habe die Amtsgeschäft an seinen Vize Suleiman übertragen.

Wohin er geflogen ist, ist zunächst nicht bekannt. Ein Rätselraten beginnt. Zum Tunesier Ben Ali nach Saudi-Arabien? Diese halb als Witz geäußerte, halb ernst gemeinte Mutmaßung macht bald die Runde auf dem Tahrir-Platz. Von Rücktritt ist aber immer noch keine Rede. Eine Entmachtung ohne Amtsniederlegung? Das ist den Demonstranten zu wenig. Jetzt wollen sie alles. Sie warten.

Drei Minuten nach fünf Uhr bricht plötzlich unvorstellbarer Jubel aus auf dem Tahrir-Platz, auf der Corniche am Nil, vor dem Präsidentenpalast: Ein einziger Schrei fegt wie ein Orkan durch die Stadt. Endlich ist es so weit. Vizepräsident Suleiman hat bekanntgegeben, Mubarak sei zurückgetreten. Ein Militärrat habe die Macht übernommen.

»So glücklich war ich noch nie«, erzählt Ahmed Maher später. Er weiß aber auch: »Jetzt beginnt die eigentlich schwierige Arbeit.«

6 Rechenschaft – nicht Rache

Einer der ersten, der die neue Zeit zu spüren bekommt, ist der am 30. Januar noch von Mubarak geschasste Innenminister Habib Ibrahim el-Adly. Einen Tag nach dem Sturz seines obersten Dienstherrn wird er verhaftet und in eines jener Gefängnisse gesteckt, in denen er so gern Oppositionelle hatte verschwinden lassen. Als er eingeliefert wurde, weigerte er sich, die übliche Gefangenenkleidung anzuziehen. Einen Polizeioffizier, der el-Adly auf die von ihm selbst erlassene Vorschrift hinweist, schnauzte er an: »Wissen Sie eigentlich, wer ich bin?« Der sagte zu seinem ehemaligen Chef trocken: »Natürlich, ein Untersuchungsgefangener wie viele hier.«

Vierzehn Jahre konnte el-Adly sich als Innenminister halten, obwohl Amnesty International jedes Jahr erneut sein Sündenregister veröffentlicht hatte: systematische Folter bei Verhören, regelmäßige Misshandlungen von Verhafteten auf Polizeistationen, außerdem Tod im Gefängnis als Folge solcher Menschenrechtsverletzungen. Kurz: Die Brutalität der Polizei, unfaire Prozesse und Inhaftierung ohne Anklage gehörten zum Alltag in Ägypten. Selbst wenn Gerichte die Freilassung eines Festgenommenen angeordnet hatten, konnte der Innenminister dessen Freilassung verweigern mit der einfachen Begründung, die öffentliche Sicherheit sei gefährdet. Das Kriegsrecht hatte solche Willkür möglich gemacht.

Das sind nur einige Vorwürfe, die Amnesty International in seinen Jahresberichten regelmäßig auflistete – elf Jahre lang ohne Folgen. Für das Mubarak-Regime war el-Adly so unersetzlich gewesen, dass es ihm ermöglichte, ein Vermögen von rund 1,2 Milliarden Dollar zusammenzuraffen. Er war eben ein Garant der Friedhofsruhe und der Friedhofsordnung, die er wie Blei über das Land gelegt hatte. Er war zuständig für die Drecksarbeit des Regimes, ohne die es nicht so lange hätte überleben können. Selbst für Folter von Terrorverdächtigen aus Afghanistan im Auftrag der Amerikaner ließ er sich einspannen. Ägypten gehörte zu den treuesten Verbündeten der Amerikaner im Krieg gegen den Terror. Der ägyptische Innenminister erlaubte bereitwillig, mutmaßliche Al-Kaida-Mitglieder zu foltern, um für die Amerikaner Geständnisse zu erpressen

Er hatte jeden bekämpft und verfolgt, der im Verdacht stand, gegen das Mubarak-Regime zu sein. Sprichwörtlich war sein Hass auf Blogger. Warum gerade auf die? Weil sie spätestens seit 2007 eine der stärksten Waffen der Opposition in Ägypten waren. Blogger können agitieren, können Videos ins Netz stellen, die sonst nirgendwo gezeigt werden dürfen, sie sind schnell und schwer zu kontrollieren. Zeitweilig saßen 2009 acht Politblogger im Gefängnis, alle ohne Urteil, aber auf völlig ungewisse Dauer.

Im Februar 2009 verschleppten zum Beispiel Beamte des ägyptischen Geheimdienstes den Blogger Diaa Al Din Gad vor seinem Haus, weil er in seinem Blog die ägyptische Regierung wegen ihres gleichgültigen Verhaltens während des Gazakrieges zwischen Hamas und Israel kritisiert hatte. Fünfzig Tage wurde er in verschiedenen Gefängnissen festgehalten, ehe die Sicherheitsbehörden ihn wieder freiließen, ohne dass jemals Anklage erhoben wurde.

Oder der deutsch-ägyptische Blogger und Filmregisseur Philip Rizk. Auch er wurde im Februar 2009 verschleppt. Aus dem gleichen Grund wie Al Din Gad. Er hatte sich an einem Marsch nach Gaza beteiligt, weil sich die ägyptische Regierung bei dem Krieg Israels gegen Gaza nicht für die Palästinenser eingesetzt hatte.

Nach vier Tagen musste der Geheimdienst ihn wieder laufen lassen. Einer weltweiten Kampagne zu seiner Freilassung konnte die Mubarak-Regierung nicht standhalten. Selbst das amerikanische Wochenmagazin *Newsweek* hatte über Rizk berichtet. Es verwundert nicht, dass Rizk zwei Jahre später mit an der Spitze der Tahrir-Platz-Bewegung stand.

Dieses Glück hatte der Beduine Moussad Abu Fagr nicht. Beduinen haben so gut wie keine Lobby, weder in Ägypten noch im Ausland. Sie kommen höchstens bei Touristen gut an, die viel Geld bezahlen, um mit ihnen am Lagerfeuer ein dürftiges Abendessen mit altem Hammelfleisch zu verspeisen. In seinem Blog hatte Moussad die Regierung wegen der Benachteiligungen der Beduinen auf dem Sinai scharf kritisiert. In al-Arisch, der nördlichsten Stadt des Sinai, war es in den letzten Jahren immer wieder zu gewaltsamen Zusammenstößen zwischen Beduinen und der Polizei gekommen. Der ägyptische Staat raube ihnen ihr Land, wie sie meinten; denn er siedelte Bauern aus dem Nildelta auf dem Sinai an, ohne mit den Beduinen über Eigentumsfragen zu verhandeln.

Sie hatten auf dem Land, das der Staat den Bauern geben wollte, schon seit Generationen gesiedelt, sich diese Ansprüche aber nie durch Grundbucheintragungen bestätigen lassen. Für den Staat war es daher herrenloses Land. Er fackelte nicht lange, ließ die Häuser der Beduinen abreißen und verteilte das Land an die Bauern. Die Beduinen protestierten in al-Arisch. Es kam zu schweren Zusammenstößen zwischen Demonstranten und der Polizei, die willkürlich verhaftete. Nach einem Terroranschlag auf ein Touristenzentrum setzte sie sogar mehrere hundert Beduinen fest, egal ob sie wirklich verdächtig waren. Die Verhaftungswelle sollte bestrafen und abschrecken.

Darüber schrieb Moussad und musste dafür zwei Jahre im Gefängnis verbringen, ohne je verurteilt worden zu sein. Vierzehnmal hatten Gerichte seine Freilassung angeordnet. Jedes Mal hatte sich Innenminister Habib Ibrahim el-Adly über die Gerichtsbeschlüsse hinweggesetzt und die Haftentlassung verboten. Moussad war in seinen Augen gefährlich, obwohl er nie eine Waffe angerührt hatte und immer zu friedlichen Protesten aufgerufen hatte. Moussad hat andere Begabungen, er hat Charisma, er kann Massen begeistern und überzeugen. Er kann eindringlich schreiben. Deswegen musste er 2008 ins Gefängnis. Seitdem kämpfte seine Frau Salama um seine Freilassung.

In einer Nacht-und-Nebel-Aktion hatte der Geheimdienst ihn aus seiner Wohnung abgeholt: »Mitten in der Nacht. Zehn Polizisten. Sie haben die ganze Wohnung auf den Kopf gestellt, sind sogar in mein Schlafzimmer eingedrungen, obwohl mein Mann es ihnen verboten hatte. Sie haben unsere Bücher auseinandergerissen und mitgenommen, haben CDs, Computer und Fotografien beschlagnahmt. Meine kleine Tochter ist danach krank geworden«, erzählt sie uns, als wir einen *Weltspiegel*-Bericht über den Fall machen. »Als die Razzia vorbei war, habe ich aus dem Fenster geschaut und gesehen, wie sie ihn in Ketten abgeführt haben wie einen Schwerverbrecher. Zehn Polizisten und ein Blogger.«

Dabei habe er sich doch nur für die Rechte der Beduinen eingesetzt, klagt Salama. Sie und er sind Beduinen, sie wissen also, wovon sie reden und schreiben; sie führte den Blog fort, den ihr Mann begonnen hatte, und erwartete täglich, dass auch sie verhaftet werde. »Er wird Gott sei Dank nicht gefoltert. Besonders schlimm aber ist, dass er in seiner Zelle mit Drogenhändlern, Dieben, sogar mit Mördern zusammen sein muss. Sie behandeln ihn wie einen verurteilten Kriminellen. Er darf nicht schreiben und bekommt keine Bücher.«

Die Kampagne »Free Blogger Moussad« lief weltweit. Doch anders als beim Blogger Philip Rizk beeindruckte diese Kampagne den Innenminister nicht. Er blieb hart, verweigerte Salama sogar immer wieder eine Besuchserlaubnis. Außerdem wurde Moussad von Gefängnis zu Gefängnis verlegt, so dass Ehefrau und Rechtsanwältin oft nicht wussten, wo er gerade war. Die Anwälte des »Arabischen Netzwerks für Menschenrechte« waren ohnehin nahezu machtlos: »Unser Problem sind diese Notstandsgesetze«, erklärte mir im Juni 2010 die Anwältin Rawad Ahmed. »Wenn der Innenminister Sicherheitsbedenken geltend macht, dann kann er die Haftentlassung verweigern. Gründe muss er nicht angeben.«

Blogger lebten also gefährlich in Ägypten. Denn sie waren auch in der Lage, Videos ins Netz zu stellen, die Polizeifolter belegten, so etwa das, das einen gellend schreienden Mann zeigte, einen Taxifahrer, dem Polizisten einen Schlagstock in den After bohrten. Er hatte sich mit einem Polizisten gestritten. Das hatte gereicht, ihn zu verhaften und auf der Polizeistation derartig sadistisch zu quälen.

Oder das Video, in dem ein Polizist geradezu lustvoll einen Verhafteten verprügelt, der verzweifelt versucht, sich mit seinen Armen vor den Schlägen zu schützen. Man sieht deutlich, wie viel Spaß dem Polizisten sein brutales Zuschlagen macht.

Oder das Video, das eine Frau zeigt, die in ihren Kniekehlen kopfüber an einer Stange aufgehängt ist, die Handgelenke an die Fußgelenke gefesselt. Diese Foltermethode, Papageienschaukel genannt, verursacht unerträgliche Schmerzen. Das Video ist zwar ohne Ton, man glaubt trotzdem, die Schmerzensschreie der Frau zu hören.

Da diese Folterpolizisten von ihren Vorgesetzten gedeckt wurden, glaubten sie sich im Recht und entwickelten regelrechte Allmachtsfantasien, die in der Bevölkerung bekannt und gefürchtet waren. Polizeifolter gehörte zum Alltag in Ägypten.

Der Innenminister hatte also aus seiner Sicht gute Gründe, so hart gegen die Blogger vorzugehen, hatte er doch richtig erkannt, dass sie mehr waren als vereinzelte Ankläger im Internet. Sie waren gewissermaßen das virtuelle Megaphon einer gerade entstehenden Online-Gemeinschaft, wie es die Politikwissenschaftlerin von der American University in Kairo, Rahab El-Mahdi, einmal formuliert hat. Über sechstausend Blogger hatte sie um 2007 gezählt, die wenigsten von ihnen verfolgten allerdings politische Absichten. Die wenigen politischen Blogger hätten allerdings eine Wirkung, die weit über ihre geringe Zahl hinausging, schreibt El-Mahdi.

Einer der ersten Blogger des Landes war Wael Abbas. Der Innenminister ließ ihn immer wieder verhaften, wenn auch stets nur für kurze Zeit. Die Polizeiaktionen waren wohl als Warnschüsse gedacht. Aller Repression des Innenministeriums zum Trotz machte Wael Abbas weiter, wurde im Ausland für seinen Mut ausgezeichnet und gehörte schon früh zu jener Minderheit unter Ägyptens Jugendlichen, die sich für Politik interessierten und engagierten. Denn 2004 hatte der »Arab Human Development Report 2004« festgestellt, zwei Drittel der Jugendlichen interessieren sich nicht für Politik, 84 Prozent haben sogar noch nie an einer politischen Demonstration teilgenommen. Und 2009 bestätigte der »World Value Survey«, eine regelmäßig durchgeführte soziokulturelle Studie bekannter Universitäten, die Mehrheit der ägyptischen Jugend wünscht sich einen starken Staat, der für die Befriedigung ihrer Grundbedürfnisse sorgt, politisches Engagement wird kleingeschrieben bei den ägyptischen Studenten.

Auch diese Zahlen belegen die Kraft der wenigen Blogger, die es anfangs gab. Denn sie mussten nicht nur gegen die immer mitlesende Staatssicherheit anschreiben, sie mussten auch versuchen, eine politisch apathische ägyptische Jugend zu erreichen. Und das war fast noch schwerer. Schließlich suchten 2009 von den rund 2,4 Millionen jungen Internetnutzern gerade mal acht Prozent nach politischen Themen im Netz. Mode, Lifestyle, Musik und natürlich Pornos werden wesentlich häufiger angeklickt. Diese Blogger waren gewissermaßen die Avantgarde des Tahrir-Platzes.

Ohnehin hatte die Protestbewegung in Ägypten schon viel früher begonnen, als die Ereignisse auf dem Tahrir-Platz glauben machen könnten. Sie nahm spätestens 2005 mit der bereits erwähnten Bewegung »Kefaya«, auf Deutsch »genug«, ihren Anfang. Dieser lockere Zusammenschluss von Intellektuellen und lang gedienten ägyptischen Oppositionellen hatte im Sommer 2005 erfolgreich zu Massenkundgebungen gegen Mubarak aufgerufen und die Aufhebung des Ausnahmezustands gefordert. Zehntausende folgten diesen Aufrufen, es kam zu gewalttätigen Auseinandersetzungen mit der Polizei. Das Jahr 2005, so glaubten damals viele, würde eine Wende bringen.

Doch nach den Präsidenten- und Parlamentswahlen 2005 verlor Kefaya an Kraft und siechte mehr oder weniger vor sich hin. Eine wirkliche Wende war damals nicht in Sicht, zumal die Amerikaner das Interesse an einer Demokratisierung Ägyptens verloren hatten.

Neben der 6.-April-Bewegung war die Initiative »National Movement for Change« eine wichtige Stütze der Opposition, an deren Spitze sich im Frühjahr 2010 der Friedensnobelpreisträger und ehemalige Chef der Internationalen Atomenergiekommission, Mohammed el-Baradei, stellte. Einen Sommer lang stand er bei Demonstrationen ganz vorn und wurde zum großen Hoffnungsträger der ägyptischen Opposition. »Baradei for President« las man 2010 am häufigsten auf den Plakaten. El-Baradei wurde zu einer Art Obama am Nil, zu einem Hoffnungsträger, auf den alle politischen Wünsche projiziert wurden, obwohl er 2010 eine Kandidatur noch völlig offengelassen hatte. Er verlangte unter anderem freie und faire Wahlen, Änderungen der einschlägigen Kandidaturgesetze für das Präsidentenamt und die Aufhebung des Ausnahmezustandes – also alles Selbstverständlichkeiten für eine Demokratie. Seine Anhänger sammelten fast eine Million Unterschriften im ganzen Land zur Unterstützung dieser Forderungen. Das Regime spürte, dass hier eine Gefahr heranwuchs.

So dauerte diese Baradei-Euphorie nicht lange. Noch im Herbst musste el-Baradei sich ins Ausland absetzen, vertrieben vom ägyptischen Innenministerium.

Der Innenminister konnte es damals nicht wagen, diese international bekannte und geachtete Persönlichkeit zu verhaften; deswegen öffnete er seine Kiste mit den schmutzigen Tricks. In staatseigenen Zeitungen und im Internet ließ er Bilder der Baradei-Tochter Leila veröffentlichen: Leila im Badeanzug, Leila beim Weintrinken. Das sei Baradeis Doppelmoral, sollten die Bilder den konservativen Ägyptern vermitteln: Hier in Ägypten markiert er den guten Moslem, im Ausland aber frönt er der Unmoral. El-Baradei blieb im Ausland, gelegentlich meldete er sich von dort, aber kaum einer hörte noch auf ihn.

Der Politologe und Vertraute el-Baradeis, Professor Hassan Narfa, hat diesen Rückzug hautnah miterlebt. Nein, sagt er, nicht nur die Bilder seien schuld, es sei noch etwas Wichtigeres passiert: »Er hatte Angst. Er ist, denke ich, vom Innenministerium bedroht worden. Details kenne ich aber nicht. Er hat aber solche Andeutungen gemacht. Wir wissen, dass das System brutal ist und vor so etwas nicht zurückschreckt. Das hat ihn wohl ins Ausland vertrieben.«

Der Innenminister hatte sein Ziel erreicht. Kaum eine politische Partei folgte el-Baradeis Aufruf zum Boykott der Parlamentswahlen Ende November 2010. Mit anderen Worten: Solche Rufmordkampagnen, Folter, Mord, Drohungen, Einschüchterungen auf jede denkbare Art, all das gehörte zum Waffenarsenal des Innenministers, um die politische Opposition niederzumachen. Außerdem hatte er für die Parlamentswahlen Ende November 2010 Schlägertrupps angemietet, um all jene Wähler bei der Stimmabgabe einzuschüchtern, die im Verdacht standen, nicht den Kandidaten der Staatspartei zu wählen.

Bei den Dreharbeiten gerieten der Kameramann und ich in ein Handgemenge mit einem der Schläger, als wir eine junge Frau interviewen wollten. Sie hatte uns erzählt, im Wahllokal würde jedem Wähler Geld angeboten, damit er seine Stimme der Staatspartei gebe. Als Beleg müsse er seinen angekreuzten Wahlzettel nur mit dem Mobiltelefon abfotografieren. Fünf Pfund sei der Preis, nicht eben viel für eine Stimme, noch nicht einmal ein Euro. Der Schläger mit seinem von Schnittwunden zernarbten Gesicht stieß eigentümliche Laute aus, als er versuchte, unsere Kamera an sich zu reißen. Meine ägyptischen Kollegen sagten mir hinterher, seine Ausrufe seien schlicht nicht zu verstehen gewesen, seine brachialen Handgreiflichkeiten dagegen umso mehr.

Die Wahlen gingen aus wie erwartet und wie vom Regime geplant. Keine Opposition im Parlament, selbst den Moslembrüdern waren die Fälschungen der ersten Wahlrunde zu plump, sie beschlossen, die zweite zu boykottieren wie alle anderen Parteien auch. Jeder hatte mit Betrug gerechnet, kaum einer aber mit einer solchen Schamlosigkeit dabei. Vermutlich waren diese Wahlen der letzte Sargnagel für das System Mubarak. Doch das konnte der Innenminister damals noch nicht ahnen.

Er triumphierte. Das Regime schien im Dezember 2010 gesichert nach einem Jahr voller Proteste, Demonstrationen und Kampfansagen der Opposition. Mubarak und seine Anhänger schauten voller Zuversicht auf das Jahr 2011. Zu den Präsidentenwahlen hatte sich der amtierende Präsident zwar noch nicht erklärt, aber kaum jemand zweifelte daran, dass er wieder antreten wird. Für seinen Sohn Gamal war es noch zu früh, der würde, so ging das Gerücht damals, während der Amtszeit des Vaters übernehmen.

Das war gut anderthalb Monate vor dem 25. Januar 2011. Selbst in Tunesien ging alles noch seinen gewohnten Gang.

7 Tunesien: Mohammed Bouazizi und die Generäle

Doch dann änderte sich plötzlich die Gangart in Tunesien. Die Ereignisse überschlugen sich. Nur zehn Tage – vom 4. bis 14. Januar 2011 – sollte es dauern, bis der tunesische Machthaber Ben Ali gestürzt und zusammen mit seiner Familie aus dem kleinen Land vertrieben war. Ein tragischer Tod in Tunesien hatte diesen politischen Tsunami ausgelöst, der in den nächsten Wochen und Monaten die ganze arabische Welt überrollen sollte. Präsidentenstühle werden kippen, Königsthrone geraten ins Wanken, in fast jedem arabischen Land wird das Volk auf die Straße gehen, wütend, aber friedlich – zumindest anfangs. Die Demonstranten werden Demokratie und Reformen fordern und ihre Regierungen anklagen. Die arabischen Völker könnten ihre Anklageschriften untereinander austauschen. Sie lesen sich fast immer gleich: Korruption, Unterdrückung, Willkür, Günstlingswirtschaft, keine Perspektive für die Jugend, Arbeitslosigkeit, Teuerung.

Diesen Flächenbrand hat ein junger Mann entzündet, der verzweifelte Gemüse- und Obsthändler namens Mohammed Bouazizi, gerade mal 28 Jahre alt. Was er mit seiner Tat auslösen würde, konnte er nicht ahnen, dazu war er viel zu sehr mit seinem eigenen Überlebenskampf beschäftigt. Er arbeitete als Straßenhändler mit einem Karren, aber ohne Lizenz und mit dem festen Willen, seine große Familie über Wasser zu halten. Er hatte keinen festen Verkaufsort, stand also auf der untersten Stufe aller Händler. Fast ein Illegaler und damit der Willkür der

Polizei besonders ausgeliefert. Mit dem Gemüse- und Obstverkauf musste er seine sechs Geschwister und seine Mutter ernähren.

Schon mehrfach hatten Polizisten seinen Gemüsewagen beschlagnahmt. Er war nämlich nicht bereit, das übliche Bestechungsgeld zu bezahlen. Das Geschäft ging schon schlecht genug. Doch ohne Einnahmen konnte er seine Familie nicht durchbringen. Immer wieder drangsalierten ihn Polizisten, verjagten ihn von einem günstigen Standort oder werfen seinen Karren um. Seine Ware lag dann jedes Mal im Dreck und konnte nicht mehr verkauft werden.

Am 17. Dezember 2010 kommen sie wieder, zwei Polizisten, ein Mann und eine Frau. Diesmal sind sie besonders ruppig. Sie nehmen ihm wieder seinen Karren weg, also seine Existenz. Als er zu klagen beginnt, ohrfeigt ihn die Polizistin und, als sei dies noch nicht genug Demütigung, bespuckt ihn der Polizist auch noch. Nichts hilft, auch nicht der Appell an den Bürgermeister. Niemand ist bereit, dem Obsthändler zu helfen.

Jetzt entschließt er sich in seiner Verzweiflung, seiner Ohnmacht, seiner Wut zu einem letzten Schritt: die Selbstverbrennung. Sie soll ein letztes Zeichen sein. Am 17. Dezember. Ein Aufruf an die Menschen in seiner kleinen tunesischen Stadt Sidi Bouzik. Er übergießt sich mit Benzin und zündet ein Streichholz an. Fünfzehn Tage später stirbt er an seinen schweren Verbrennungen.

Was seine Tat dann tatsächlich bewirken wird, konnte sich im Dezember noch niemand vorstellen. Warum aber löste gerade die Verzweiflungstat eines unbekannten Obsthändlers diese Massenproteste aus, die einen Monat später den Alleinherrscher Ben Ali zur Flucht zwangen und zwei Monate später letztendlich auch zum Sturz Mubaraks in Ägypten führten?

Am 14. Januar 2011 entkam Ben Ali mit seinem raffgierigen Klan mit knapper Not aus Tunesien. Er floh nach Saudi-Arabien. Und die ganze arabische Welt starrte verwundert auf diesen kleinen Bruderstaat, der bis dahin nicht unbedingt zu den politischen Unruheherden gehört hatte. Alle Regime beeilten sich zu versichern, ihr Land sei doch nicht Tunesien, ihr Land sei schließlich anders. Auch die Opposition in den verschiedenen arabischen Staaten wollte nicht an eine Wiederholung der Geschichte glauben. Doch letztendlich hatte der Tod des Gemüsehändlers die Revolutionen in der arabischen Welt ausgelöst und damit den politischen Frühling im Nahen Osten. Und die tragische Selbsttötung des Gemüsehändlers Bouazizi zeigte auch, wie morsch diese Systeme im Inneren waren. Bei flüchtiger Betrachtung sah es so aus, als hielte sie ein kaum durchdringbarer Stahlbeton zusammen, als seien diese arabischen Despotien Festungen mit dicken Mauern, an denen sich Demonstranten nur blutige Köpfe holen konnten.

So war es ja bisher immer gewesen. Ein bisschen Unruhe hatte es immer wieder gegeben, doch damit kann der Westen gut leben. Tunesien wurde sogar von der OECD (Organisation for Economic Co-operation and Development/Organisation für wirtschaftliche Zusammenarbeit und Entwicklung) als stabiles Schwellenland eingestuft, als das wettbewerbsfähigste Land Afrikas überhaupt und noch vor Ägypten: Tunesien – ein Musterland, wie es sich Europa immer gewünscht hat.

In Wirklichkeit waren die Hüllen aller arabischen Systeme so sicher wie japanische Reaktordruckbehälter nach einem Erdbeben, sie sind schon seit Langem rissig und baufällig. Sie waren und sind also kurz davor, auseinanderzuplatzen, unter anderem durch den Überdruck, den die vielen jungen Menschen unter dreißig aufbauen, die alle etwas werden wollen. Tatsächlich aber haben ihre Regime ihnen nichts zu bieten. Wie in Tunesien bringen in fast allen Ländern des Nahen Ostens Teuerung und Korruption die Druckbehälter dieser Regime zum Platzen.

Die Herrschenden Tunesiens waren nicht mehr in der Lage, diese Wirklichkeit wahrzunehmen. Sie fühlten sich sicher hinter ihren Mauern und gut geschützt von ihren Geheimdiensten.

Schließlich leistete sich das Land mit gerade mal rund zehn Millionen Einwohnern einen Polizeiapparat von über 100 000 Beamten. Das bedeutet, auf hundert Einwohner kommt ein Polizist. Das muss ja wohl reichen, dachten die Herrschenden.

Ben Alis Familie raffte bis zum letzten Augenblick Geld und Gold zusammen und versuchte, so viel wie möglich auf ihrer Flucht mitzuschleppen. Kofferweise Dollars, kistenweise Schmuck und Gold. Die Frau BenAlis, die Exfriseurin Leila, galt als besonders gierig, sie und ihre Familie hatten unvorstellbare Reichtümer zusammengeraubt – darin unterschieden sie sich wohl kaum von den Familien anderer Diktatoren im Nahen Osten.

Auch das zusammengeraffte Vermögen Mubaraks soll in die Milliarden gehen. Seine Ehefrau Susanne wie auch seine Söhne Gamal und Alaa haben daran einen großen Anteil, allerdings haben sie ihren Diebstahl nie so demonstrativ zur Schau gestellt wie Ben Alis Familie. Gamal, Husni Mubaraks Sohn, den dieser als seinen Nachfolger bestimmt hatte, band Geschäftsleute an sich und ermöglichte ihnen, ein Milliardenvermögen zu machen, um sich ihre Loyalität zu erkaufen. Gamal und Husni Mubaraks Ehefrau Susanna sollen an jenem Donnerstag, den 10. Februar, an dem der Rücktritt eigentlich erwartet wurde, den Präsidenten bearbeitet haben, im Amt zu bleiben. Offensichtlich fürchtete er, für die unterschlagenen Milliarden – die Rede ist von vierzig bis siebzig Milliarden – zur Rechenschaft gezogen zu werden. Zu Recht, wie wir inzwischen wissen. Die Söhne sitzen im Gefängnis und warten auf ihre Prozesse wegen Korruption und Unterschlagung. Ähnlich wie in Tunesien war auch in Ägypten die Korruption der Familie Mubarak bekannt. Und ähnlich wie in Tunesien und all den anderen arabischen Ländern wurde über die Raffgier »der da oben« in den Kaffeehäusern nur getuschelt.

Warum also begann die Revolution in Tunesien so schnell nach Bouazizis Tod? Auch in Tunesien hatte es schon früher immer wieder Tote auf Polizeirevieren gegeben. Es hatte schon früher Brotunruhen gegeben, Demonstrationen gegen Arbeitslosigkeit und gegen steigende Lebensmittelpreise. Es hatte Demonstrationen der vielen arbeitslosen Akademiker gegeben. Es hatte Lohnstreiks gegeben. Warum also nicht früher? Warum gerade jetzt? In den Kaffeehäusern hatten sich die Tunesier schon lange die Korruptionsgerüchte über die Ben-Ali Familie zugeraunt. Schon das war gefährlich, denn am Nachbartisch konnte immer auch ein Spitzel sitzen. Mit jeder Geschichte stieg die Wut auf das Regime. Die Tunesier müssen geahnt haben, wie morsch das Gebälk des Regierungspalastes ist, und sind losmarschiert, erst in den kleineren Städten. Dann sprang der Funke auch auf andere Städte über, schließlich auf Tunis. Verzweifelt waren die Menschen schon lange. Diesmal war das Maß ganz offensichtlich voll. Irgendwann ist jedem alles egal. Jetzt zählt nur noch Massenprotest.

Außerdem konnten sich die Demonstranten über das Internet organisieren und so den tunesischen Geheimdienst austricksen. Fast die Hälfte aller Tunesier hat Internetzugang – eine geradezu ideale Voraussetzung für eine Facebook-Revolution. Doch wäre es bei bloßer Spontaneität geblieben, wäre vermutlich schnell das Ende der Erhebung gekommen, zumal die tunesischen Demonstranten keinen Anführer hatten. Facebook und Twitter sind wichtige Hilfsmittel, reichen aber allein auch heute noch nicht aus, um eine Revolution zu machen, die Bestand hat, auch wenn Internetromantiker dies gern behaupten. Vor Scharfschützen auf Hausdächern und Panzern schützen Twitter, Facebook & Co. jedenfalls nicht.

Es kommt etwas anderes, etwas Entscheidendes hinzu: Das Militär hat in fast allen arabischen Revolutionsländern eine wichtige, vielleicht sogar ausschlaggebende Rolle gespielt. Überall dort, wo sich die Generäle gegen die Revolution stellten, scheitert die Revolution vermutlich, verläuft jedenfalls wesentlich blutiger. Auch wenn in den verschiedenen arabischen Ländern – Tunesien einfach mal dazugerechnet – die Armeen eine ganz unterschiedliche Rolle spielen, kann man das Verhalten der Generäle miteinander vergleichen. Dieses Verhalten entscheidet nämlich über Erfolg oder Misserfolg einer Revolution.

In Tunesien war die Armee schlecht bezahlt und in heruntergekommenen Baracken untergebracht, in denen deutlich mehr Kakerlaken als Soldaten hausten, sie genoss kein sehr hohes Ansehen und wurde meistens zur Grenzsicherung eingesetzt. Der Verteidigungsetat war einer der niedrigsten in der arabischen Welt. Niemand wollte Geld für die Armee ausgeben, weil niemand Vertrauen in sie hatte, weder Präsident Ben Ali noch das Volk. Er stützte seine Macht auf die gut bewaffneten und glänzend dotierten Sicherheitskräfte der Polizei und der Geheimdienste. 35 000 armselige Soldaten standen rund 150 000 zivilen und uniformierten Mitgliedern dieses Sicherheitsapparates gegenüber. Selbst im inneren Machtzirkel war das Militär nur selten vertreten.

Kein Wunder also, dass sich der Oberkommandierende der Streitkräfte, General Rachid Ammar, weigerte, in der Stunde der höchsten Not des Präsidenten diesen zu verteidigen und seinen Soldaten den Befehl zu geben, auf die Demonstranten zu schießen. Er wandte sich vom Regime Ben Ali ab und erklärte, die Demonstranten schützen zu wollen. Das war das Ende Ben Alis.

»Du bist erledigt«, soll der Oberkommandierende zum Noch-Präsidenten gesagt haben.

Stattdessen ging die Armee gegen Plünderer und marodierende Banden vor und versuchte, die Bürger zu schützen. Diese Marodeure stammten oft aus den Reihen des alten Sicherheitsapparates und sollten offensichtlich das Land destabilisieren, um es für eine Gegenrevolution reif zu machen. Die Bevölkerung entdeckte »ihre« Soldaten neu, begrüßte sie mit Blumen und kochte ihnen Couscous, hatte doch der Seitenwechsel der Armee zweifellos ein Blutbad verhindert.

Nach der Flucht BenAlis ging die Armee sogar gegen die Elitetruppen des Expräsidenten vor und nahm Ben-Ali-treue Polizisten fest. Das Militär hat sich damit unentbehrlich gemacht bei dem langen Marsch des Landes in Richtung Demokratie. Wegen der Unzuverlässigkeit der Polizei übernahm die Armee auch teilweise deren Aufgaben und sorgte für Ruhe in den Städten.

Dies nicht immer zur Freude der Tunesier; denn das Militär feuert inzwischen auch scharfe Schüsse auf Demonstranten ab, bislang allerdings nur in die Luft als Warnschüsse, um sie auseinanderzutreiben.

Das Militär ist aus der Krise eindeutig als einer der Gewinner hervorgegangen. Soldatsein ist ein ganz neues Lebensgefühl in Tunesien. Vor Ben Alis Flucht wurden Soldaten vom Volk verachtet und von der Macht ausgegrenzt, danach gefeiert und anerkannt. Dem Militär ist damit Macht zugewachsen, die es in Tunesien so noch nie gehabt hat. Die Generäle sind seit der Vertreibung des alten Regimes gewissermaßen die politischen Schiedsrichter des Landes geworden. Immerhin besteht die Möglichkeit, dass das Militär sich zu einer Instanz erklärt, die über den Parteien steht und sich herausnimmt, Parteienstreit schlichten zu können, was einem kalten Putsch sehr nahe käme. Der Westen würde vermutlich mit einer solchen Lösung auch leben können, vielleicht sogar besser als mit einem durch zerstrittene Parteien und schwache Politiker destabilisierten Tunesien, in dem womöglich auch noch die Islamisten von deren Unfähigkeit profitieren und erstarken. Tunesiens Zukunft ist also sehr eng an das Verhalten und das Wohlverhalten der Generäle geknüpft.

8 Die ägyptische Armee und das ägyptische Volk – wirklich eins?

Nicht anders scheint es in Ägypten zu sein. Auch hier haben die Generäle eine zentrale Rolle gespielt bei der Tahrir-Platz-Revolution. Auch hier schreiben die Generäle mit dicken Bleistiften mit an der demokratischen Zukunft des Landes. Allerdings anders als in Tunesien genießen die Soldaten aller Ränge, vom untersten bis zum obersten Rang, hohes Ansehen in Ägypten. Die Streitkräfte haben einen Krieg gegen Israel gewonnen und damit die Ehre des Landes wiederhergestellt, zumindest wertet Mubaraks Propaganda Ägyptens Anfangserfolge im Oktoberkrieg 1973 so, nämlich als Gesamtsieg über Israel.

Jeder Ägyptenbesucher, der vom Flughafen in Kairo in die Innenstadt fährt, kann die riesigen Schlachtenbilder an den Mauern der Luftwaffenakademie in Heliopolis bewundern: Ägyptische Soldaten stürmen über den Suezkanal, die Luftwaffe zerstört israelische Stellungen. Die Armee feiert ihren Sieg auf dem Sinai. Daneben Wandbilder, die den Triumph des Sultans Salah Eddin über die Kreuzritter bei Hattin im heutigen Israel vor fast tausend Jahren darstellen. Nach diesem Sieg über die Kreuzritter war der Weg frei nach Jerusalem. Die Aussage ist eindeutig: Der ägyptischen Armee ist es gelungen, die modernen Kreuzfahrer zu bezwingen und damit die Schmach des Sechstagekrieges wieder wettzumachen. Länder wie Ägypten brauchen offensichtlich solche Mythen, um ihr kollektives Selbstbewusstsein zu stärken, außerdem tragen sie zum hohen Ansehen der Armee in der Bevölkerung bei.

Seit November 1973 hat die Ägyptische Armee zwar keinen Krieg mehr führen müssen, die Offiziere lebten aber wie Maden im Speck des Landes. Fast alle Gouverneursposten waren mit ehemaligen Generälen besetzt worden. Das Gleiche galt lange für die Kabinettsminister. Seit dem Putsch Gamal Abdel Nassers 1952 haben die Streitkräfte alle vier Präsidenten gestellt. Und die Militärs sind mehr als nur tapfere Landesverteidiger, sie sind auch gewiefte Geschäftsleute und Unternehmer mit einer breitgestreuten Produktpalette.

Die Industrieunternehmen der Streitkräfte erwirtschaften heute rund zehn bis fünfzehn Prozent des Bruttosozialprodukts des ganzen Landes, ohne Steuern bezahlen zu müssen. Sie sind beteiligt oder Alleineigentümer an Unternehmen, die Lebensmittel herstellen, Olivenöl zum Beispiel, Milch oder Brot – für viele Ägypter Grundnahrungsmittel und deswegen für die Militärs Bombengeschäfte ohne Risiko. Auch Zementfabriken gehören zum Wirtschaftsimperium der Streitkräfte, ebenso Tankstellen. Außerdem sind die Generäle über ein Joint Venture an der ägyptischen Produktionsstätte der amerikanischen Autofirma Jeep beteiligt, die die bei ägyptischen Mittelstandsbürgern so beliebten Geländewagen wie Cherokee oder Wrangler herstellt. Ein Vermögen haben die Militärs auch mit Immobilien und Touristenhotels gemacht.

Was machen die Offiziere mit dem vielen Geld?

Auch darüber gibt es keine wirklich verlässlichen Angaben. Nur so viel ist bekannt: Das ägyptische Offizierskorps gönnt sich luxuriöse Klubs und Hotels in besten Lagen, sie haben eigene Einkaufszentren mit Waren, die man sonst kaum bekommt im Land. Sie leben in eigens für sie gebauten Siedlungen, die von der Außenwelt abgeschirmt sind. Und natürlich reinvestieren die Streitkräfte ihre Gewinne. Allerdings machen sie gelegentlich auch horrende Verluste wie bei der Produktion eines amerikanischen Lizenzpanzers, dessen Produktion in Ägypten wesentlich teurer wurde, als wenn man den gleichen Panzer aus den USA importiert hätte. Laut der Fachzeitschrift INAMO (siehe Anhang), die in ihrer Sonderausgabe im Frühjahr 2011 ausführlich u. a. darüber berichtet, schoben die ägyptischen Militärs zusätzliche Ausgaben für Wartungs- und Reparaturwerkstätten als Begründung vor, Fehlplanung und Korruption dürften vermutlich auch eine nicht unwichtige Rolle gespielt haben.

Neben all diesen Einnahmequellen füttern die USA seit dem Abschluss des Friedensvertrages mit Israel 1979 das ägyptische Militär außerdem noch jedes Jahr mit ca. 1,3 Milliarden US-Dollar. Wo das Geld bleibt, kann keiner wirklich kontrollieren. Das Komitee des alten Parlaments, das die Militärausgaben kontrollieren sollte, war mehrheitlich mit Offizieren der Armee und der Polizei besetzt. Selbst über den Verteidigungshaushalt gibt es nur sehr vage Angaben. Und Journalisten fragten nicht nach. Eine allzu hartnäckige Recherche rückte die Betreffenden in die Nähe von Hochverrat und konnte mit Gefängnis bestraft werden.

»Das Militär war für uns immer eine Black Box«, sagte mir der Chefredakteur einer linksliberalen Zeitung und rät mit einem Augenzwinkern: »Du kannst ja mal bei unserem Nachbarn nachfragen. Der weiß vermutlich mehr als wir.«

Er meint damit den israelischen Geheimdienst Mossad, für den das ägyptische Militär vermutlich ein offenes Buch sein dürfte.

Und in diese Idylle platzten die Demonstranten vom Tahrir-Platz. Die Generäle jedenfalls beobachteten mit sehr gemischten Gefühlen die Ereignisse auf dem Tahrir-Platz, drohte ihnen doch, dass sie bei einem Erfolg der Demonstranten ihre Sonderrechte verlieren. Der französische Politologe und Ägyptenkenner Gilles Kepel schrieb am 7. Februar 2011 im Magazin *Focus*: »Nun fürchten die Militärs, dass ... ihre Einkommensquellen versiegen könnten, wenn Husni Mubarak – ein früherer General – vom Volk verjagt wird.« Deswegen warteten die Generäle ab, bis klar war, dass weder die schwarze Bereitschaftspolizei mit ihren Wasserwerfern, mit Tränengas und Scharfschützen noch die Schläger des Innenministers mit ihren Knüppeln und Macheten den Tahrir-Platz räumen konnten. Erst dann ließen sie Mubarak fallen und schlugen sich auf die Seite der Aufständischen. Mit einer Sehnsucht der Generäle nach Demokratie in Ägypten hat dies nicht viel zu tun, eher mit der Entscheidung, den Bruch mit dem alten Regime selbst steuern zu wollen.

Das ägyptische Militär verstand sich immer als Staat im Staat, und es wird schwer werden, es in ein demokratisches Ägypten einzubauen; denn dann muss es sich zumindest von einem Teil seiner Privilegien trennen. Seit Mubaraks Rücktritt steuert ein selbsternannter Militärrat die Geschicke des Landes. Bis zu den Wahlen im Herbst 2011 wird Ägypten eine Militärdiktatur bleiben, die allerdings versprochen hat, das Land zu demokratisieren. Auf einen runden Tisch aller demokratischen Kräfte im Land, wie es die Opposition immer wieder gefordert hat, lassen die Generäle sich nicht ein. Es gibt zwar Einzelgespräche mit Vertretern der Demokratiebewegung, doch am Ende lässt der Militärrat jeden Schritt in Richtung Demokratie per Militärverordnungen durch einen uniformierten Sprecher verkünden. Demokratie als Dekret von oben.

»Das Militär hat bisher zwar vieles richtig gemacht«, bilanzierte der für die Carnegie Endowment for International Peace arbeitende Politologe Amr Hamzawy im März 2011, »aber das kann am Ende nicht gutgehen. Ein Land, das durch eine Übergangsphase gehen muss, braucht einen institutionalisierten Dialog mit den verschiedenen gesellschaftlichen Akteuren wie Parteien, Bewegungen und Gewerkschaften. Das war in Osteuropa so mit den runden Tischen. Alle müssen an der Neugestaltung Ägyptens teilnehmen, nicht nur ein paar Experten und Generäle.«

Doch Militärs lieben nun mal klare Kommandoketten und nicht aufwendige Debatten. So hat der Hohe Rat der Streitkräfte, dem achtzehn Generäle unter Führung des Verteidigungsministers Hussein Tantawi angehören – aber kein einziger

Zivilist, auch keiner vom Tahrir-Platz –, den Ausschuss einberufen, der die Verfassung ändern sollte. Am Ende strichen diese Experten, zu denen auch ein Jurist der Moslembruderschaft gehörte, einige Artikel und verbesserten andere. Die Amtszeit des Präsidenten wird begrenzt, außerdem werden die Möglichkeiten zu kandidieren verbessert. Doch der große Wurf, den die Opposition außer der Moslembruderschaft immer gefordert hatte, blieb aus.

Dass die Ägypter diesen Entwurf beim Referendum am 19. März 2011 absegneten, war zu erwarten. Die Moslembrüder drohten sogar: »Wer nicht mit Ja stimmt, ist gegen den Islam.« Das Militär hatte sich jedenfalls in dieser wichtigen Frage durchgesetzt und damit festgelegt, dass im Herbst gewählt wird – entgegen den Wünschen verschiedener Oppositionsgruppen, die eine längere Übergangszeit verlangt hatten, um sich besser aufstellen zu können.

Vermutlich nützt dieser frühe Wahltermin im September den schon bestehenden Parteien wie auch der bestens organisierten Moslembruderschaft. Die neuen Parteien haben das Nachsehen. Sie müssen sich gründen, Programme schreiben und Wahlkampf machen, fast alles zur gleichen Zeit.

Haben die Militärs diese Schwächung der neuen Parteien bewusst so geplant?

Sie werden es nie zugeben. Diese Wirkung ist aber kaum zu übersehen. Einen radikalen Bruch mit dem alten System haben sie jedenfalls verhindert. Und man kann davon ausgehen, dass die Generäle ihre Interessen bei den alten Parteien besser aufgehoben sehen als bei den neuen vom Tahrir-Platz. Selbst die Moslembrüder haben sich massiv für den frühen Wahltermin eingesetzt, haben sie doch in den Reihen der Streitkräfte mehr Sympathisanten als die säkularen Parteien.

Spätestens am 23. März sind die brüderlichen Gefühle zwischen Militär und vielen Tahrir-Platz-Demonstranten definitiv erloschen. An diesem Tag verabschiedete das neue Kabinett unter dem Ministerpräsidenten Essam Sharaff – der bei seinem Antrittsbesuch auf dem Tahrir-Platz noch versprochen hatte: »Eure Forderungen sind mein Auftrag« – ein Gesetz, das das Demonstrationsrecht erheblich einschränkt. Das Gesetz verbietet alle Demonstrationen, die den beruflichen Alltag in Ägypten stören. Umgerechnet zwischen sechs- und zwölftausend Euro Strafe drohen bei Zuwiderhandlung. Sollte bei Demonstrationen Gewalt angewendet werden, dann droht sogar Gefängnis von bis zu einem Jahr. Mit diesem Gesetz haben Ägyptens Generäle wieder die Seite gewechselt und sind zurückgekehrt zu ihrer alten Position. Der hoffnungsfrohe Spruch »Armee und Volk sind eins«, den die Demonstranten im Januar noch begeistert und lautstark skandiert haben, wird von immer weniger Ägyptern immer leiser gerufen.

Am 8. April 2011 zeigte das Militär eine bisher noch nicht dagewesene Härte gegen Demonstranten. An jenem Freitag knüppelte die Militärpolizei auf dem Tahrir-Platz Demonstranten zusammen, die versucht hatten, mitdemonstrierende Offiziere vor Verhaftung zu schützen. Die Militärführung hatte alle Tahrir-Platz-Sympathisanten unter den Offizieren gewarnt und verboten, zu dieser Demonstration zu gehen. Anhänger haben die Demonstranten hauptsächlich unter den Offizieren der mittleren Ränge.

Die Demonstration mit ein paar zehntausend Teilnehmern fand trotzdem statt. Die Teilnehmer forderten, Mubarak und seine Minister sollen wegen Korruption und anderer Verbrechen vor Gericht gestellt werden. Zum ersten Mal ließen die Generäle Militärpolizei gegen die Demonstranten aufmarschieren. Autos brannten auf dem Platz. Militärpolizisten droschen mit Knüppeln auf die jungen Ägypter ein, Kundgebungsteilnehmer griffen einzelne Soldaten an, rissen sie zu Boden und traten sie mit Füßen. Es gab Dutzende Verletzte. Ein Demonstrant starb an einer Schussverletzung. Das war der erste Tote auf dem Tahrir-Platz nach Mubaraks Sturz.

Schon vorher hatte der Militärrat gezeigt, wo er eigentlich steht. Einen Blogger, der es gewagt hatte, der Militärpolizei sexuelle Übergriffe gegen verhaftete Demonstranten vorzuwerfen, ließ er durch ein Militärgericht zu drei Jahren Gefängnis verurteilen. Das war am 11. April 2011. Militärsprecher Generalmajor Mohammed al-Assar rechtfertigte gegenüber einem privaten Fernsehsender das harte Urteil so: »Es gibt einen Unterschied zwischen Kritik, die mit guten Absichten von einem Bürger, Journalisten oder Sender geäußert wird – damit haben wir keine Probleme –, und einer Kritik, die die Ideen der Armee in Frage stellt. Mit einer solchen Kritik haben wir Probleme.«

Mit anderen Worten: Kritik am Militär ist nur dann erlaubt, wenn sie diesem passt. Besser kann man das offensichtlich wenig ausgeprägte Demokratieverständnis des Militärs kaum ausdrücken. Eine unfreiwillige Selbstentlarvung ist dieser Erklärungsversuch des Herrn Generalmajor, für den man fast schon dankbar sein muss.

Kritik aus dem virtuellen Raum scheint das Militär also genauso zu fürchten wie ein paar Wochen zuvor noch der Innenminister. Auch gibt es schon wieder Berichte, die Streitkräfte misshandelten festgenommene Demonstranten mit Elektroschocks und versuchten, sie durch entwürdigende Behandlung zu demütigen. Die Menschenrechtsaktivistin Mona Seif berichtet in einer Dokumentation, dass das Militär achtzehn am 9. März verhaftete Frauen einem demütigenden sogenannten Jungfrauentest unterworfen habe. Das Militär streitet jede Folter ab oder bezeichnet sie als Übergriffe Einzelner. Doch das Misstrauen gegenüber dem regierenden Militärrat wächst.

War es am Ende also doch ein Militärputsch, der Mubarak gestürzt hat? Und sind die Militärs tatsächlich bereit, sich in die Kasernen zurückzuziehen?

Allein die nach dem Verfassungsreferendum für den Herbst festgelegten ersten freien Parlamentswahlen Ägyptens seit Ende des Zweiten Weltkrieges und die zwei Monate später folgenden

Präsidentenwahlen scheinen zu garantieren, dass die ägyptischen Militärs bereit sind, ihre Macht abzugeben. Auf wie viel Macht sie verzichten werden, ist noch nicht klar. Mit Sicherheit nicht auf alle, schließlich müssen sie zumindest einen Teil ihrer Privilegien in die neue Zeit hinüberretten.

Was also bedeutet die ägyptische Revolution den Generälen, die bis zur Bildung einer gewählten Regierung im Herbst 2011 das Land lenken werden? Ein Aufbruch in eine bessere Zukunft oder die Wahl des kleineren Übels?

Nach den neuesten Entwicklungen wohl eher das Letztere.

9 Jemen – Ein Staat zerfällt

Genauso wenig dürften die Generäle im Jemen plötzlich ihr Herz für die Demokratie entdeckt haben, als der wichtige Kommandeur der nordwestlichen Militärregion, Generalmajor Ali Mohsen al-Ahmar, sich entschloss, die Demonstranten in Sanaa zu beschützen statt sie zu beschießen. Er wechselte am 21. März 2011 mit seiner Panzerdivision die Seite. Alte Generäle lassen alte Präsidenten im Stich und suchen ihr Heil bei jungen Demonstranten. Wie schon in Ägypten und Tunesien brachte auch im Jemen dieser Seitenwechsel den Präsidenten ins Wanken.

»Der Jemen leidet heute an einer umfassenden Krise, die jeden Tag schlimmer wird«, begründete Ali Mohsen al-Ahmar seinen Schritt und erklärte seine »friedliche Unterstützung der friedlichen Demonstrationen«. Die Armee sei untrennbar mit dem Volk verbunden, und wenn dieses aus guten Gründen gegen den Präsidenten aufbegehre, dann sei es die Pflicht des jemenitischen Militärs, sich auf die Seite der Jugendlichen und ihrer Forderungen zu stellen. Gleichzeitig forderte er die Regierung zum Dialog auf und die Unterdrückung der Jugend einzustellen.

Schöne Worte, die aber kaum einen der Studenten, die für Demokratie kämpften, wirklich überzeugten. Sie wollen vielmehr Reformen wie ihre Kommilitoninnen und Kommilitonen in Kairo. Sie wollen den sofortigen Rücktritt von Präsident Ali Abdullah Saleh und demokratische Wahlen mit Kandidaten, die nicht von dem Stamm, dem sie angehören, gegängelt werden.

Die Demonstranten haben sich dennoch gefreut über Ali Mohsen al-Ahmars Versprechen, klangen sie doch so, als würden ab sofort keine Scharfschützen der Armee und Polizei auf Hausdächern in Stellung gehen, um Protestierende gezielt abzuschießen.

Das war bei den Demonstrationen im Februar und März 2011 die größte Bedrohung gewesen. Über fünfzig Menschen waren in den ersten Tagen des Aufstands diesen staatlichen Heckenschützen zum Opfer gefallen. Inzwischen zählen Menschenrechtsorganisationen Hunderte Tote.

Dennoch werden die Demonstranten in Ali Mohsen al-Ahmar kaum einen Hoffnungsträger für eine neue Demokratie im Jemen sehen. Wie schon der ägyptische Verteidigungsminister Hussein Tantawi ein alter Weggefährte Mubaraks war, dem er seine Karriere zu verdanken hatte, hat auch Ali Mohsen in den 33 Jahren der Herrschaft von Präsident Ali Abdullah Saleh immer treu an dessen Seite gestanden, hat Karriere gemacht und ist reich geworden. Schließlich sind die beiden Halbbrüder.

Dass er sich von ihm losgesagt hat, deutet weniger auf demokratische Frühlingsgefühle bei dem Generalmajor an, sondern vielmehr darauf, dass er die Demokratiebewegung benutzen wollte, um sich für die Saleh-Nachfolge in Position zu bringen. Fast gleichzeitig mit dem Generalmajor hatte sich auch der mächtige Sadiq al-Ahmar, der »Scheich der Scheichs« des Stammesbundes der Hashid, vom Präsidenten losgesagt. In dieser zweitgrößten Stammesföderation des Jemen hatten sich vor Jahrhunderten mehrere jemenitische Stämme zusammengeschlossen, unter anderem auch der des Präsidenten. Damit war dem noch amtierenden Staatsoberhaupt eine der wichtigsten Stützen seiner Macht weggebrochen. Seit Ende Mai kämpften Stammeskrieger der hochgerüsteten Hashid-Stammesgemeinschaft gegen die jemenitische Armee und verwandelten den Stadtteil Hasaba in Sanaa in ein Schlachtfeld, ohne dass Saleh Anstalten machte zurückzutreten. Lieber nahm er in Kauf, dass über hundert Menschen in den ersten Tagen dieses Krieges starben.

Nach zwei Wochen lag dieses Viertel, in dem normalerweise rund 150 000 Menschen leben, in Trümmern. Menschen klagten in unsere Kamera, beide Parteien seien ohne Rücksicht aufeinander losgegangen, hätten sogar mit schweren Panzern, Artillerie und Raketen versucht, sich gegenseitig zu vernichten. Tausende Bewohner waren aus dem Viertel geflohen. Geschäfte, die der Krieg nicht zerstört hatte, verwüsteten Plünderer, die alles abschleppten, was sie verkaufen konnten. Zurück blieben rußgeschwärzte Häuserruinen, eine Marktstraße, die aussah, als seien Panzer durchgefahren, die beim Wenden Häuser gerammt haben, die Stahltüren der leergeplünderten Geschäfte sind eingedrückt, manche dieser Läden erinnern an ausgebrannte Höhlen. In einer Gasse türmen sich die Trümmer der Verkaufsstände, dazwischen verfaultes Gemüse und angenagte Tierknochen. Wie in Trance bewegen sich die Menschen durch diese Kriegswüste, ratlos und hilflos, immer noch unter Schock.

»Seht, was ich in meinem Haus gefunden habe. Sechs Granaten!« Der Mann schreit seine Empörung in unser Mikrofon. »Ein Wunder, dass ich und meine Familie noch leben.«

Der kurze Stammeskrieg hat in nur zwei Wochen Hunderte Existenzen zerstört. Blindgänger, die sich tief in den Boden gebohrt haben, bedrohen die Rückkehr. Keiner der beiden verfeindeten Klanchefs, weder al-Ahmar noch Saleh, waren bereit, auch nur einen kleinen Schritt nachzugeben, obwohl die Menschen verzweifelten. Erst ein Attentat, bei dem Saleh schwer verletzt wurde, zwang ihn, zur Behandlung nach Saudi-Arabien auszureisen.

»Dies ist keine Flucht. Ich komme zurück«, ließ er ausrichten. Sein Amt aufgeben will er nicht.

Neu ist diese Auseinandersetzung nicht. Schon seit über zwei Jahren gab es innerhalb dieses Stammes des Präsidenten heftige Konflikte um die Nachfolge im höchsten Amt des Staates. Der

Sohn des Präsidenten, Ahmed Ali Saleh, Kommandeur einer Sondertruppe und der Republikanischen Garde, hatte sich bisher gute Chancen ausgerechnet. Er hatte sich in den letzten Jahren bei der Niederschlagung des Aufstandes der schiitischen Houthi-Rebellen im Norden des Landes »bewährt«.

Widerstand gegen ihn war aus den Reihen des Militärs gekommen, unter anderem von seinem Halbonkel Ali Mohsen al-Ahmar, dem Kommandeur der 1. Panzerdivision, der sich mit seiner Ankündigung, die Demonstranten schützen zu wollen, als Nachfolger empfehlen wollte. Seine Panzer hatte er im März in der Hauptstadt auffahren lassen, angeblich zur Sicherung des Rechts auf Demonstration, tatsächlich aber standen sie vor dem Präsidentenpalast, dem Verteidigungsministerium und der Zentralbank. Ihm haben sich kurze Zeit später andere Generäle und hohe Diplomaten angeschlossen. An ihm werde in Zukunft keiner mehr vorbeikommen, hatte der Generalmajor gehofft, über den Jemeniten sagen, er sei der Schlimmste aller Korrupten im Jemen. Die Demokratiebewegung war für den Militärstrategen offensichtlich nur ein Instrument gewesen, um sich für den Kampf um die Nachfolge eine günstige Ausgangsposition zu schaffen. Ein paar Soldaten hat er seit seinem Seitenwechsel an den Eingängen zum Zeltplatz der Demonstranten postiert.

»Manchmal versuchen Agenten der Zentralen Sicherheitspolizei auf den Platz vorzudringen, um dort Unruhe zu stiften«, erzählen uns Soldaten, die, ihre Kalaschnikow lässig um die Schulter gehängt, vor den Zelten Dienst schieben. »Wir verhindern, dass sie den Platz betreten.« Gelegentlich kommt es auch hier zu Schusswechseln.

Die meisten Demonstranten der Demokratiebewegung wissen, dass sie dem Panzergeneral und dem Scheich der Scheichs des Hashid-Stammes nicht trauen können. »Auch sie müssen unsere Forderungen erfüllen«, sagt die Sprecherin auf dem Platz, Tawakul Karman, die sich keine Illusionen über die Absichten des Militärs macht, »aber wenn sie meinen, auf unserer Seite zu sein, dann schadet das nicht. Unsere Forderungen bleiben die gleichen.«

Und die sind: Gleichstellung von Mann und Frau, freie Wahlen und ein Ende der Korruption. Alles Forderungen, die man als Journalist aus dem Westen ohne zu zögern abnicken kann. Später erfahren wir, dass Tawakul Karman auch der Islah-Partei angehört, deren streng religiöse Politiker alles andere als eine liberale Demokratie nach westlichen Regeln im Kopf haben. Ein Widerspruch?

Wir sähen ohnehin vieles durch eine falsche, weil westliche Brille, wirft sie uns vor. Zum Beispiel die Sache mit den Frauen. Vom Scheitel bis zur Sohle schwarz verschleiert, halten sie sich fast ausschließlich in dem eigens für sie abgezäunten Frauenabteil auf dem Platz auf. Von dort können sie die Revolution nur durch den Sehschlitz ihres Gesichtsschleiers erleben.

»Dürfen sie diesen Schonbezirk überhaupt verlassen?«

»Natürlich dürfen sie das!« Der wäre nur eingerichtet, damit sie hier schlafen oder sich ungestört treffen können. Das geschehe zu ihrem Schutz. »Sonst mischen sie sich unter die Männer ohne jedes Problem«, erklärt Tawakul uns geduldig. Man möchte es dieser Kämpferin gegen Diskriminierung gerne glauben, hat sie doch vor ein paar Jahren die Organisation »Journalistinnen ohne Ketten« gegründet, eine Gewerkschaft, die schreibende Jemenitinnen schützen soll. Außerdem tritt sie ohne Gesichtsschleier in der Öffentlichkeit auf. Auch dies keine Selbstverständlichkeit im erzkonservativen Jemen.

Ganz so einfach, wie sie uns auf dem Platz die Rolle der Frau versucht hatte zu erklären, scheint es dann doch nicht zu sein. Eine der Frauen erzählt uns, sie würde demonstrieren, damit die Männer endlich lernen, dass auch Frauen den Jemen mitgestalten müssen. Auch haben wir nur ganz selten mal eine Frau außerhalb dieses Pferchs gesehen.

Tawakul hat einen Traum: »Wir müssen uns auf unsere Geschichte besinnen. Früher galten ganz andere Regeln in unserem

Land.« Damals hätten Frauen eine viel wichtigere Rolle gespielt, behauptet die Vorkämpferin für Frauenrechte im Männerstaat Jemen. Doch dieses »damals« bezieht sich auch auf eine Zeit, die über zweitausend Jahre zurückliegt. Sie meint die legendenumwobene Zeit der Königin von Saba. »Immerhin zwei Königinnen haben den Jemen bisher regiert«, erklärt sie uns stolz und hofft, damit die Fragen nach der Rolle der Frauen in der jemenitischen Revolution beantwortet zu haben.

Ist Tawakul eine naive Politträumerin? Kaum. Sie ist anerkannt auch von den Männern auf dem Platz. Auch außerhalb sprechen die Politiker mit Respekt von ihr. Sie stammt aus einer angesehenen Politikerfamilie. Ihr Vater, der sie bei ihrem Einsatz für demokratische Rechte unterstützt, war Minister unter Saleh. Politik hat sie also von klein auf gelernt, und sie ist aus der Zukunft des Jemen nur schwer wegzudenken.

Ein paar Tage vor diesem Gespräch war der bei einem Attentat schwer verletzte Präsident Saleh zur Behandlung nach Saudi-Arabien ausgeflogen worden. Es sieht zunächst nach dem Ende seiner Herrschaft aus. Doch die Stadt und das Land sind gespalten. Seine Anhänger hoffen auf seine Rückkehr, und als das staatliche Fernsehen abends die Nachricht von einer erfolgreichen Operation ihres Präsidenten im fernen Riad verbreitet, feiern sie ein krachendes Freudenfest. Über vier Stunden lang schießen sie mit ihren Maschinengewehren in die Luft, feuern ihre Kalaschnikows und Granatwerfer ab. Es donnert und dröhnt. Jede Familie hat mindestens zwei Waffen zu Hause. Kinder zünden Böller, die sich mehr nach Bomben anhören als nach Silvesterkracher. Panzer feuern immer wieder Salven irgendwohin in die unbewohnten Berge. Durch die Dunkelheit ziehen stundenlang Leuchtspurmunition ihre Bahnen, kreuz und quer durch den Nachthimmel, begleitet vom Rattern der Flugabwehrgeschütze. Ganz Sanaa scheint in Aufruhr zu sein und in die Nacht zu feuern mit allem, was die Menschen zu Hause an Schießgerät haben. Es klingt nach Bürgerkrieg, soll aber Freude auf Jemenitisch ausdrücken. 88 Menschen werden verletzt. Tote soll es auch gegeben haben, berichten arabische Zeitungen später.

»Das war eine Abstimmung mit der Kalaschnikow«, erklärt uns am nächsten Morgen ein Jemenit ernsthaft. Und es scheint tatsächlich so zu sein. Saleh hat nach wie vor viele Unterstützer, allerdings genauso viele Gegner. Nicht nur auf dem Platz. Dort reagiert man gelassen, als wir uns am nächsten Morgen umhören. »Das mit dem Schießen ist halt der Jemen.« Man ist sich einige: »Saleh soll bleiben, wo er ist!« Die Sprecherin der Demonstranten Tawakul zuckt gleichgültig mit den Schultern: »Es ist unwichtig, ob er jemals zurückkommt. Er darf nur nicht wieder in sein Amt zurückkehren.«

Dabei kann es nur eine überschaubare Freude sein, den Jemen als Präsident regieren zu müssen. »Der Jemen ist eine tickende Zeitbombe«, erklärte Präsident Ali Abdullah Saleh dem arabischen Nachrichtensender *Al Arabiya* Ende März, »wenn das Land kollabiert, wird es einen langen Bürgerkrieg geben, der nur schwer beendet werden kann.« In dem Interview mit dem saudiarabischen Sender beklagte er auch, dass es keinen Dialog zwischen den politischen Gegnern gegeben habe, um einen solchen Bürgerkrieg zu verhindern.

Was er nicht sagte ist, dass er selbst den Dialog viel zu lange verweigert hatte, also verantwortlich ist für diesen Zustand des Landes nach 32 Jahren seiner Alleinherrschaft. Experten streiten sich nur noch darüber, ob der Jemen schon ein »failed state«, »ein Staat in Selbstauflösung« ist oder es erst noch wird.

Kein anderes Land der arabischen Welt ist so schwer zu regieren wie dieses. Es sei, als ob man auf Schlangen tanze, beschrieb der Staatspräsident einmal seine Arbeit laut *Agence France-Presse*. Seine Macht reicht kaum weiter als bis zu den Grenzen des Großraums Sanaa. Ohne das Wohlwollen der Stämme kann er außerhalb dieses Gebiets nur schwer etwas erreichen. Der Jemen ist seit Jahren zerrissen von bürgerkriegsähnlichen Aufständen: im Norden von der zaidistischen Bewegung der Houthis, denen die Zentralregierung unterstellt, sie wollten einen eigenen schiitischen Staat schaffen und sich abspalten vom übrigen Jemen – angeblich mit der Unterstützung des Iran oder mit dem Beistand Al Kaidas, je nachdem, was als Argument gerade gebraucht wird.

Die Houthis an der Grenze zu Saudi-Arabien streiten dies vehement ab und betonen, sie wollten nur ihre religiösen Traditionen schützen. Die Rebellen, die vom Stamm der Houthi angeführt werden, sind Zaiditen, also Schiiten, die nur sieben Nachfolger des Propheten Mohammed anerkennen im Gegensatz zu den zwölf, die im Iran oder Irak von Bedeutung sind. Sie gelten – anders als ihre Glaubensbrüder im Iran – als gemäßigt. Ihre Hochburg haben sie im Norden des Jemen, der lange von der Zentralregierung vernachlässigt worden war. Obwohl diese mit ihrer Luftwaffe Dörfer zerstört und fast 200 000 Menschen in die Flucht getrieben hat, sie mit Panzern anrückte, denen die Houthi-Kämpfer nichts entgegenzusetzen hatten, und diesen seit fünf Jahren dauernden Krieg äußerst grausam geführt hat, ist es ihr nicht gelungen, die Houthis niederzuwerfen. Selbst das Eingreifen der saudischen Armee hat da nicht wirklich etwas verändert. Einer der Kommandierenden der Streitkräfte gegen die Aufständischen im Norden war jener Generalmajor al-Ahmar, der sich im März auf die Seite der aufständischen Studenten in Sanaa geschlagen hatte.

Politik, Religion, Stammeswesen, soziale Proteste und terroristische Gewalt gehen auch bei den Auseinandersetzungen im Süden des Landes eine explosive Melange ein.

Aden vor fünf Jahren: Kaum ein Südjemenit, der mir gegenüber bei einem Besuch nicht sein Klagelied über die bösen Brüder im Norden angestimmt hatte.

»Sie benachteiligen uns, sie zwingen uns den strengen Islam auf, sie verbieten Alkohol und zwingen unsere Frauen unter den Schleier.«

Das waren damals häufig gehörte Vorwürfe. Meistens verriet einem der Mann aus Aden am Ende des Gesprächs noch, wo man besonders günstig Bier kaufen konnte.

Aden heute: Die Frauen müssen den Schleier tragen, andernfalls greift die Polizei ein, der Norden wird nur noch leise kritisiert, ein Aufpasser aus Sanaa könnte mithören, und Alkohol kann man höchstens noch unter der Ladentheke kaufen. Dafür haben die Religiösen aus dem Norden die Macht und die Kontrolle in der Hafenstadt Aden übernommen, die vor der Wiedervereinigung 1991 nahezu frei von religiösen Zwängen war. Und daher ist das Klagelied einiger Südjemeniten inzwischen zum Kampfgeschrei vieler geworden. Sie verlangen, sich vom Norden loszusagen, aus dem Jemen wieder zwei Staaten zu machen wie vor 1991. Und der Norden antwortet mit blutigen Militäreinsätzen. Anschläge gegen Militärpatrouillen, die aus dem Norden stammen, gehören zur Tagesordnung, Verhaftungen südjemenitischer Oppositioneller auch. Eine Verhandlungslösung ist kaum in Sicht. Der Schlachtenlärm übertönt die gemäßigte Vernunft auf beiden Seiten.

Darüber hinaus sind in diesem Getöse noch schrillere Töne zu hören. Sie stammen von Terroristen, die Al Kaida zugerechnet werden. Im Norden wie im Süden sollen sie Ausbildungscamps unterhalten, geschützt und gestützt von Stämmen. Der Jemen als Rückzugsgebiet von Extremisten.

»Im Jemen ist nahezu unbemerkt eine neue Garde junger Al-Kaida-Kämpfer herangereift – gefährlicher und skrupelloser als die erste Generation um Osama bin Laden. Mit dem missglückten Anschlag von Detroit hat sie die internationale Bühne des Terrorismus betreten«, schreibt Albrecht Metzger, einer der besten Kenner dieser Szene im Land, in der ZEIT am 11. Januar 2010. Hinter den jüngsten Anschlägen auf Flugzeuge mit Paket- oder Schuhbomben stecken Terroristen aus dem Jemen. Und vor den von den USA finanzierten Terroristenjägern der Zentralmacht in Sanaa schützen die jemenitischen Stämme ihre Söhne, selbst wenn sie auf Abwege geraten sind.

Können Bürger eines derartig auseinanderfallenden Staates tatsächlich eine Demokratie errichten? Morgens beim Aufwachen ist der erste Gedanke vieler Jemeniten, wie bekommen sie heute ihre Kinder satt; zehn Prozent der Kinder des Landes leiden an akuter Unterernährung. Viele Familien können sich gerade mal Brot und Tee leisten, berichtet das World Food Programme der Vereinten Nationen. »Die Menschen haben nur noch drei Möglichkeiten: zu revoltieren, auszuwandern oder zu sterben«, lautet die bittere Bilanz der Sprecherin dieses UN-Programms, Emilia Casella, in einem Bericht der *Deutschen Welle*. Im Augenblick versuchen sie es mit der ersten Möglichkeit: der Revolte.

Der Jemen gehört nicht nur zu den fünfzig ärmsten Ländern der Erde, sondern auch zu denen mit der schlechtesten Schulbildung. Fast die Hälfte aller Erwachsenen kann nicht lesen und schreiben, doppelt so viele Mädchen wie Jungen sind Analphabeten. Können solche Menschen, die weder ihre Kinder satt bekommen noch sich aus Zeitungen informieren können, überhaupt Demokraten werden?

Hinzu kommt, dass der Jemen ein Staat ist, der mit 44 Geburten pro tausend Einwohner die höchste Geburtenrate im Nahen Osten hat. 47 Prozent aller Jemeniten sind unter fünfzehn Jahre alt. Ihnen dürfte es egal sein, wie regiert wird, ob demokratisch oder autoritär. Sie interessiert in erster Linie, was die Zukunft ihnen zu bieten hat. Und sie werden vermutlich dem folgen, der ihnen die besten Chancen verspricht, wieder egal, ob dies demokratisch oder autoritär geschieht.

Denkbar schlechte Voraussetzungen also für eine demokratische Erneuerung des Landes.

Generäle im Nahen Osten schlagen sich zwar gern auf die Seite von Demokratiebewegungen – wie im Jemen oder in Ägypten oder Tunesien –, sie sind aber alles andere als Garanten für eine erfolgreiche Demokratisierung. Im Gegenteil. Sie wechseln nur die Seite, wenn sie einen Vorteil für die eigene Zunft und für die eigene Zukunft sehen. Zu den Militärs von Ägypten und Tunesien sind diejenigen in Bahrain und Syrien das Gegenbeispiel. In diesen beiden Ländern gehen die Soldaten zusammen mit der Polizei mit großer Härte gegen die Demonstranten vor, und es ist kaum zu erwarten, dass hier Generäle die Seite wechseln. Sie stehen fest zum Regime. Hier sind die Protestbewegungen nicht nur eine Bedrohung für König und Präsident, sondern auch eine für den Sicherheitsapparat selbst. Hier sind die Demonstranten ganz auf sich gestellt. Überraschungsbesuche von hohen Offizieren wie in Ägypten auf dem Tahrir-Platz sind in diesen beiden Ländern nicht zu erwarten.

10 Bahrain – Schiiten gegen Sunniten

Der Tahrir-Platz in Manama, der Hauptstadt Bahrains, heißt Perlenplatz und ist ein schlichter Kreisverkehr. Ihn hatten die Demonstranten zum zentralen Ort ihres Protestes gegen die Regierung gemacht, hier hatten Soldaten und Polizisten gezielt auf sie geschossen. Sechs Tote hatte es gegeben, als die Polizei am 17. März 2011 diesen Platz räumte.

Bis zum 18. März stand in der Mitte des Platzes ein Denkmal aus sechs schwungvoll nach oben gebogenen Säulen, die eine Perle hielten. Errichtet 1982, sollte es die Einheit der sechs Staaten auf der arabischen Halbinsel – Bahrain, Katar, Kuwait, Oman, Saudi-Arabien, Vereinigte Arabische Emirate – symbolisieren, die sich damals zum Golf-Kooperationsrat, einem wirtschaftlichen und militärischen Beistandspakt, zusammengeschlossen hatten.

An jenem Freitag, dem 18. März, fuhr die Armee mit Bulldozern auf dem Platz auf, kurz vor dem Freitagsgebet rollten sie zum neunzig Meter hohen Denkmal und rammten mit ihren Schaufeln die Säulen: Die sechs Streben knickten ein, und die Riesenperle aus Beton stürzte zu Boden. Das ganze Denkmal kollabierte im Staub des Platzes.

Warum dieser Akt von staatlichem Vandalismus?

Offensichtlich hoffte die Regierung, den Demonstranten auf diese Weise ein Stück Identität zu nehmen. Denn sie hatten Platz und Denkmal in den Wochen zuvor okkupiert und beide zum Symbol ihres Kampfes gemacht. Unversöhnlich standen sich an jenem Freitag Regierung und Opposition gegenüber. Die einen Sunniten, die andren Schiiten.

Bahrain ist in diese beiden Lager gespalten, die sunnitische Herrscher- und Oberschicht und die schiitische Mehrheit, der siebzig Prozent der Bevölkerung angehören, die aber politisch ausgegrenzt und sozial benachteiligt sind. Bei Stellenbesetzungen im öffentlichen Dienst werden Sunniten bevorzugt. Schiiten werden schlechter bezahlt und müssen in heruntergekommenen Vierteln wohnen. Besuchen kann man sie nur heimlich dort; sie fürchten ständig, von der Geheimpolizei überwacht zu werden.

Die Sunniten trauen ihnen nicht. Bei nicht wenigen stehen ihre schiitischen Landsleute im Verdacht, so etwas wie die fünfte Kolonne des Iran zu sein. Fragt man sie nach ihrem Verhältnis zum Iran, weisen sie sämtliche Verdächtigungen energisch zurück. Nein, mit dieser Theokratie wollen sie nichts zu tun haben, sie wollen in ihrem Land nur die gleichen Rechte wie die Sunniten. Allerdings hängen in manchen der ärmlichen Wohnungen schiitischer Familien tatsächlich Bilder von Khomeini, dem politischen und spirituellen Führer der Islamischen Revolution in Iran.

»Wir fühlen uns von Fremden regiert«, sagte ein junger Schiit 2007 dem *ARD-Weltspiegel* in einem der wenigen Beiträge, die zu diesem Thema gedreht werden konnten. Ein Freund von ihm sei zu Tode gefoltert worden, nachdem er bei einer Demonstration verhaftet worden war, erzählt er in dem Beitrag des *Weltspiegels*. Die Behörden schrieben damals als Todesursache, der Freund sei durch plötzlichen Blutdruckabfall gestorben, eine gängige Ausrede bei Tod durch Folter.

In dieser täglichen Diskriminierung liegt die Wurzel des Konfliktes zwischen Sunniten und Schiiten in Bahrain, der schon mehrere Jahrzehnte alt ist. Auch Demonstrationen gegen diese Benachteiligung hatte es in den letzten Jahren immer wieder gegeben, zuletzt 2009. Die Reformen des Königs waren den Schiiten nicht weit genug gegangen. Noch immer halten die Sunniten die Zügel fest in der Hand, auch wenn die Schiiten bei den Parlamentswahlen im Oktober 2010 fast die Hälfte der Sitze im Parlament erringen konnten. Doch die wichtigen politischen Entscheidungen treffen nicht die Abgeordneten im machtlosen Parlament, sondern die Regierung, König Hamad bin Issa al-Chalifa samt seiner Familie, die alle wichtigen Regierungsposten unter sich aufgeteilt haben. Der König hat sich zwar in den letzten Jahren um Reformen bemüht, die aber die Schiiten kaum überzeugt haben, weil sie das Parlament und damit ihre Stellung nicht stärkten.

Die Regierung versuchte noch durch faule Tricks, das Kräfteverhältnis zwischen den beiden islamischen Religionsgruppen im Land zugunsten der Sunniten zu verschieben, indem es die Einbürgerung von Sunniten aus anderen arabischen Ländern erleichterte und hoffte, so den Anteil der schiitischen Mehrheit unter den Bahrainis zu verringern. Mit attraktiven Lockangeboten versuchten die Behörden, diese sunnitischen Kandidaten für die Staatsbürgerschaft zu gewinnen. Dazu gehörten Häuser und Arbeitsplätze im öffentlichen Dienst, alles Dinge, die die schiitischen Bürger des Königreiches immer für sich gefordert hatten. Kein Wunder, dass sie immer verbitterter werden.

Dabei hatte der König schon Anfang der neunziger Jahre des vergangenen Jahrhunderts versprochen, eine Verfassung mit einem starken Parlament zu verabschieden, doch bis heute ist davon nichts umgesetzt.

»Die Opposition wollte damals einen Dialog über eine neue Verfassung, dem hat der König sich verweigert«, klagt Abd-al-Jalil Khalil, Vorsitzender der Al-Wifaq-Partei, der größten schiitischen Partei im Parlament, in einem Interview mit der saudischen Tageszeitung *Al Asharq al-Awsat* am 26. März 2011. Die Lunte sei damals gelegt worden. Dass es erst im Februar 2011 zur ganz großen Explosion gekommen sei, sei ein kleines Wunder, man habe sie eigentlich schon viel früher erwartet. Das habe mit Tunesien und Ägypten zu tun, sagt er, das seien die Vorbilder gewesen. Proteste gab es nämlich schon früher, auch gewalttätige mit Toten und Verletzten. Oppositionelle wurden verhaftet und beschuldigt, Terroristen zu sein, angeblich vom Iran geschickt, um das Land zu destabilisieren. Auch von Misshandlungen in Gefängnissen berichteten Menschenrechtsorganisationen wie Human Rights Watch und Amnesty International.

Bahrain ist heute ein durchaus moderner, aber autoritär regierter arabischer Staat mit einem machtlosen Parlament. Anders als bei seinen Nachbarn dürfen sogar Frauen wählen. In Bahrain gibt es Bierbars, die besonders gern von nicht unbedingt trinkfesten Saudis besucht werden, und Autorennen, die den Rest der Welt begeistern sollen. Und es leben dort die schiitischen Bahrainis, die sich als Bürger der letzten Klasse fühlen.

Wirklich in Gefahr war das Königshaus aber nie. Die Monarchie selbst hatten die Schiiten bei den Unruhen in den vergangenen Jahren nur selten in Frage gestellt. Laut hörte man diese Forderungen zum ersten Mal im März 2011. Am 8. März hatten sich acht Oppositionsparteien zur »Koalition einer bahrainischen Republik« zusammengeschlossen. Ihr Programm verlangt den Rücktritt des Königs und die Umwandlung Bahrains in eine Republik.

»Das ist nur eine Minderheit unter den Demonstranten«, winkt der Vorsitzende der Al-Wifaq-Partei, Abd-al-Jalil Khalil, ab, »aber solange sie friedlich bleiben, müssen sie die Möglichkeit haben, diese Forderung zu äußern«.

Es ist aber wenig wahrscheinlich, dass die Bürger von Bahrain den Rücktritt ihres Königs erzwingen können. Mit dem sunnitischen Königshaus müssten auch die sunnitische Polizei und die sunnitisch kontrollierte Armee stürzen, denn alle höheren Kommandostellen in Armee und Polizei sind mit Mitgliedern des Königshauses besetzt, die mit Sicherheit alles tun werden, um ihre Posten zu verteidigen. Sogar um Hilfe rufen, wenn es eng werden sollte für die eigenen Truppen.

Als die Demonstranten im März Polizei und Soldaten in Bedrängnis brachten und die Gefahr bestand, die Sicherheitskräfte könnten die Kontrolle verlieren, rief König Hamad bin Issa al-Chalifa seine sunnitischen Nachbarn aus Saudi-Arabien zu Hilfe. Über tausend saudische Soldaten rückten daraufhin am 14. März in das Königreich ein über eine 26 Kilometer lange Brücke, die eigens für solche Zwecke zwischen Saudi-Arabien und der Insel Bahrain gebaut worden war. Die Saudis folgten gern diesem Hilferuf, fürchteten sie doch, die Unruhen könnten auch auf ihre eigene schiitische Minderheit im Osten des Landes übergreifen.

Vor einem Aufstand der Schiiten fürchten sich auch die USA, die mächtigsten Freunde des Königshauses, die das kleine Herrscherhaus nicht fallen lassen werden. Schließlich ist Bahrain der wichtigste Marinestützpunkt der USA am Persischen Golf. Die 5. US-Flotte hat dort ihren Heimathafen. Erzfeind Iran ist nur wenige Seemeilen entfernt. Für die USA ist Bahrain also die strategisch günstigste Ausgangsposition für einen schon lange angedachten Krieg gegen die Ajatollahs auf der anderen Seite des Golfs. Und die werden sie sich durch die schiitischen Demonstranten nicht nehmen lassen. Entsprechend zurückhaltend fielen auch die Mahnungen aus Washington aus, als die Polizei die ersten Protestierenden erschossen hatte. Erst als saudische Truppen in dem Land einmarschierten, um den König zu unterstützen, rief der Sprecher des Weißen Hauses, Jay Carney, dazu auf, »die Rechte des Volkes von Bahrain zu respektieren und in einer Weise zu handeln, die den Dialog unterstützt und nicht untergräbt.«

Auch in Bahrain sind also die Aussichten auf einen Regimewechsel schlecht. Bleibt den Schiiten nur die Hoffnung, dass das Königshaus irgendwann ein Einsehen hat und mehr Demokratie mit ihnen zusammen wagt. Der Kronprinz hat solche Andeutungen schon gemacht. Allerdings scheint sich zunächst die Fraktion der Hardliner innerhalb des Königshauses durchgesetzt zu haben. Die bahrainischen Justizbehörden prüfen das Verbot der größten schiitischen Oppositionspartei, der Wifak-Partei, die inzwischen alle ihre Parlamentsmandate aus Protest gegen das Verhalten der Regierung niedergelegt hat. Rund sechshundert Oppositionelle sollen immer noch verhaftet sein, darunter Menschenrechtsaktivisten wie Abdulhadi Al Khawaja und der Präsident des Bahrainischen Zentrums für Menschenrechte, Nabeel Rajab. Beide seien im Gefängnis von der Polizei brutal zusammengeschlagen worden, schreiben in einer gemeinsamen Presseerklärung vom 19. April neunzehn Menschenrechtsorganisationen verschiedener arabischer Länder. Mindestens vier Verhaftete sind im Gefängnis gestorben, alle eines natürlichen Todes, behaupten die Behörden. Die Menschenrechtsorganisationen Amnesty International und Human Rights Watch gehen von Tod durch Folter aus.

Je länger im Königshaus die politischen Starrköpfe das Sagen haben und je länger das Regime sich jedem Dialog verweigert, desto mehr werden sich junge Schiiten in Bahrain radikalisieren und tatsächlich im Iran ein Vorbild suchen. Der wäre nur zu glücklich, die jungen Rebellen zu unterstützen, käme er doch so seinem Traum einen entscheidenden Schritt näher, seinem Gegenspieler im nahöstlichen Machtpoker, Saudi-Arabien, dichter auf die Pelle zu rücken. Auch im sunnitisch-wahabitischen Saudi-Arabien lebt eine große schiitische Minderheit, die vieles gemein hat mit den Schiiten im Inselkönigreich. Sie wird politisch und wirtschaftlich benachteiligt, die Unzufriedenheit wächst, und die Jugend lässt sich immer weniger mit Versprechen und kleinen Reformen abspeisen.

Außerdem haben die saudischen Schiiten Schwierigkeiten, ihre schiitischen Rituale in den Moscheen zu praktizieren. Die extrem konservative sunnitische Mehrheit des Landes beschimpft sie, unislamische Ketzer zu sein. Daher versucht der Iran, die protestierenden Schiiten in Bahrain zu umarmen, indem er vollmundig verkündet, alles, was sie fordern, sei legitim, also auch freie Wahlen, ein starkes Parlament und Pressefreiheit. Irans eigene Bürger werden sich darüber wundern, spricht er doch den Bahrainis Rechte zu, die er ihnen vorenthält.

11 Syrien – der Damaszener Winter

»In Syrien sehen wir uns dann wieder!« Das war im Januar 2011 in Kairo ein beliebter Gruß unter Reportern. Syrien, so schien es uns damals, wird nach Tunesien und Ägypten der nächste Kandidat für einen Tyrannensturz sein. Auch in diesem Land standen die Zeichen auf Revolution: Korruption, Unterdrückung, Folter, politische Gefangene, keine Zukunftsaussichten für die Jugend, der ganze Katalog eben, der in diesem Frühling zu Revolutionen in der arabischen Welt führte. Natürlich wussten wir, dass die syrischen Geheimdienste noch effektiver sind als die ägyptischen und tunesischen zusammen, dass die syrische Opposition sich in den Gefängnissen zu Vollversammlungen treffen kann, weil so ziemlich alle wichtigen Köpfe verhaftet sind, dass das Internet kontrolliert wird. Und schließlich wussten wir auch, dass Syrien seit Jahrzehnten von einer religiösen Minderheit regiert wird, den Alawiten, die bei einem Umsturz alles zu verlieren haben. All das sprach gegen einen Aufstand.

Doch er kam, gewaltig und gewalttätig. Erst in der kleinen Stadt Deraa im Süden des Landes, dann in immer mehr Städten. In Latakia im Nordwesten des Landes, in Homs in der Mitte und schließlich auch in der Hauptstadt Damaskus. Und je mehr Syrer auf die Straße gingen, desto mehr Tote gab es. Die syrischen Sicherheitskräfte gingen gegen die Demonstranten mit einer Brutalität vor, die sogar die im Jemen und in Bahrain noch übertraf. Vom ersten Demonstrationstag an gab es Tote.

Doch in Syrien haben sich die Reporter aus Kairo nicht wiedergesehen. Außer einigen arabischen Nachrichtensendern, die ohnehin vor Ort waren, ließ das Regime keine Beobachter ins Land, wollte keine ausländischen Zeugen. Die Menschen demonstrierten und stellten unscharfe Wackelbilder ihrer Proteste ins Netz, auf denen nur schemenhaft Demonstrationsszenen erkennbar sind. Manchmal zitterte ein Mobiltelefon auf eine Blutlache zu, zeigte sie groß. Noch nicht geronnenes Blut eines eben Getöteten mitten auf einer Straße. Manchmal schwenkte das Mobiltelefon über grässlich zugerichtete Leichen, blieb erschrocken über dem stehen, was einmal sein Gesicht war. Dieses Bild stand dann stellvertretend für die vielen anderen Toten des Demonstrationstages.

Man spürte die Empörung des Handybesitzers, den man nie zu sehen bekommen wird, der dieses Verbrechen aber der Welt zeigen musste. Auf diese Bilder aus dem Internet waren die Medien angewiesen. Wochenlang haben wir Tagesschauen aus diesen Internetvideos zusammengeschnitten, es gab keine anderen Bilder, auch wenn es jedem Journalisten schwerfallen muss, mit diesem oft kaum nachprüfbaren Material die Zuschauer zu informieren. In Zeiten von Photoshop und billigen Schnittprogrammen können solche Videos auch manipuliert sein.

Bei den Internetvideos muss zum Beispiel entschlüsselt werden: Was zeigt die Handlung, die man im Video sieht? In einem der Videos sah man einen am Bauch verletzten jungen Mann, der in einer dramatischen Szene von anderen Männern zu einem Auto geführt wird. Die Kamera wackelt, die Menschen schreien, man versteht kein Wort. Der Film reißt ab, als der Verletzte von den anderen in das Auto gesetzt wird. Uns war nicht klar: Wird der Verletzte von Freunden gestützt und anschließend mit dem Auto in ein Krankenhaus gefahren? Oder wird er von Geheimdienstlern abgeführt und in ein Gefängnis verschleppt? Wie soll ich texten?

In diesem Fall war die Frage nicht eindeutig zu beantworten. Zwischen Reporter und Redaktion gab es deshalb heftigen

Streit. Auf solche oft unklaren Videos ganz zu verzichten hätte aber bedeutet, nur mit Wortnachrichten zu arbeiten. Und die Erfahrung lehrt: Ereignisse, über die es im Fernsehen keine Bilder gibt, finden in den Köpfen der Fernsehzuschauer so gut wie nicht statt. Ein Krieg ohne Bilder im Fernsehen ist kein Krieg.

Das wäre genau das gewesen, was das Regime in Damaskus erreichen wollte, nämlich die Proteste ohne Zeugen niederzuschlagen. Denn die syrischen Machthaber hatten in den Wochen vor dem Ausbruch der Unruhen im eigenen Land die weltweit übertragenen Revolten in Tunesien, Ägypten und sogar in Libyen auf ihren Fernsehschirmen quasi live erleben können. Die Nachrichtensender *Al Jazeera* und *Al Arabiya* sind bei diesen Aufständen die wichtigsten Verbündeten der arabischen Jugendlichen, übertragen sie doch die Botschaften der Revolutionäre in die ganze arabische Welt. Das sollte sich in Syrien nicht noch einmal wiederholen, dachten Assad und Co. und sperrten das Land für die Weltpresse. Das galt für die arabischen Nachrichtensender genauso wie für CNN, die BBC oder die deutschen Sender. Bis auf ein paar wenige ausgesuchte Journalisten bekam so gut wie kein Reporter eine Besuchserlaubnis. Es nützte nichts. Das Internet machte dem Regime einen dicken Strich durch diese Rechnung.

Wie aber kann es sein, dass solche Videos via Internet aus dem Land übertragen werden können, obwohl das Regime das World Wide Web im ganzen Land abgeschaltet hat? Selbst aus der belagerten und von der Außenwelt abgeriegelten Stadt Deraa gibt es Bilder und Videos.

Die *New York Times* hat dieses Geheimnis gelüftet. Regimegegner im Exil hätten, so schreibt sie am 24. April 2011, die Schwachstellen der ägyptischen Revolution genau studiert. Dort hatte das Regime das Internet gesperrt und so versucht, eine Koordination der Demonstrationen zu verhindern. Deswegen hätten Exilsyrer noch vor den ersten Demonstrationen Satellitentelefone, Kameras, Laptops und Modems nach Syrien geschmuggelt, die sie völlig unabhängig vom offiziellen, staatlich kontrollierten Internet machen. Amar Abdulhamid, ein im US-Bundesstaat Maryland lebender Exilsyrer, schätzt, dass allein hundert Satellitentelefone im ganzen Land verteilt worden seien, über die Aktivisten vor Ort die Bilder ins Internet einspeisen können. Blogger in arabischen Ländern, in Europa und in den Vereinigten Staaten sorgten für die Verbreitung der Videos, die aus Syrien an sie geschickt wurden.

Eine der wichtigsten Quellen war die laut *New York Times* nicht in Syrien betriebene Facebook-Seite »Syrian Revolution«. Der in London lebende Syrer Usama Monajed schätzt, dass ungefähr achtzehn bis zwanzig junge Helfer rund um die Uhr außerhalb Syriens die Videos über die Proteste koordinierten. Einige saßen in Beirut und versorgten von dort aus die Medien regelmäßig mit Handybildern und hintergründigen Kommentaren. Zu ihnen gehört der Deutsche Elias Perabo und der Syrer im libanesischen Exil, Rami Nakhle.

Wie schwierig ihre Arbeit ist, zeigt ein Zitat aus einer der Rundmails von Elias Perabo: »Leider ist diese Arbeit – vor allem der Aktivisten in Syrien – aber alles andere als ungefährlich. Wir müssen trotz bester Kontakte zu den CNNs dieser Welt feststellen, wie hilflos wir sind, wenn etwa eine gute Freundin und Aktivistin in Syrien vom Geheimdienst festgenommen wird und verschwindet. So geschehen vorgestern Abend.«

In Syrien selber hat Usama Monajed, so hat er der *New York Times* erzählt, Kontakte zu Aktivisten in jeder Provinz, die mit den Satellitentelefonen und Laptops ausgerüstet sind. Finanziert haben diese kostspieligen Investitionen in Freiheit und Demokratie laut *New York Times* syrische Geschäftsleute, die außerhalb wie auch in Syrien selbst leben. Die jungen Demonstranten haben sich offensichtlich auch in Syrien gut vorbereitet auf ihren Aufstand und haben zumindest sichergestellt, dass die Welt Anteil nehmen kann an ihrem Versuch, die Diktatur zu vertreiben.

Doch die weltweiten Reaktionen auf die Videos müssen alle enttäuschen, die mit einer massiven Unterstützung der Erhebung gerechnet hatten. Das Regime scheinen die Bilder wenig zu beeindrucken. Über Wochen geht es mit unverminderter Härte gegen die Aufständischen vor. Die Greueltaten des Regimes an der eigenen Bevölkerung nehmen kein Ende. Trotz dieser Videobeweise können sich aber weder der Sicherheitsrat der UNO in New York noch die Arabische Liga in Kairo durchringen, die syrischen Machthaber zu verurteilen.

Wie sollen dann gegen Scharfschützen und Panzer die sozialen Medien helfen, wenn solche Institutionen mit Gleichgültigkeit reagieren? Die Menschen in Syrien wurden von Woche zu Woche verzweifelter.

Dass die Unruhen in der Grenzstadt Deraa begonnen haben, ist kein Zufall. Dort gäre es schon lange, warnte Michel Kilo, der vielleicht prominenteste Oppositionspolitiker Syriens, in der kuwaitischen Tageszeitung *Al Rai Al Aam*: »Es ist für mich kein Wunder, dass die Aufstände gerade in Deraa ausbrachen. Die Grenzstadt ist in einer verzweifelten Lage, schon lange. Sie ist von jeder Entwicklung abgeschnitten. Die Bauern leben in Not. Ihre Felder vertrocknen. Die Ereignisse in Tunesien und Ägypten haben den Menschen Mut gemacht, sich endlich zur Wehr zu setzten.« Michel Kilo, ein Journalist und Linker, gehört seit Jahrzehnten zur Opposition um den Kommunisten Riad al-Turk. Mehrmals musste er für seine Kritik an Vater wie Sohn Assad ins Gefängnis, zuletzt 2006 für drei Jahre.

Deraa liegt am südlichsten Rand Syriens an der Grenze zu Jordanien, weit weg und vergessen von der Hauptstadt in einem toten Winkel des Landes. Seit 2007 mussten Hunderttausende die Provinz, zu der Deraa gehört, verlassen. Seit vier Jahren hatte es im ganzen Land kaum geregnet. Der Klimawandel sei die Ursache, sagen Experten. Die Stadt Deraa war besonders hart getroffen. Wegen des akuten Wassermangels sind die Äcker ausgedörrt, die Feldfrüchte vertrocknet, die Bauern verloren ihre Existenzgrundlage und mussten abwandern. Der Staat tat nichts, um den Bauern zu helfen. Im Gegenteil, die staatlichen Wasserbehörden ordneten zum Entsetzen der Bewohner auch noch an, dass aus der Provinz Deraa von dem ohnehin knappen Grundwasser noch ein Teil nach Damaskus gepumpt wird, um den Wasserdurst der Städter zu stillen.

Der Direktor der staatlichen Wasserbehörde für Damaskus, Mwafak Khallouf, bringt die syrische Wasserpolitik auf die einfache Formel: »Die Bevölkerung von Damaskus mit Trinkwasser zu versorgen hat absolute Priorität. Danach kommen die Bauern.«

Die Folge dieser zynischen Politik: Die Bauern aus Deraa müssen ihre ausgedörrten Äcker verlassen und in den Städten Arbeit als Tagelöhner suchen. Da sie dort nicht ganz ohne Wasser leben können, steigt der Wasserverbrauch in den Städten, und es muss noch mehr Wasser herbeigeschafft werden, unter anderem aus Deraa.

Kein Wunder, dass angesichts solch irrwitziger Politik die Wut der Menschen auf die Zentralregierung wuchs, schließlich brauchen die rund 100 000 Einwohner Deraas auch Wasser. Die versprochenen Entschädigungen kamen selten bei den Bauern an, meistens verschwanden sie irgendwo in den Taschen der Beamten des Gouverneursrats. Stattdessen erließ diese Behörde das Verbot, Brunnen zu bohren, mit denen die Bauern ihre ausgetrockneten Felder mit Wasser versorgen wollten. Die Spannung stieg schon seit Jahren in dieser syrischen Armutsprovinz.

Als die Menschen schließlich einsahen, dass sich nichts ändern würde, genügte schon ein kleiner Funke, um das Pulverfass Deraa explodieren zu lassen. Mitte März war es so weit. Schulkinder hatten regierungsfeindliche Parolen auf Häuser gesprüht. Als Polizisten sie deswegen festnehmen wollten, gingen die Menschen dazwischen. Immer mehr kamen. Keiner wollte sich diesmal verstecken. Das Maß war voll, schließlich hatten es die Menschen in Tunesien und Ägypten vorgemacht, was man durch Massendemonstrationen erreichen kann.

Gleich am 18. März, dem ersten Tag des Protests, erschoss die Polizei vier junge Männer. Deren Beerdigungen lösten neue Massenkundgebungen aus. Aus friedlichem Zorn war gewaltbereiter Hass geworden. »Nur Allah, Syrien und Freiheit«, skandierten die Demonstranten. Die Zentrale der Baath-Partei, der Staatspartei, ging in Flammen auf. Polizeiautos brannten. Später wurde die Statue von Hafiz al-Assad, Vorgänger und Vater des derzeit amtierenden Präsidenten, Baschar al-Assad, vom Sockel gerissen, stellvertretend für das gesamte Regime. Das erklärte der Stadt den Krieg. Militäreinheiten riegelten sie ab, kappten die Elektrizitätsversorgung und isolierten sie völlig vom übrigen Syrien. So wollten die Sicherheitskräfte verhindern, dass aus dem einzelnen Feuer in Deraa ein Großbrand in ganz Syrien wird.

Doch die Unzufriedenheit im ganzen Land war stärker. Nicht nur Deraa litt unter der Dürre, die Syrien seit vier Jahren heimsucht. Sie hat inzwischen fast die gesamte Landwirtschaft schwer geschädigt. Die Bauern können nichts mehr anbauen, das Vieh verdurstet und muss notgeschlachtet werden. Die Ernteerträge sind um ein Viertel zurückgegangen. Tausende Bauernfamilien mussten ihre Höfe verlassen und in die Städte fliehen. Diese Landflucht hat mit dazu beigetragen, dass die Jugendarbeitslosigkeit in den letzten Jahren dramatisch gestiegen ist. Fast jeder dritte Jugendliche hat keinen Job oder einen, der zu schlecht bezahlt wird, um eine Familie gründen zu können. Und selbst wenn es einmal mehr Geld gab, dann fraß die Inflation diese Gehaltserhöhungen sofort wieder auf. Es schwelte also schon lange im ganzen Land, und Deraa war nur der Funke, der auf die anderen Städte übersprang.

Die Lage eskalierte und geriet immer mehr außer Kontrolle. Die Sicherheitskräfte gingen mit äußerster Härte gegen die Demonstranten vor: in Latakia, Damaskus, Homs, Banias, Aleppo. In fast allen größeren Städten gingen über hunderttausend Syrer auf die Straßen. Fast in jeder Stadt, in der es Proteste gab, gab es auch Tote.

»Ich habe wirklich Angst vor einem Massaker«, sagte ein Bewohner von Deraa der amerikanischen Menschenrechtsorganisation Human Rights Watch.

Noch immer gilt in Syrien das oberste Gebot von Hafiz al-Assad, dem 2001 gestorbenen Präsidenten und Vater des jetzt regierenden Präsidenten. Für ihn waren »Stabilität und Sicherheit« das Wichtigste. Das Volk sah er als etwas an, das beides in Gefahr bringen konnte. Deswegen wurde erbarmungslos verfolgt, wer an Stabilität und Sicherheit auch nur zu rühren wagte. So etwa 1982 die Moslembrüder, die sich gegen den Alawiten Assad erhoben hatten. Mit Artillerie, Panzern und Kampfflugzeugen ließ er den bewaffneten Aufstand der Religionsfanatiker in Hama zusammenschießen. Seine Kanonen schossen ganze Stadtteile in Schutt und Asche. Um die 20 000 Menschen sollen damals von den Truppen Assads getötet worden sein. Die historische Altstadt von Hama musste nach diesem Massaker komplett neu aufgebaut werden.

Bei den Aufständen 2011 zählen Menschenrechtsorganisationen inzwischen über 1 500 Tote. Hafiz al-Assads Sohn Baschar scheint ganz in die Fußstapfen seines Vaters treten zu wollen.

Auch bei seiner ersten Rede vor dem Parlament seit Ausbruch der Unruhen zeigte der sich gewollt locker gebende Präsident wenig Einsicht. Statt mit überfälligen Reformversprechen wartete er mit Verschwörungstheorien auf. Eine Großmacht versuche, das Land zu destabilisieren, erklärte er unter dem Beifall der Abgeordneten seiner Staatspartei. Vermutlich meinte er die USA und den Erzfeind Israel. Die arabischen Nachrichtensender seien Schuld an den Unruhen. Die würden die Stimmung anheizen. Er warne davor, sich die Nachrichten auf diesen Satellitenkanälen anzusehen.

Die gleichen Vorwürfe hatten wir schon im ägyptischen Staatsfernsehen gehört – genauso im jemenitischen und libyschen. Egal ob Ben Ali, Mubarak, Saleh, Gaddafi oder al Assad.

Jeder dieser Alleinherrscher, ob abgedankt oder noch im Amt, spricht sich frei von eigener Verantwortung: Schuld sind immer die anderen. Seine Rede hielt Baschar am 30. März 2011. Mit den vagen Andeutungen, demnächst Reformen einzuleiten, überzeugte er die Demonstranten nicht. Zwei Tage später, am Freitag, den 1. April, gingen sie wieder auf die Straßen des Landes.

Bei seiner Rede im Parlament wirkte er fahrig und unklar, fast so, als hätte er lieber eine ganz andere Rede gehalten. Eigentlich ist er zu intelligent, um solche schlichten Verschwörungstheorien zu verbreiten. Und vermutlich hat er mehr verstanden von dem, was die Demonstranten wollen, als er zugeben kann. Schon im Jahr 2000, als er seinem Vater auf den Präsidententhron folgte, hatte er einen kurzen »Damaszener Frühling« zugelassen. Er hatte politische Debattierklubs ermuntert, kontrovers über die Zukunft des Landes zu diskutieren. In fast allen Städten hatten sich damals solche Diskussionszirkel gebildet. Die Menschen atmeten auf. Dieses neue Syrien war fast ein kleines Wunder, an das keiner hatte glauben wollen. Alle waren aufgeregt und begeistert. Misstrauisch zwar noch, aber so etwas hatte es unter dem alten Präsidenten auch nicht andeutungsweise gegeben. Endlich schien es so weit zu sein, dass man nicht nur denken konnte, was man wollte, sondern dies auch sagen durfte, ohne Gefahr zu laufen, verhaftet zu werden.

Der bereits erwähnte und weit über die Grenzen Syriens hinaus bekannte Oppositionspolitiker Michel Kilo formulierte zusammen mit anderen Angehörigen der Opposition das »Manifest der 99«, dem bald das »Manifest der 1 000« folgte. In beiden Aufrufen forderten Intellektuelle unter anderem eine demokratische Verfassungsreform, freie Wahlen und eine freie Presse. In Syrien, von Hafiz al-Assad über Jahrzehnte drangsaliert, entstanden erste Ansätze einer Zivilgesellschaft. Sogar eine Satirezeitschrift mit dem Titel *Ad-doumari*, zu deutsch »Der Lampenanzünder«, die Licht in das Dunkel der syrischen Politik bringen wollte, indem sie die Regierungspolitik offen kritisierte, durfte erscheinen. Ihr Chefredakteur war der international bekannte Karikaturist Ali Farzat, ein Freund des neuen Präsidenten aus den Tagen, als dieser noch als Augenarzt in London arbeitete.

»Es ist schwer vorauszusagen, ob der Staat dieser Art von Zeitung alle Freiräume lässt, aber wir alle hoffen es; denn wir brauchen diese Freiheit«, sagte mir Ali Farzat damals ins Mikrofon.

Seine Karikaturen waren klar und eindeutig gegen die alte Garde im Regime gerichtet. Altersschwache Greise nannte er sie. Eine dieser Zeichnungen zeigte zum Beispiel alte Männer mit dicken Bäuchen und mit Betonklötzen statt Köpfen. Jeder verstand sofort, wen er meinte: die alte Garde um den Präsidenten, die Reformen verhindern will. Geärgert haben mögen sie sich ob dieser Frechheit, durften sich aber gegen solche Karikaturen damals nicht mit den bis dahin üblichen Mitteln wie Gefängnis und Folter wehren.

Für Syrien war das wahrhaftig eine neue Zeit. Die Zeitschrift verkaufte sich gut. Zu ihren besten Zeiten druckte sie eine Auflage von 75 000 Exemplaren. So viele Leser erreichen die Staatszeitungen nie. Außerdem förderte der Computerfreak Baschar al-Assad damals die Verbreitung der Informationstechnologien im Land. Das Internet sollte zum Fenster in die Welt werden.

Doch dieses Tauwetter dauerte gerade mal einen Sommer und einen Winter. Im Juni 2000 war Baschar als Präsident vereidigt worden und hatte in seiner Antrittsrede versprochen, alles werde nun besser. Das Land schöpfte Hoffnung. Doch Baschar war umgeben von denselben mächtigen Männern in Armee und Geheimdienst, die bereits seinem Vater gedient hatten. Und die nahmen ihn in die Zange.

Wer wird sich am Ende durchsetzen? Der damals 35-jährige, politisch unerfahrene Baschar? Oder die mit allen Wassern gewaschenen alten Haudegen seines Vaters?

Diese Frage beherrschte damals die Diskussionen in ganz Syrien. Am Ende haben sich die alten Männer, die um ihre Posten und Privilegien fürchteten, durchgesetzt. Das war das Ende der Hoffnung auf schnelle und radikale Reformen.

Im Frühjahr 2001 wurde es wieder Winter in Syrien. Jetzt warf man jenen, die diese Freiheiten während des Tauwetters genutzt hatten, vor, sie seien vom Westen gesteuert und schadeten mit ihren Demokratievorstellungen der syrischen Gesellschaft. Im Februar 2001 kehrten Polizei und Staatsanwaltschaft zur alten Unterdrückungspraxis zurück und verhafteten Oppositionelle. Einschüchterungen gehören seitdem wieder zum Alltag eines Dissidenten.

»Ich habe Angst und gebe keine Interviews mehr«, sagte uns damals der sonst so redefreudige Riad Seif, ein Unternehmer und einer der mutigsten Oppositionellen. Seitdem wurde er mehrmals verhaftet und wieder freigelassen. Auch 2011, im Jahr der allgemeinen arabischen Erhebung, haben die syrischen Sicherheitskräfte ihn vorsorglich wieder festgenommen.

Diskussionen über Demokratie wurden ab 2001 in Damaskus wieder verboten. Mit Oppositionellen, die ich mit meinem Kamerateam vorher ohne Probleme zu Hause besucht hatte, mussten wir uns an geheimen Orten verabreden. In einer Staatszeitung hatte der junge syrische Präsident, der noch nicht einmal ein Jahr im Amt war, der Opposition vorgeworfen, sie wolle die traditionelle Gesellschaft zerstören.

Sollten die Syrer tatsächlich gezwungen werden, den alten Generälen zu folgen statt neuen Ideen, hatte Ali Farzat uns damals gesagt, dann werden sie sich und das Land in einen Abgrund stürzen. Seine Satirezeitschrift überlebte noch eine Weile. Erst zwei Jahre später wurde sie von der Zensurbehörde zugemacht.

Seit 2001 regiert Baschar al-Assad das Land mit harter Hand. Er stützt sich dabei wie schon sein Vater auf Geheimdienst, Armee und die Einheitspartei, die Baath-Partei, in der jeder, der etwas werden will in Syrien, Mitglied sein muss. Alle drei Säulen der Macht sind eng mit der Familie Assad verflochten. Baschar selbst ist Oberkommandierender der Streitkräfte und Generalsekretär der Staatspartei. Sein Bruder Maher kommandiert die wegen ihrer Brutalität gefürchtete Vierte Division, eine dem Regime treuergebene Eliteeinheit, die bei der Rebellenstadt Deraa eingesetzt wurde und damit für zahlreiche Morde verantwortlich ist.

Dass Maher erbarmungslos und kaltherzig ist, hatte er schon 2008 bewiesen, als er die Niederschlagung eines Gefängnisaufstands in Saidaya befehligt hatte. Gibt man bei Youtube den Namen Maher al-Assad ein, stößt man auf ein Video, das das Ende dieses Aufstandes zeigt: Eine Kamera schwenkt über grausam zugerichtete Leichen, die Körper halb mit Planen bedeckt, die Gesichter zerstört und verklebt mit geronnenem Blut, die Münder wie zu einem letzten Schrei aufgerissen. Am Ende dieses langen, schwer erträglichen Schwenks fokussiert die Kamera auf Stiefel, bleibt stehen und zoomt langsam zurück in die Totale. Man erkennt mehrere uniformierte Männer, einer von ihnen ist Maher al-Assad. Er filmt mit seinem Mobiltelefon sichtlich zufrieden die Leichen zu seinen Füßen.

Des Präsidenten Schwager, Assef Shaukat, einst Geheimdienstchef, verdient sein Geld als Generalstabschef der Armee. Er ist mit der Schwester des Präsidenten, Buschra al-Assad, verheiratet. Wie Maher gilt auch er als Hardliner, der weiß, was er zu erwarten hat, sollten sich die Demonstranten durchsetzen und das Regime auflösen. Hart verhält sich Maher auch bei internem Familienstreit. Im Oktober 1999 hatte er sogar versucht, seinen Schwager Shaukat bei einem solchen Streit zu erschießen. Inzwischen sollen sie sich wieder ausgesöhnt haben. Vielleicht schmieden aber auch nur die Verbrechen, für die die Familie Assad verantwortlich gemacht wird, zusammen.

Auf die Familie Assad trifft der Spruch »Pack schlägt sich, Pack verträgt sich« besonders deutlich zu. Sowohl Shaukat wie auch Maher al-Assad stehen im Verdacht, in den Mord am ehemaligen libanesischen Premierminister, Rafik Hariri, verwickelt zu sein. Diesen Verdacht äußerte jedenfalls der deutsche Jurist Detlev Mehlis, der als UN-Sonderermittler mit der Aufklärung des Mordes beauftragt war. 2005 war der im Libanon beliebte und syrienkritische Politiker Hariri mit einer Autobombe ermordet worden.

Ein anderer Cousin des Präsidenten, Rami Mahlouf, kontrolliert viele Bereiche der syrischen Wirtschaft, zum Beispiel die lukrative syrische Telekommunikationsgesellschaft. Politische Macht und finanzielle Interessen sind bei der Herrscherfamilie engmaschig miteinander verfilzt und zusätzlich durch Militär und Geheimdienst abgesichert. All das steht auf dem Spiel, sollte der Assad-Klan die Macht verlieren.

Und noch etwas anderes riskieren die Assads, sollten sie aus Damaskus verjagt werden. Die Familie gehört einer religiösen Minderheit an, den Alawiten, die in den Bergen im Westen des Landes siedeln. Diese kleine Sekte ist in den Augen orthodoxer Muslime noch schlimmer als Ungläubige, weil sie sie als vom Glauben abgefallene Gemeinschaft von Ketzern betrachten, da sie sich vor über zweitausend Jahren von der Schia – dessen Anhänger die Schiiten sind – abgespalten hat. Deswegen wurden die Alawiten immer wieder von der sunnitischen Mehrheit in Syrien verfolgt und unterdrückt.

Erst als die Franzosen nach dem Ersten Weltkrieg das Mandat des Völkerbundes über Syrien übertragen bekamen, änderte sich die Lage der Alawiten. Die neuen Kolonialherren – als solche haben die meisten der sunnitischen Syrer die Franzosen damals angesehen – machten aus diesen Bürgern zweiter Klasse, als die sich die Alawiten während des osmanischen Reiches über Jahrhunderte gefühlt hatten, privilegierte Bürger. Aus ihren Reihen rekrutierten die neuen Herren einen großen Teil der Soldaten für ihrer Besatzungsarmee, beförderten sie zu Unteroffizieren, gelegentlich sogar zu Offizieren und gaben so den Mitgliedern einer diskriminierten Minderheit Aufstiegschancen. Die Franzosen erwarteten dafür besonders zuverlässige Loyalität. Sie glaubten, so die sunnitische Mehrheit des Landes besser unter Kontrolle halten zu können, die die Besatzung immer wieder in Aufständen bekämpfte. Auch Baschar al-Assads Vater machte als Alawit Karriere in der Luftwaffe. Als er sich 1970 an die Macht putschen konnte, stellte zum ersten Mal ein Angehöriger dieser einst verfolgten Minorität einen Präsidenten. Von diesem Augenblick an konnten und wollten die Alawiten die Macht nicht mehr abgeben, mussten sie doch fürchten, selbst wieder verfolgt zu werden, sobald sie diese Macht verlören.

Auch heute noch sind viele Offiziere in den syrischen Streitkräften Alawiten. Ebenso sind Schlüsselpositionen in den Geheimdiensten mit Angehörigen dieser Religionsgruppe besetzt. Würden die Assads stürzen, würden sie möglicherweise die gesamte Sekte der Alawiten mit in den Abgrund reißen. Das ist die Angst der Herrscherfamilie und des Alawiten-Klans und damit eine weitere Triebfeder, die das brutale Durchgreifen des Regimes gegen die Demonstranten erklärt. Und seit die syrischen Moslembrüder angekündigt haben, die Protestbewegung zu unterstützen, ist der Druck auf die Alawiten noch gewachsen. Gerade für die Moslembrüder ist diese Sekte nichts als ein Verein von Ketzern.

Sollte also der schlimmste Fall eintreten und es zu einem Bürgerkrieg in Syrien kommen, der am Ende den Assad-Clan aus allen Ämtern vertreibt und die sunnitische Mehrheit als Sieger in Damaskus einziehen lässt, dann ist nicht ausgeschlossen, dass sich ihre jahrelang gewachsene Verbitterung über die Vorherrschaft der Alawiten als blutige Rache entlädt. Syriens Nachbar Irak hat überdeutlich gezeigt, was passiert, wenn sich ein über Jahrzehnte unterdrückter Konflikt zwischen Religionsgruppen plötzlich unkontrolliert entlädt: Mit Gewalt und Terror sind dort Sunniten und Schiiten übereinander hergefallen.

Steht Syrien also jetzt, zehn Jahre nach dem kurzen Damaszener Frühling zu Beginn der Herrschaft von Baschar al-Assad, tatsächlich vor diesem Abgrund, den der Karikaturist Ali Farzat schon 2001 gesehen hat? Oder gibt es noch Hoffnung auf einen neuen Frühling? Ein friedlicher Übergang zu einem demokratischen System in Syrien ist nur durch tiefgreifende Reformen denkbar. Der Assad-Clan müsste seine Herrschaft gewissermaßen selbst in Frage stellen. Doch damit ist kaum zu rechnen. In fast jeder seiner Reden an »sein« Volk spricht Baschar al-Assad zwar irgendwann auch von Reformen, verspricht sogar eine neue Verfassung. Doch bislang hat er noch nichts von dem eingelöst, was eine friedliche Entwicklung ermöglichen könnte.

Zu Beginn der Demonstrationen bot Baschar al-Assad kaum mehr als ein bisschen Politikkosmetik an. Den Ausnahmezustand abzuschaffen, versprach er – inzwischen ist dieses Gesetz gestrichen. Trotzdem hat dies an der Brutalität der Sicherheitskräfte nichts geändert. Politische Reformen versprach er anfangs auch, irgendwann und irgendwie, vielleicht sogar Wahlen und Pressefreiheit. Doch seine Worte und seine Taten widersprechen sich diametral. Statt Kritik zuzulassen und damit ein bisschen mehr an Pressefreiheit zu demonstrieren, entließ er Samira Al Musalima, die Chefredakteurin der Staatszeitung *Teschreen*, zu deutsch Oktober, als diese es gewagt hatte, die Bestrafung jener Offiziere zu fordern, die für die Toten von Deraa verantwortlich sind. Und während das Regime den letzten Rest an Glaubwürdigkeit verspielte, gingen die Demonstranten auf die Straßen, wieder und wieder, trotz Scharfschützen, trotz Panzereinsatz, zunächst mit der Forderung nach Reformen. Und als die Sicherheitskräfte immer brutaler wurden, mit der eindeutigen Rücktrittsforderung: »Das Volk will den Sturz des Regimes.«

Armee und Polizei sorgten für »Stabilität und Ordnung«, ganz im Sinne des Vaters von Baschar al-Assad. Weit über tausend Menschen starben bisher bei den Demonstrationen im ganzen Land. Syrer fliehen aus den Städten in die Nachbarländer Türkei und Libanon. Der Ausnahmezustand ist zwar inzwischen formal aufgehoben, doch der Staatsterror, der die Menschen einschüchtern soll, geht weiter. Bisher allerdings ohne den vom Regime gewünschten Erfolg. Fast jeden Tag werden neue Demonstrationen gemeldet. Dennoch können Polizei und Armee beruhigt sein. Sie werden auch in Zukunft gebraucht. Der Präsident scheint nicht vorzuhaben, sie durch tiefgreifende Reformen in Frage zu stellen, sie haben also nicht zu befürchten, zur Rechenschaft gezogen zu werden wegen der langen Liste von Menschenrechtsverletzungen, die ihnen vorgeworfen werden. Und solange dies nicht geschieht, werden sie auch zum Präsidenten stehen und nicht die Seite wechseln. Eine ägyptisch-tunesische Lösung ist also nicht in Sicht in Syrien. Im Gegenteil: Polizei und Armee gehen mit kaum vorstellbarer Brutalität gegen friedliche Demonstranten vor.

Es steht nicht gut um die Sache der Protestbewegung. Die meisten Demonstranten stammen aus den Armutsgürteln rund um die Städte, in denen unter anderem aus den Dürregebieten geflohene Bauern hausen, ohne dass der Staat sich um sie kümmert. Deswegen haben sie der Zentralregierung den Kampf angesagt. Schiere Verzweiflung. Der besser verdienende Mittelstand in den Städten bleibt größtenteils zu Hause. Vermutlich aus Angst vor Repression, vermutlich auch weil er viel zu verlieren hat. Monate schon dauern die Unruhen und Demonstrationen an. Ein Ende ist nicht abzusehen. Immer mehr Städte schließen sich an. Das Regime antwortet immer gleich: mit brutaler Gewalt. Genauso hatte es Baschar al-Assads Vater vor dreißig Jahren auch schon gemacht beim Massaker in Hama. Syrien bleibt also einstweilen einer der gefürchtetsten Polizeistaaten der Region, übertroffen vielleicht nur noch von Gaddafis Libyen.

12 »Gott, Gaddafi und Libyen!«

»All journalists! Come to meeting hall. There is a press conference!« Kein Bitte, keine Erläuterung, wer auf der Pressekonferenz sprechen wird.

Die militärisch knappe Ansage kommt über Lautsprecher, die in jedem Hotelzimmer in der Decke eingebaut sind. Überhören kann man diese geschnarrten Befehle nicht. Abstellen kann man die Lautsprecher auch nicht. Selbst über dem Swimmingpool ist eine solche Rundrufanlage aufgehängt, die jeden Schwimmer aus dem Wasser direkt in die Meeting Hall abkommandiert. Jeder soll sofort verfügbar sein. Die Propaganda Gaddafis kann nicht warten. Selbst weit nach Mitternacht kläfft gelegentlich eine Stimme von der Decke: »All journalists, come to meeting hall!«

Es ist März 2011, wir sind in Gaddafis Libyen, im Journalistenhotel Rixos. Es ist zwar ein Luxushotel, es kommt uns aber vor wie ein luxuriöses Gefängnis mit gelegentlichem Freigang, bei dem man immer von einem Wärter begleitet werden muss. Ein Gefängnis, für das man auch noch zu bezahlen hat. Für die Zimmer und für jede Dienstleistung verlangt die Leitung des Hotels, das halb in türkischer Hand ist, halb in libyscher, Fantasiepreise. Sie weiß, diese Journalisten zahlen jeden Preis, nur um vor Ort zu sein, in der Höhle des Löwen sozusagen oder möglichst nahe am Herzschlag des Bösen, wie es ein Kollege formuliert hat.

Denn aus der Sicht des Westens ist die Welt bei diesem Konflikt aufgeteilt: in die der Guten – das sind die Aufständischen von Bengasi – und die der Bösen – das sind Gaddafi, seine Familie und sein Regime sowie seine Anhänger in Tripolis und den anderen von ihnen gehaltenen Städten. Der Pressesprecher der Bösen, Moussa Ibrahim, lädt zur Pressekonferenz, mehrmals am Tag, immer über Lautsprecher im Ton eines Feldwebels beim Morgenappell.

Er, der aus dem Gaddafi-Klan stammt, ist der Ausrufer des Revolutionsführers im Hotel und verfügt über eine Allmacht, an der kein Journalist vorbeikommt. Er verkündet in fast jeder Pressekonferenz, die Aufständischen seien Al-Kaida-Terroristen oder bewaffnete Banden, die Gaddafi-Truppen würden sich an die Waffenstillstände halten, die Tripolis mehrfach ausgerufen hatte, und nur kämpfen, wenn sie angegriffen würden. Und die NATO-Flugzeuge? Die töteten in erster Linie Babys.

»Wir werden kämpfen bis zum letzten Mann, bis ins kleinste Dorf, selbst Kinder werden gegen die Invasoren kämpfen«, so klingen die Durchhalteparolen eines Regierungssprechers, der über den Stand der Dinge nicht wirklich informieren will. Bei ihm müssen wir einen Antrag stellen, wenn wir in der Stadt drehen wollen. Er sucht den Aufpasser aus, der uns begleiten soll, immer freundlich, aber bestimmt. Ein solcher Minder, wie er genannt wird – einer, der sich kümmert –, ist immer dabei. Ohne ihn dürfen wir das Hotel mit unserer Kameraausrüstung gar nicht erst verlassen. Er entscheidet letztendlich, wo wir hinfahren dürfen. »Auf einem Markt wollt Ihr drehen?« Er sucht ihn aus. »In einer Schule?« Er legt fest, welche und lässt die Lehrer vorbereiten. Stramme Durchhalteparolen bekommen wir zu hören – von Lehrern wie von Schülern. Ein zwölfjähriger Schüler sagte uns wie auswendig gelernt: »Diese Leute in Bengasi – das sind doch Ratten. Die sind verantwortlich für die Probleme. Das sind Ausländer, keine Libyer. Hier in Tripolis jedenfalls ist alles in Ordnung. Was man mit ihnen in Bengasi machen soll? Sie müssen umgebracht werden.«

Etwas anderes war auch gar nicht zu erwarten. Der staatliche Aufpasser ist sichtlich zufrieden. Er steht neben der Kamera und hört genau zu, was uns die Libyer erzählen. Er ist das große Ohr des Regimes, der Gesinnungswächter, Schnüffler und Zensor.

Kein Wunder, dass wir nur das von den Menschen zu hören bekommen, was diesem Aufpasser und damit dem Regime genehm ist. Bei schier endlosen Autoschlangen vor Tankstellen hören wir anfangs keine Klage über Benzinknappheit im Ölland Libyen. Die oft schon seit Stunden Wartenden erzählen uns ernsthaft: »Das ist bei uns immer so. Zu dieser Tageszeit wollen halt viele tanken.« Dass wir solche Schlangen zu jeder Tageszeit beobachtet haben, spielt dabei keine Rolle. Die Antworten bleiben.

Genauso bei den Menschen, die vor Bäckereien warten müssen: alles ganz normal hier. Nur einer wagte, uns zu erklären, der Bäcker käme mit der Arbeit nicht nach, weil die ägyptischen Arbeiter abgehauen seien.

Alles in Ordnung in Tripolis, der Bürgerkrieg macht dem Regime keine Probleme, das ist die Botschaft, die die ausländische Presse in den ersten Wochen des Aufruhrs nach Hause berichten soll.

Doch dann ab Anfang April bekamen wir auf einmal ganz andere Antworten. Der Krieg war gerade drei Wochen alt, und wegen der Luftangriffe lief es für die Gaddafi-Truppen nicht sonderlich gut. Plötzlich gab es diesen Mangel und zwar nicht nur beim Benzin oder beim Brot. Die Menschen klagten, sahen ihre Existenz bedroht. Es fehlte plötzlich an allem, an Lebensmitteln, an Babynahrung und besonders dramatisch an Medikamenten. Schuld seien, so wussten alle, die wir fragten, die Luftschläge der NATO. Schutz von Zivilisten, wie es die UNO-Resolution vorschreibt? Von wegen! Die würden nicht militärische Ziele treffen, sondern sie, die Libyer selber. Bei einem solchen kurzfristigen Paradigmenwechsel muss der Aufpasser natürlich höllisch achtgeben und für die richtigen Antworten sorgen. Das angeblich darbende Volk muss schließlich wissen, was es sagen soll. In einem libyschen Krankenhaus haben wir viel später erfahren, dass es nie einen Mangel an Medikamenten und ärztlichem Gerät gegeben hat.

Ist es möglich, einen solchen Aufpasser abzuschütteln oder zu umgehen? Ja, es ist möglich, aber nicht lange. Ein spanisches Kamerateam, das allein mit einem Taxifahrer in der Stadt unterwegs war, wurde schon nach einer halben Stunde verhaftet. Der Taxifahrer hatte sich für viel Geld von den spanischen Kollegen breitschlagen lassen, obwohl er genau wusste, was ihm blühte, wenn sie erwischt würden. Die Spanier kamen nach drei Stunden wieder frei mit einer Verwarnung. Wie es für den Taxifahrer ausgegangen ist, wissen im Hotel vielleicht einige Libyer.

Immer wieder haben wir erlebt, dass Taxifahrer sich weigerten, uns mitzunehmen, selbst wenn wir keine Kamera dabei hatten. Sie waren erfüllt von jener Angst vor dem Sicherheitsapparat des Regimes, die allen Libyern in den Knochen sitzt. Kontakte zu Ausländern sind zwar nicht mehr verboten wie vor ein paar Jahren noch, aber jede nicht genehmigte Begegnung mit einem Ausländer macht sie verdächtig, selbst wenn sie ihn nur im Taxi transportieren. Diese Angst ist das Fundament des Regimes.

Nachts haben Militär und Polizei die Stadt noch engmaschiger unter Kontrolle als tagsüber. An allen wichtigen Straßenkreuzungen sind Straßensperren aufgebaut, Polizisten in Uniform und Staatssicherheit in Lederjacken kontrollieren jeden. Gesichtskontrolle, Kennzeichenkontrolle, Personenkontrolle, Ausweiskontrolle. Und wehe, einer hat nicht die richtigen Papiere dabei. Endlose Verhöre folgen. Die Staatssicherheit telefoniert, gleicht ab, überprüft, ist misstrauisch, kaum zu überzeugen, dass man harmlos ist. Jeder ist zunächst einmal Spion, Saboteur oder, wenn das nicht zutrifft, dann mit Sicherheit ganz allgemein ein Feind des Systems. Warum hat er keinen Ausweis dabei? Allein das macht ihn schon verdächtig.

Zweimal sind der Kameramann, die Producerin und ich in solche Kontrollen geraten. Ausländische Journalisten? Das kann dauern, bis alles geklärt ist. Die Polizisten blätterten in unseren Pässen, telefonierten, waren freundlich zu uns und ließen uns schließlich weiterfahren. Der Taxifahrer hatte sich die ganze Zeit am Steuerrad festgeklammert und wie Espenlaub gezittert. Ich habe noch nie einen Menschen so nervös gesehen; denn eigentlich ist er der Verdächtige, nicht die Ausländer. Seinen Namen haben sie aufgeschrieben. Das reicht, um Angst zu haben vor den Männern in Lederjacken, vor unangenehmen Fragen, vor der Drohung, die Taxilizenz werde eingezogen. Andere Fahrer sind bei solchen Kontrollen schon festgenommen worden, obwohl sie alle Papiere dabeihatten.

Je länger der Krieg dauerte, desto unfreundlicher behandelten die Polizisten nachts auch Ausländer. Wir jedenfalls hatten beschlossen, bei Dunkelheit das Hotel nur noch zu verlassen, wenn es gar nicht anders ginge. Gaddafi kämpft ums Überleben, und da ist ihm jedes Mittel recht.

In jeder von ihm noch beherrschten Stadt und in jedem noch so kleinen Dorf sind seine kaum zu übersehenden Bilder aufgestellt. In jedem Amtszimmer, in jedem Hotelfoyer hängt sein Porträt, in fast jeder Privatwohnung. Fehlt es, fragt man sich unwillkürlich, ob hier ein Gaddafi-Gegner wohnt. Gaddafi ist einer der letzten arabischen Herrscher, der noch einen Personenkult pflegt, wie er bis in die neunziger Jahre in fast jedem Land des Nahen Ostens üblich war: Gaddafi in mit Orden behangener Operettenuniform, Gaddafi in traditioneller Beduinentracht, Gaddafi mit Strahlenkranz um das erhobene Haupt, eine Art Heiligenbild, Gaddafi, beide Arme hochgereckt, die Hände zu Fäusten geballt, das Kinn grimmig nach vorn gestreckt. »Ich bin bereit zu kämpfen« soll dieses Plakat sagen.

Seit fast 42 Jahren herrscht Muammar al-Gaddafi, der Mann aus der Mittelmeerstadt Sirte, über sein Land, das fünfmal so groß ist wie die Bundesrepublik, zum größten Teil aber aus Wüste besteht. Hätte es nicht das Öl, dann wäre Libyen nicht viel mehr als ein im Frühjahr streckenweise grüner Küstenstreifen und eine riesige Wüste mit ein paar besiedelten Oasen. Ein bettelarmer Staat vermutlich, ähnlich dem Tschad.

Doch Libyen ist mehr als nur Libyen, es ist seit März 1977 die »Sozialistische libysch-arabische Volksgemeinschaft«. Und im April 1986 ließ der Revolutionsführer noch ein »Groß« dem Namen seiner Republik voransetzen und machte so aus seinem Land die »Große sozialistische libysch-arabische Volksgemeinschaft«. Das ist von nun an der offizielle Name des Staates, dessen Macht Hauptmann Gaddafi 1969 durch einen Staatsstreich an sich gerissen hatte. Er beförderte sich zum Oberst und ließ sich als Befreier von Kolonialismus und Imperialismus feiern. Er verstaatlichte die Ölindustrie, warf amerikanische Ölfirmen aus dem Land und suchte die Nähe der Sowjetunion.

Der Ägypter und Vater des Panarabismus, Abdel Nasser, war sein großes Vorbild. Dessen panarabischen Traum von der Wiedervereinigung der arabischen Völker versuchte Gaddafi Zeit seines Lebens zu realisieren. Doch alle seine Versuche, mit dem Nachbarn Ägypten eine politische Einheit zu gründen, schlugen fehl – genauso wie die mit anderen potenziellen Partnern. Keiner wollte auf Selbständigkeit verzichten. Warum auch? Denn nach Gaddafis Vorstellung kam nur einer als panarabischer Führer in Frage, nämlich er.

Dafür unterstützte er Befreiungsbewegungen, auch wenn sie vor Gewalt nicht zurückschreckten. Die IRA (Irisch-Republikanische Armee) gehörte dazu, radikale Palästinenserorganisationen, sogar Unabhängigkeitsbewegungen auf den Philippinen. Ein schottisches Gericht sieht es als erwiesen an, dass das libysche Regime für den Anschlag auf den Pan Am Jumbo verantwortlich ist, der am 21. Dezember 1988 in der Luft explodierte und über dem schottischen Städtchen Lockerbie abstürzte. Bei dem Terroranschlag starben 270 Menschen. Die Bombenexplosion in der bei US-amerikanischen Soldaten beliebten Berliner Diskothek »La Belle« in der Nacht vom 4. auf den 5. April 1986 wird ihm ebenfalls zur Last gelegt. Drei Menschen starben damals. Als Vergeltung ließ der amerikanische Präsident das Hauptquartier Gaddafis in Tripolis bombardieren.

1993 verhängte die UNO Sanktionen gegen das Land, die Handel, Ölexport, Waffenimporte und Finanzgeschäfte ganz verboten oder zumindest drastisch einschränkten. Trotz des Ölreichtums verarmte das Land zusehends. Die USA verbaten ihren Ölfirmen jedes Geschäft mit Gaddafi-Land, obwohl diese vorher mit dem Mann aus Sirte gut im Geschäft waren. Libysches Öl ist begehrt im Westen, besonders in Europa. Die Transportwege sind kurz, die Qualität des Öls hervorragend, weil es nur wenig störenden Schwefel enthält. Und Importe aus Libyen verringerten schon damals die Abhängigkeit von sowjetischem Öl. Italien und die Bundesrepublik waren die Hauptabnehmer libyschen Öls. Die Sanktionen zeigten Wirkung. Der Ölexport ging dramatisch zurück.

Zehn Jahre nach Verhängung der Sanktionen begann Gaddafi vorsichtig, einen neuen Kurs zu steuern. Er wollte den Boykott loswerden, der zusehends sein potenziell reiches Land ruinierte, suchte daher die Annäherung an den Westen und verzichtete in einer überraschenden Ankündigung auf Massenvernichtungswaffen, außerdem legte er sein Atomprogramm offen. Darüber hinaus bekannte er sich zu seiner Verantwortung für das Lockerbie-Attentat und erklärte sich bereit, den Angehörigen der Opfer Entschädigung zu bezahlen. 1999 hatte die UNO die Sanktionen zunächst gelockert und dann 2003, nachdem Libyen tatsächlich Entschädigung gezahlt und den mutmaßlichen Attentäter ausgeliefert hatte, ganz aufgehoben.

Libyen war nun als ehrenwertes Mitglied in die internationale Staatengemeinschaft zurückgekehrt, der Wettlauf um die Bohrrechte in der Wüste konnte beginnen. Und er begann sofort. Selbst die 1974 von Gaddafi komplett verstaatlichte britische BP mischte wieder erfolgreich mit. Sie setzte sich sogar dem Verdacht aus, 2007 Druck auf die eigene Regierung ausgeübt zu haben, um an ein Ölgeschäft mit dem ehemaligen Terroristenfreund zu kommen. Libyen hatte von der britischen Regierung gefordert, den in Schottland zu lebenslanger Haft rechtskräftig verurteilten Lockerbie-Attentäter Abdel Basset al-Megrahi an seine Heimat auszuliefern. Er sei schwer krebskrank und habe nur noch wenige Monate zu leben.

Die Briten verweigerten dies lange, auch auf Bitten der Vereinigten Staaten, wo die meisten Angehörigen der Lockerbie-Opfer leben. 2007 gab die damalige Labour-Regierung in London nach und sagte die Auslieferung des Attentäters nach Tripolis zu. Kurze Zeit später unterzeichnete BP einen milliardenschweren Großauftrag mit der libyschen Ölgesellschaft. Um ein Ölgeschäft von zwanzig Milliarden Dollar war es damals gegangen. Alle Beteiligten stritten einen Zusammenhang natürlich ab.

Im August 2009 wurde der libysche Attentäter tatsächlich in seine Heimat überstellt. Aus humanitären Gründen, so begründete es die britische Regierung damals, er habe Krebs und nur noch wenige Monate zu leben. Heute lebt al-Megrahi immer noch, angeblich in einer Villa bei Tripolis. Immerhin gab BP 2010 zu, die britische Regierung auf »mögliche negative Folgen für die britische Wirtschaft« hingewiesen zu haben, sollte das Geschäft nicht zustande kommen. Die Amerikaner empörten sich laut, allerdings hatten sich auch amerikanische Firmen um diesen Großauftrag beworben und waren gescheitert. Dafür sind amerikanische Lieferanten und Ausrüster der Ölindustrie dick im Geschäft mit Libyen. Die durch die UN-Sanktionen veraltete und verrottete Ölindustrie musste runderneuert werden.

In seiner Heimat wurde der Lockerbie-Attentäter al-Megrahi wie ein Volksheld empfangen. Gaddafi lobte die guten Beziehungen zu Großbritannien, dankte dem damaligen Premierminister George Brown und der Königin, weil sie zu der Entscheidung beigetragen hätten. Er versprach, auch in Zukunft wirtschaftlich eng mit dem Königreich zusammenzuarbeiten. Zweifellos ein vergiftetes Kompliment, das in jener Zeit aber in europäischen Hauptstädten gern gehört wurde.

Fast alle großen Staaten in Europa suchten damals zu Beginn des neuen Jahrhunderts die Nähe Gaddafis, um ins große Ölgeschäft zu kommen. Am 14. Oktober 2004 traf sich der damalige Bundeskanzler Gerhard Schröder mit dem Revolutionsführer in der Militäranlage Bab al Azizija. Dort hatte Gaddafi sein obligatorisches Beduinenzelt aufgebaut. Zufrieden sah der Mann aus, der den Anschlag auf die Berliner Diskothek La Belle in Auftrag gegeben hatte, als er den Bundeskanzler herzlich umarmte. Der Besuch machte den Weg frei für eine 400-Millionen-Euro-Investition der BASF-Tochter Wintershall in die Ölförderung in Libyen. Verglichen mit den britischen und amerikanischen Investitionen sicherlich ein kleiner Fisch.

Allerdings haben sich kein deutsches Staatsoberhaupt und kein deutscher Regierungschef jemals derartig in die Arme Gaddafis geworfen, wie es Nicolas Sarkozy oder Silvio Berlusconi getan haben. Weder hat Gaddafi bei Angela Merkel im Garten gezeltet, noch hat er junge Berlinerinnen zum Übertritt zum Islam zu überreden versucht. Gezeltet hat er bei Frankreichs Präsidenten Sarkozy. Das war im Dezember 2007. Und die Begegnung mit den zweihundert italienischen Hostessen hatte im Juni 2009 Frauenspezialist Berlusconi für seinen neuen Freund aus der Wüste arrangiert. Beide haben eine Schwäche für junges, üppig gebautes weibliches Begleitpersonal.

Bei beiden Besuchen war es allerdings weniger um Folklore und Skurriles gegangen, sondern um milliardenschwere Geschäfte und um Flüchtlingsströme nach Europa.

Ausgerechnet am Tag der Menschenrechte, am. 10. Dezember, empfing der französische Staatspräsident den libyschen Revolutionsführer. Die Begründung für diesen nicht eben geschickt ausgewählten und viel kritisierten Termin fiel Sarkozy nicht schwer. Business geht vor: »Frankreich muss mit allen reden, die den Weg zurück in die Staatengemeinschaft gewählt und Terrorismus und Massenvernichtungswaffen abgeschworen haben.«

Zuvor hatte seine Staatssekretärin für Menschenrechtsfragen, Rama Yade, noch in einem Zeitungsinterview gewarnt: »Man muss diesen Todeskuss nicht annehmen«, Frankreich sei schließlich keine Fußmatte, »auf der sich Verantwortliche, Terroristen oder nicht, die blutigen Füße ihrer Verbrechen abstreifen können«. Frankreich sei mehr als eine Handelsbilanz.

Doch allein die zählte am Ende des Besuches. Frankreich schloss mit Libyen Geschäfte im Wert von zehn Milliarden Euro ab. Für die Libyer war dieser Besuch mehr als nur ein gutes Geschäft. Sie glaubten, in dem Franzosen einen neuen Freund gefunden zu haben, der ihrem einst als Terroristensympathisant geächteten Land endgültig einen ehrenwerten Anstrich gegeben würde – gewissermaßen reingewaschen von jeder Schuld dank Sarkozy.

Wohl deswegen sind heute die Libyer besonders sauer auf den französischen Präsidenten und brüllen bei jeder Gelegenheit: »Down, down, Sarkozy.« Sarkozy war die treibende Kraft, um die Flugverbotszone über Libyen und die Luftschläge gegen libysche Truppen durchzusetzen. Wenn es nach ihm gegangen wäre, stünden womöglich heute schon europäische Truppen auf libyschem Boden und würden zusammen mit den Aufständischen in Richtung Tripolis marschieren. Wegen dieser für die meisten Libyer nicht nachvollziehbaren, überraschenden Kehrtwende fühlen sie sich von ihm verraten.

Deutschland hat also Glück gehabt, dass es 2004 bei einem vergleichsweise harmlosen Schröder-Besuch in Tripolis geblieben ist. »Das Land ist auf dem richtigen Weg«, verkündete Schröder damals zum Abschluss der Reise in Tripolis, man suche nun einen Neuanfang nach dem Anschlag auf die Berliner Diskothek »La Belle«. Damit war Schröder nach dem spanischen Ministerpräsidenten José Maria Aznar, der Gaddafi schon 2003 seine Aufwartung gemacht hatte, und dem Briten Tony Blair, der Gaddafi im Frühsommer 2004 besucht hatte, der dritte europäische Regierungschef gewesen, der von dem Libyer empfangen wurde.

Nach Italien und Frankreich ist Deutschland schließlich der drittgrößte Importeur von libyschem Öl. Elf Prozent des Ölbedarfs der Bundesrepublik wird durch Importe aus Libyen gedeckt.

Umgekehrt ist Deutschland an den Waffenlieferungen aus der EU nach Libyen beteiligt, die in den letzten Jahren einen Wert von über 300 Millionen Euro gehabt haben sollen. Dank der Öleinnahmen war Libyen auch immer in der Lage, seine Rechnungen zu bezahlen, was nicht bei jedem arabischen Land der Fall ist. Auch für deutsche Industrieunternehmen war Libyen also ein wichtiger Abnehmer, dessen Menschenrechtsverletzungen man deswegen gern übersah. In dieser Hinsicht ist Libyen durchaus mit dem Iran vergleichbar.

Wie schon der Iran war auch Libyen an deutscher Technologie interessiert, mit der sich Mobiltelefone und Internet blockieren lassen. Genau dies geschieht jetzt während des Bürgerkriegs. In vielen Städten ist das Netz für Mobiltelefone ausgeschaltet, und Internet funktioniert ohnehin nur im Journalistenhotel Rixos in Tripolis. Dafür können wir beobachten, dass unsere libyschen Begleiter auf ihren Mobiltelefonen auch in Gebieten telefonieren können, in denen unsere nicht mehr funktionieren. Das Regime hat offensichtlich ein eigenes Netz. Außerdem kommunizieren Gaddafis Truppen mit neuester Technologie aus Deutschland und können mit deutschen Störsendern die Kommunikationstechnik des Gegners lahmlegen.

Nicht nur als Investitionsland war Libyen für Deutschland interessant, es gab noch einen anderen Grund, warum die EU-Staaten so angestrengt um Gaddafi buhlten, unter ihnen damals besonders der deutsche Innenminister Otto Schily. Der Grund waren die afrikanischen Flüchtlinge, die über nordafrikanische Länder wie Libyen den Weg nach Europa suchten. Die Einreise über Libyens kaum bewachte Südgrenze war für die Asylsuchenden mit Ziel Europa einfach, die Ausreise über das Mittelmeer im Norden das Landes zwar gefährlich und teuer, aber lange von den libyschen Behörden geduldet. Für viel Geld vermittelten Schleuser die Einreise, den Transit und anschließend auch die gefährliche Bootsreise über das offene Meer nach Italien. Gaddafis Beamte sollen an diesem Geschäft kräftig mitverdient haben.

Diesen Weg wollten die Innenminister stoppen. »Afrikas Probleme müssen in Afrika gelöst werden«, forderte der damalige Innenminister Otto Schily 2004 und hielt diesen Spruch für echte Entwicklungspolitik. Er entwickelte die Idee, die Probleme gar nicht erst bis Europa kommen zu lassen, sondern schon in Nordafrika zu lösen. Auffanglager für Flüchtlinge in Nordafrika, das wäre die Lösung, verkündete er. In Ländern wie Marokko oder Tunesien sollten die Bootsflüchtlinge bleiben, dort könne man deren Ansprüche auf Asyl prüfen. Schily konnte sich solche Lager sogar in Gaddafis Reich vorstellen, obwohl die unmenschliche Behandlung afrikanischer Flüchtlinge in Libyen auch in Europa bekannt war. Schnell machte das hässliche Wort von Konzentrationslagern die Runde. Schilys Koalitionspartner, die Grünen, lehnten schließlich diese Lageridee ab, wie später auch einige andere EU-Mitglieder und das Europäische Parlament.

Schilys Idee, die eigentlich aus Großbritannien stammte, macht deutlich: In vermeintlich politischer Not scheut man sich noch nicht einmal zur Abwehr unerwünschter Flüchtlinge mit Menschenrechtsverletzern wie Gaddafi zusammenzuarbeiten. Aber da ist Libyen gewiss nicht das einzige autoritär regierte Land in der arabischen Welt, das vom Westen derartig hofiert worden ist.

Rückblickend könnte man Gaddafi heute schnell als grotesken Politclown abtun, als Exzentriker, der selbst bei Staatsbesuchen im Ausland lieber in einem mitgebrachten Beduinenzelt schläft als in einem Hotelzimmer, der eine wirre Ideologie von Volksgemeinschaft und Basisdemokratie predigt, sie aber nie auch nur im entferntesten umgesetzt hat. Libyen ist heute eine gewöhnliche Diktatur wie andere im Nahen Osten auch, war aber einmal ein Hoffnungsträger der Dritten Welt, der viele Menschen in den arabischen Ländern in Begeisterung versetzt hatte.

Ist Gaddafi wirklich ein Verrückter, ein Politirrer, der meint, mit einem aufgespannten Regenschirm in der Hand in einem alten Lieferwagen sitzend, der Welt trotzen und sein Volk begeistern zu können?

Fast alle arabischen Intellektuellen und Kommentatoren sagen es ähnlich, wie es der Chefredakteur der in London erscheinenden Tageszeitung *Al Shark al Aswat* geschrieben hat. »Gefährlich ja ... verrückt nein!«

Der libanesische Politikwissenschaftler Asad Abu Khalil vergleicht ihn mit einem anderen Diktator: »Gaddafis Persönlichkeit ähnelt der von Saddam Hussein. Ein absolut ruchloser Tyrann. Aber noch abscheulicher ist, dass dieser Tyrann zu einem Intellektuellen, zu einem Denker, zu einem Schriftsteller werden möchte.« Abu Khalil meint damit das *Grüne Buch*, in dem Gaddafi sein politisches Credo aufgeschrieben hat.

Diese Gaddafi-Bibel aus der Wüste ist zwar Pflichtlektüre eines jeden Libyers, doch wenn man nachfragt, stellt man schnell fest, gelesen hat diese Politfantasien Gaddafis kaum einer. Dabei will das dreibändige Werk nicht weniger sein als »die dritte Universaltheorie« neben Kapitalismus und Kommunismus. Es predigt eine Art islamische Basisdemokratie ohne Hierarchien. Im ganzen Land sollen regelmäßig sogenannte Volkskongresse stattfinden, an denen jeder teilnehmen kann. Nicht in der Regierung, sondern auf diesen Volkskongressen sollten die wichtigsten politischen Beschlüsse getroffen werden. Damit sollte gesichert sein, dass jeder Libyer mitredet und mitentscheidet. Ein Land ohne Rangordnung und Machtpyramide sollte Libyen werden. So steht es in dem *Grünen Buch*. Er selbst verzichtete auf jedes Staatsamt und begnügte sich mit dem Titel des Revolutionsführers. Auch Frauen, deren Stellung in Libyen tatsächlich besser ist als in anderen arabischen Ländern, sollten gleichberechtigt an demokratischen Entscheidungen mitwirken.

In der Wirklichkeit des Landes ist nichts von dem Buch umgesetzt, nichts geht ohne Zustimmung des »Bruders Führer« und seines Regimes, und gegen das Regime geht schon gar nichts. Gaddafi liebt es, aus seinem Buch vorzulesen, und er ist dabei so ernsthaft wie ein Pastor sonntags bei der Lesung der Psalme. Stunden können solche Veranstaltungen dauern, und egal wie lang, es muss gejubelt werden. Jede Minute wird live im Fernsehen übertragen. Bei einer seiner wütenden Durchhaltereden im März 2011 hämmerte er mit seinem *Grünen Buch* auf das Rednerpult, als könne er mit den Schlägen die Koalition für ihre Luftangriffe bestrafen. Pflichtgemäß jubelten alle, schwenkten grüne Fahnen, tanzten, schüttelten die Fäuste und reckten die Hälse nach den Fernsehkameras. Nahmen die Kameraleute ihre Geräte von der Schulter, erlosch der Jubel sofort. Gaddafis Revolution ist zum Ritual geworden nach fast 42 Jahren.

Das ist also Gaddafi im April 2011. Ein Despot, der sein eigenes Volk abschlachten lässt, wenn es mit ihm nicht mehr einverstanden ist, der meint, er könne der ganzen Welt trotzen, und der offensichtlich lieber sein Land mit in den Abgrund reißt, als dass er aufgibt.

Und das ist Libyen im April 2011. Ein traumatisiertes, ein in sich gespaltenes Land, fast schizophren, ein Land mit mindestens zwei Wirklichkeiten: auf der einen Seite ein Land mit Menschen, die mitten im Winter leben und sich einreden müssen, das sei Sommer. Das sind die Libyer in Tripolis. Und auf der anderen Seite im Osten des Landes Menschen, die endlich einen echten Frühling erleben wollen und bereit sind, dafür zu sterben.

13   Frühling in Libyen

Die Fahrt mit dem Auto von Kairo nach Bengasi dauert zwei Tage. Anfang Mai fahren das Kamerateam, der Producer und ich in zwei Autos los. Auf der ägyptischen Seite kennen wir die Strecke, viel Autobahn, die ersten Stunden rechts und links nichts als Sand, wenig Verkehr, gelegentlich mal ein paar Kamele in der Wüste, die auf Disteln herumkauen. Nach drei Stunden kommt das Mittelmeer. Jetzt immer nach Westen vorbei an El Alamain mit dem klobigen deutschen Denkmal, das den Tod der Soldaten Rommels in den Wüstenschlachten des Zweiten Weltkriegs verklären soll. Unterwegs Lastwagenverkehr, die Fahrer hupen und überholen ohne Rücksicht. Die Küste ist völlig zersiedelt mit Kolonien von Ferienwohnungen, die oft kaum mehr sind als gehobener Plattenbau. Einige liegen so weit vom Meer entfernt, dass man es erst nach einem längeren Fußmarsch durch Sand, Straßen und Baustellen sehen kann.

Endlich Masa Matruh, die letzte Stadt vor der libyschen Grenze. An einigen Häusern hängen die rot-schwarz-grünen Fahnen der Aufständischen. Die Stadt ist überfüllt mit Flüchtlingen aus Libyen, alle stammen aus dem Osten des Bürgerkriegslandes. Wann sie zurückkönnen, wissen sie nicht.

Die Nachrichten klingen nicht gut, als wir Anfang Mai in Masa Matruh übernachten. Die Gaddafi-Truppen haben sich zwar aus Aschdabija, der letzten großen Bastion vor der Hochburg der Aufständischen, Bengasi, zurückgezogen. Doch vierzig Kilometer weiter westlich scheinen sie sich zu sammeln und eine neue Front aufzubauen – möglicherweise für einen neuen Sturm auf die Stadt, die schon mehrfach den Eroberer gewechselt hat.

Die Kämpfer auf Rebellenseite sind immer noch zu schwach und zu schlecht ausgerüstet, um die Gegner endgültig zu vertreiben. Dabei sind die ersten Demonstrationen am 17. Februar schon fast drei Monate her. Sie haben zu wenige und zu veraltete Waffen. Auf der Fahrt nach Bengasi werden wir einige dieser militärischen Antiquitäten sehen können. Maschinengewehre, ausgeleiert und angerostet, gelegentlich mal ein Ungetüm von Panzer. Offensichtlich haben die Gaddafi-loyalen Truppen ihren Kriegsschrott und ihre museumsreifen Waffen zurückgelassen und nur das moderne und schwere Gerät mitgenommen. Keine der beiden Seiten ist in der Lage, eine Entscheidung herbeizuführen. Auch die Luftangriffe der NATO haben kaum etwas an dem Patt geändert. Das ist die Lage an der Bürgerkriegsfront, als wir am 4. Mai nach Libyen einreisen.

An der Grenze warten die ersten Aufständischen, Revolutionäre, wie sie sich selbst nennen, einige in Jeans, T-Shirt und Turnschuhen, andere tragen so etwas wie eine Uniform, alle aber haben die Kalaschnikow umgehängt. Sie gehört offensichtlich zur Grundausstattung eines Mannes im neuen Libyen. Mit dem Einverständnis der Ägypter schieben sie hier Wache und kontrollieren und stempeln Pässe. Von hier sind es noch einmal sieben Stunden Autofahrt bis Bengasi. Die Dörfer sind heruntergekommen. Viel von Gaddafis Ölreichtum ist hier nicht angekommen. Unterwegs gibt es immer wieder Kontrollposten, aber selten Kontrollen, alles freundliche junge Männer in selbstgeschneiderten Uniformen, wie wir sie schon von der Grenze kennen, auch sie alle mit den unvermeidlichen Sturmgewehren ausgerüstet. Manche sehen mit ihren Vollbärten abenteuerlich aus, sind aber freundlich, manche geradezu herzlich: »Journalisten seid ihr? Entschuldigt, wenn wir euch angehalten haben. Herzlich willkommen im freien Libyen.«

Nicht immer wurden deutsche Journalisten so freundlich empfangen. Nach der Enthaltung des deutschen Vertreters im UN-Sicherheitsrat bei der Abstimmung über die Einrichtung einer Flugverbotszone über Libyen am 17. März 2011 wollten die libyschen Wächter an der Grenze mit Ägypten deutsche Journalisten erst gar nicht ins Land lassen. Bis zu sechs Stunden wurden deutsche Mitarbeiter von Hilfsorganisationen gelegentlich aufgehalten, ehe sie weiterreisen durften. Und in Bengasi weigerten sich damals Hoteliers, an Deutsche Zimmer zu vermieten. Man hielt sie für Verräter, die heimlich mit dem Feind paktieren.

Besser gelitten als die Deutschen sind die Amerikaner, die Franzosen, und selbst Reisende aus der ehemaligen Kolonialmacht Italien werden schneller abgefertigt. Doch inzwischen hat sich die Empörung über die deutsche Enthaltung wieder gelegt. Alle waren willkommen im neuen Libyen, als wir die Grenze passierten.

Auf den letzten 150 Kilometern vor Bengasi fahren wir durch eine grüne Berglandschaft, dem Jebel Ahdar. Getreide wird hier angebaut. Auf frischen Wiesen weiden Kühe und Schafe. Das Grün ist eine Wohltat fürs Auge nach den vielen Stunden Fahrt durch die eintönigen Wüstenlandschaften. Schroffe Schluchten haben sich in die bewaldeten Hügellandschaften gegraben. Nur dünn besiedelt ist dieses felsige Küstengebirge.

Das ist die Welt einer libyschen Legende: Omar Mukhtar, Widerstandskämpfer gegen die Kolonialmacht Italien, hatte sich in den Höhlen der zerklüfteten Berge in den zwanziger Jahren mit seinen Kämpfern versteckt und von hier gegen die italienischen Besatzer gekämpft. Das erzählt uns unser Fahrer voller Stolz. Jedes Schulkind lernt auch heute noch Mukhtars Geschichte. Ein frommer Mann war er, der sich von Gott berufen fühlte, gegen die Ungläubigen zu kämpfen, die seine Heimat besetzt hatten. Einen heiligen Krieg hatte er als Anführer des antikolonialen Widerstands gegen die Besatzer ausgerufen. Und er hatte Erfolg.

Immer wieder gelang es ihm, obwohl an Waffen und Truppen weit unterlegen, den italienischen Einheiten hart zuzusetzen und ihnen hohe Verluste beizubringen. Als die römischen Generäle merkten, dass sie gegen den Volkshelden aus der Kyrenaika, einer der drei Großprovinzen Libyens, nur wenig ausrichten konnten, rächten sie sich grausam an der Bevölkerung. Sie ließen die Brunnen der Bauern zuschütten und deren Vieh abschlachten. Über 110 000 Libyer nahmen sie als Geiseln, das waren damals zwei Drittel der Bevölkerung Ostlibyens, und sperrten sie in Konzentrationslager ein.

Omar Mukhtar sollte so von der Bevölkerung isoliert und gezwungen werden, sich zu ergeben. Entweder er oder die Bevölkerung – so lautete damals die brutale Kolonialpolitik Italiens. Gottergeben und todesmutig gab Mukhtar damals die Parole aus: »Wir werden uns nicht ergeben. Wir siegen, oder wir sterben!«

Die letztere Alternative sollte sich auf das Schrecklichste erfüllen. Erst starben die Geiseln. Über 70 000 Libyer kamen damals in den Lagern durch Hunger, Krankheit, Verzweiflung ums Leben. Dann starb er. Bis 1931 hatte Mukhtar Widerstand leisten können, dann geriet er in einen Hinterhalt und wurde gefangengenommen. Der italienische Gouverneur, Marschall Pietro Badoglio, verurteilte ihn zum Tod durch Hängen. 20 000 Libyer wurden am 16. September 1931 auf Befehl dieses italienischen Oberkommandierenden zusammengetrieben und mussten der Hinrichtung des 73-jährigen Widerstandskämpfers beiwohnen. In Ketten gelegt, führten ihn Soldaten zum Galgen. Zur Abschreckung und Demütigung eines ganzen Volkes. So hatte die italienische Kolonialmacht gehofft. Man wollte die Erinnerung an ihn auslöschen.

Doch es nützte nichts. Mukhtar wurde zur Legende. Noch heute sind die Libyer stolz auf ihn, jeder kennt seine Heldentaten: wie er sich in den Kalksteinhöhlen des Jebel Ahdar, der Grünen Berge, versteckt und dort seine Überfälle auf die italienischen Truppen geplant hatte. Mit welcher Kühnheit er mit seinen wenigen Getreuen überlegene italienische Truppen angegriffen und vernichtet hatte. Er, der einfache Koranlehrer, gegen Offiziere, die Militärakademien besucht hatten. Wie er immer wieder seinen italienischen Verfolgern entkommen konnte. Wie schlau er war, wie dumm seine Gegner. Der Mut der Verzweifelten, die Kühnheit der Unterlegenen. Alles Geschichten, von denen die Aufständischen heute wieder glauben, dass sie sie achtzig Jahre nach Mukhtars Tod neu erleben und erleiden müssen im Osten Libyens.

Dieser weißhaarige, würdevoll aussehende Anführer des Aufstands zu Beginn des letzten Jahrhunderts beseelt die Herzen der Ostlibyer heute noch und gibt ihnen Kraft und Zuversicht, hören wir immer wieder. Sein Bild haben Taxifahrer in Bengasi auf ihre Rückscheiben geklebt, unzählige Plakate sind damit geschmückt, Künstler malen sein Porträt großflächig auf Hauswände. Mukhtars Parole vom Siegen oder Sterben haben die Aufständischen gleich zu Beginn des Bürgerkriegs für sich gewählt.

Auch unser Fahrer Wael geriet ins Schwärmen, als wir durch diese schöne Landschaft fuhren: »Mukhtar, das ist unser Held. Und er ist unser Vorbild.«

Erst als wir ihm sagten, auch Gaddafi berufe sich schon lange auf diese Legendengestalt aus der Kolonialzeit, verfinsterte sich sein Gesicht.

»Wie könnt ihr so etwas sagen? Mukhtar ist unser Held. Er hat im Osten gekämpft, nicht im Westen.«

Er gibt Gas, und bis Bengasi spricht er kein Wort mehr mit uns.

Bengasi, die Hauptstadt der Aufständischen gegen Gaddafi, ist die zweitgrößte Stadt des Landes und lange nicht so gepflegt und wohlhabend wie Tripolis. Der Müll türmt sich in den Gassen. Die Straßen sind voller Löcher, viele zwischen den einfachen Häusern unbefestigt. Bei Regen waten die Bewohner durch tiefen Schlamm. An den Rändern der Stadt stehen Plattenbauten nach ostdeutschem Vorbild. Die Armut kann sich nicht verstecken in Bengasi. Das Geld blieb offensichtlich dort, wo Gaddafi wohnt und seine Anhänger hat.

Nicht nur war diese Stadt im Osten schon immer aufsässiger als jede andere in Libyen, sie war seit dem ersten Tag der Revolution Gaddafis im Jahr 1969 ihm nie wirklich freundlich gesonnen. Er wusste das, ihm war klar, dass er hier nicht geliebt wurde, und das muss ihn tief getroffen haben, erzählte man uns sogar in Tripolis. Er hat versucht, es ihnen heimzuzahlen, diesen Ostlibyern, indem er ihnen demonstrativ seine Zuneigung verweigerte.

»Er war in den fast 42 Jahren seiner Diktatur nur einmal hier«, erzählen uns Menschen in Bengasi, »nicht, dass wir ihn vermisst haben. Aber es ist doch bezeichnend für sein Verhältnis zu uns.«

Und Gaddafi, so erzählt man in Bengasi, soll tatsächlich geglaubt haben, sie hier im Osten hätten sich abgestraft gefühlt durch diese als Rache gemeinte Missachtung des Revolutionsführers im fernen Tripolis.

Auch Bengasi hat einen Tahrir-Platz. Offiziell hieß er vor dem 17. Februar 2011 Gerichtsplatz, dort begannen Mitte Februar die Demonstrationen. Danach haben ihn die meisten Bewohner der Stadt in Tahrir-Platz umgetauft. Das Gerichtsgebäude, das unmittelbar an den Platz angrenzt, war eine der ersten staatlichen Einrichtungen, die die Demonstranten in Brand gesetzt hatten. Kein Zufall, denn die Einwohner der Stadt sahen in diesem von den Italienern errichtete Gebäude eine bis dahin kaum einnchmbare Festung des Unrechts, in die man leicht hineinkam, aber nur sehr schwer wieder heraus.

Frei waren die Richter nicht, die in diesem Gebäude arbeiteten. Ihre Urteile wurden von der Staatssicherheit diktiert und lagen fest, ehe der Prozess begonnen hatte. Lange Gefängnisstrafen oder gar Todesurteile gegen Oppositionelle gehörten zum Alltag der Richter, Erbarmen oder gar Verständnis durften sie nicht haben für die Angeklagten, die vielleicht demonstriert hatten, die sich vielleicht auch mit Gewalt gegen Gaddafis Gewalt zur Wehr setzen wollten, die vielleicht auch nur nein gesagt hatten zu Gaddafi. Das reichte in vielen Fällen schon, um vor einen der Richtertische in dem Gerichtsgebäude geschleppt zu werden.

Und aus Bengasi kamen besonders viele dieser Neinsager, liberale wie streng Religiöse, Islamisten wie Sozialisten, Stämme probten hier den Aufstand gegen Gaddafi, Familien stellten sich geschlossen gegen ihn. Sie alle lehnten Gaddafi einmütig ab. Er schlug jedes Mal erbarmungslos zurück. Die Gefängnisse füllten sich in den neunziger Jahren. Immer wieder kam es zu Aufständen in den Haftanstalten, die Gaddafis Sicherheitskräfte regelmäßig niederschlugen.

An eine besonders blutig niedergeschlagene Gefängnisrevolte erinnert eine Ausstellung in einem der Zelte auf Bengasis Tahrir-Platz. Am 29. Juni 1996 hatten politische Häftlinge im Gefängnis Abusleem bei Tripolis gegen die katastrophalen Haftbedingungen protestiert. Manche forderten nur ein ordentliches Gerichtsverfahren, weil sie seit Jahren ohne Urteil im Gefängnis einsaßen.»Wir wollen nur wissen, wessen wir beschuldigt werden.« Selbst solche Fragen galten schon als eine Herausforderung des Regimes, das sofort die berüchtigte »Mihimid«-Brigade gegen das Gefängnis Abusleem in Marsch gesetzt hatte. Ihre Angehörigen gelten als besondere fanatisch, zum Töten trainiert und Gaddafi treu ergeben.

Diese uniformierten Killer umstellten das Gebäude mit ihren Panzern, durchkämmten Gebäude für Gebäude, Stockwerk für Stockwerk, Zelle für Zelle auf der Suche nach aufständischen Gefangenen und erschossen jeden, den sie fanden. So gut wie keiner der nur schwach bewaffneten Gefangenen hatte eine Chance, den Soldaten zu entkommen. Wer die erste Mordwelle überlebt hatte, wurde im Gefängnishof zusammengetrieben. Sie mussten sich an einer Wand aufstellen. Dann gab ein Offizier den Schießbefehl, und Soldaten erschossen mit Maschinengewehren die Häftlinge.

Rund 1200 politische Gefangene sollen die libyschen Sicherheitskräfte in der Haftanstalt ermordet haben, darunter zahlreiche politisch aktive Islamisten. Viele dieser Opfer stammten aus Bengasi und Umgebung. Ihre Angehörigen ahnten zwar bald, dass etwas Fürchterliches passiert sein musste in Abusleem, doch sie durften keine Fragen stellen und nicht darüber reden, und beerdigen konnten sie ihre Toten auch nicht. Die waren, so erzählt man in Libyen, an der südlichen Gefängnismauer verscharrt worden.

Wenn Tripolis fällt, so sagen die Angehörigen Anfang Mai 2011, dann werden wir sie ausgraben und würdig nach islamischem Brauch bestatten. Damals durfte niemand Trauer zeigen, das hätte jeden als Sympathisanten verdächtig gemacht. »Abusleem« wurde zum Synonym für die Unbarmherzigkeit des Gaddafi-Regimes, über die man vor dem 17. Februar 2011 höchstens tuscheln konnte.

Ganz zum Schweigen bringen konnte das Regime die Angehörigen aber nicht. Erst vor einem Jahr gab es in Bengasi Demonstrationen gegen Gaddafi zum Gedenken an die Ermordeten. Die Sicherheitskräfte zerschlugen auch diese Kundgebung. Erst seit dem 17. Februar können die Angehörigen ihrer Toten gedenken, ohne Angst haben zu müssen. Eines der Zelte auf dem Tahrir-Platz ist ganz diesem Massaker gewidmet. Es zeigt Fotos der Toten. Angehörige pilgern täglich hierher. Zum ersten Mal können sie öffentlich trauern. Fünfzehn Jahre nach dem Massenmord in dem Gefängnis Abusleem bei Tripolis.

Nicht wenige dieser Ermordeten waren in dem ehemaligen Gerichtsgebäude am heutigen Tahrir-Platz verurteilt worden. Dieses Gebäude mit den rußigen Brandspuren in den Fensterhöhlen haben Künstler aus Bengasi heute in eine Art Ehrenmal für die Märtyrer der Revolution von 2011 umgestaltet. Großformatige Bilder sind an der Fassade des Hauses befestigt und zeigen die Gesichter der im Kampf gegen die Gaddafi-Truppen Gefallenen. Fast alle sind erschreckend jung, viel zu jung für das, was sie tun mussten, manch einer hat ein naiv-freundliches Milchgesicht, glatt und unverbraucht, weil er noch keine schlimmen Erfahrungen gemacht hat. Dabei haben diese halben Kinder mit Kalaschnikows in der Hand gegen erwachsene Soldaten gekämpft, haben wirklich geglaubt, dass es für sie nur zwei Alternativen gibt, siegen oder sterben, und dass ihr Tod für die Sache der Freiheit entscheidend sei.

Gesiegt haben die halben Kinder nur ein bisschen, ihr Einsatz hat geholfen, die Gaddafi-Truppen bis hinter die Stadt Aschdabija zu vertreiben, Bengasi ist frei seit vielen Wochen, die meisten anderen Städte noch nicht. Und wie es mit dem Sterben war für diese halben Kinder, werden wir nie erfahren. Jetzt hängen ihre Porträts an der Fassade des Gerichtsgebäudes und werden mit den vielen anderen verehrt, fast wie Heiligenbilder.

Im Treppenhaus des Gerichtsgebäudes haben Maler ihre Wut auf den Tyrannen auf die Wände gezeichnet. Böse Karikaturen sind es. Gaddafi als Blutsauger, Gaddafi mit gespaltenem Kopf, Gaddafi als ein Nazi, dem Blut aus dem Mund tropft. Alles Zerrbilder des Tyrannen, damit vermutlich sein wahres Gesicht, das über vierzig Jahre keiner so sehen, geschweige denn zeichnen durfte, sonst wäre er selbst vor eben diesem Gericht gelandet. Jetzt ist Gaddafi endlich dort, wenn auch erst als Karikatur. Es ist Anfang Mai. Noch hat keiner die Hoffnung aufgegeben.

»Wir werden siegen oder sterben«, hören wir immer wieder auf dem Platz. Die Front hat sich in den letzten beiden Wochen keinen Meter bewegt.

Das Gericht und alle angrenzenden Gebäude sind von den jugendlichen Demonstranten okkupiert. Künstler sind eingezogen, sie malen die Gerichtssäle bunt aus. Zum ersten Mal herrscht so etwas wie eine fröhliche Stimmung in diesen Räumen, in denen Menschen Todesängste ausgestanden haben. Draußen vor dem Gericht werden Fahnen und Fähnchen verkauft, Sticker und Anstecker, Postkarten und Abziehbilder, alles in den neuen Farben rot, schwarz, grün. Das Geschäft geht gut. »Wir sind ein Stamm in Libyen.« Mit solchen Sprüchen wollen die Jungrevolutionäre die Teilung des Landes überwinden.

Neben der neuen libyschen Fahne wehen die der Länder, die die Revolution unterstützen, die amerikanische Flagge am häufigsten, aber auch die französische, italienische und türkische. Eine schwarz-rot-gelbe Fahne sucht man vergebens. »Die Deutschen schauen zu, wie wir abgeschlachtet werden«, das war sicherlich das ungerechteste Urteil eines Libyers über die deutsche Libyenpolitik.

Aber auch der Sprecher der Übergangsregierung, Abdul Hafiz Ghoga, wundert sich: »Man kann nicht neutral bleiben in diesem Konflikt. Man muss ein Regime wie das von Gaddafi verurteilen, besonders als demokratischer Staat, und uns unterstützen. Niemand hier versteht die Zurückhaltung der deutschen Regierung.«

In Wirklichkeit fließt viel deutsches Geld über die EU in den Osten Libyens, es gibt aber keine deutschen Helfer in Bengasi, so wie es türkische Sanitäter, italienische Ärztinnen und britische Techniker gibt. Zeigt sich einer dieser ausländischen Helfer auf dem Tahrir-Platz, hat er gleich hundert Freunde, die ihm die Hände schütteln, ihn einladen oder ihm auch nur zuwinken. Die Hilfe dieser Länder hat Gesichter, die deutsche nur eine Kontonummer.

Abends auf dem Tahrir-Platz vor dem ehemaligen Gericht. Jetzt versammelt sich Bengasis Jugend, einige in Uniform, die meisten in Jeanszivil. Sie lärmen, schießen mit ihren Kalaschnikows in die Luft, dass es kracht, als müsse Bengasi jeden Abend neu befreit werden. Andere kommen mit ihren Motorrädern und drehen die Motoren voll auf. Ein Höllenlärm jedes Mal. Geschrien wird immer, auch getanzt. Freitags beten sie auf dem Platz. Das ist eine Selbstverständlichkeit für sie. Mit einem Vorbeter, der auf dem Podium predigt, auf dem später Bands spielen werden. Auch das passt für sie zusammen, die Traditionen und der Westen, im Augenblick ist das noch kein Widerspruch für die Jungrevolutionäre. Sie fühlen sich stark und wissen doch, dass alles noch lange dauern und noch viele Tote und Verwundete kosten wird. Manchmal sieht man Verletzte im Rollstuhl sitzen oder auf Krücken über den Platz humpeln. Als Märtyrer lassen sie sich feiern.

Frauen sieht man so gut wie nicht – außer in einem besonderen, mit einem hohen Bretterzaun abgetrennten Bereich. Hinter diesen Verschlägen dürfen Frauen demonstrieren, tiefverschleiert die meisten, das Mindeste ist ein Kopftuch. Mädchen mit offenen Haaren zeigen sich nicht.

»Das mit den Frauen, das ist unsere Tradition«, erklären uns ein paar Jungen ungerührt.

Die Revolution hat auch solche Züge. Unter Gaddafi gab es diese Käfighaltung von Frauen nicht.

»Wir alle waren in einem Käfig«, erklären uns dieselben Jungs auf dem Platz verärgert und spüren nicht den Zynismus, der in dieser Feststellung steckt.

Doch neben solchen Freiheitsgefühlen mit Misstönen herrscht auch viel Angst und Misstrauen in Bengasi, besonders unter den Mitgliedern der Übergangsregierung. Man traut der Lage auch vier Monate nach Ausbruch der Revolution noch nicht, auch wenn es unwahrscheinlich ist, dass Gaddafis Truppen bis in die Rebellenhauptstadt kommen. Nachts allerdings wird noch viel geschossen in Bengasi, manchmal hört es sich an, als kämpften zwei Maschinengewehre miteinander. Und wenn anschließend eine Ambulanz mit Sirene durch die Straßen heult, dann hat es zumindest Verletzte gegeben. Gaddafis Scharfschützen sollen immer noch ihr Unwesen treiben, wird uns erzählt. Eine »fünfte Kolonne« des Diktators soll nachts Bengasi unsicher machen.

Besondere Sorgen müssen sich offensichtlich Mitglieder des Übergangsrats machen. Wer ihm alles angehört, ist immer noch nicht bekannt. Rund dreißig Mitglieder soll er haben. Zusammen aufgetreten sind sie bisher noch nicht in der Öffentlichkeit. Sie tagen lieber im Verborgenen. Das ist für sie selbst sicherer, aber auch für ihre Angehörigen, besonders wenn diese in den Teilen Libyens leben, die von Gaddafi kontrolliert werden. Und wenn man ein Mitglied dieser nicht gewählten Regierung endlich kennengelernt hat, dann stellt es sich vor: »Ich heiße Dr. Muhtar. Mehr werde ich nicht verraten. Ich habe Familie auf der anderen Seite.« Der Vorname muss reichen, der Nachname bleibt streng geheim.

Wir hatten noch Glück gehabt; denn mit Journalisten treffen sich die neuen Politiker nur selten. Am liebsten schicken sie als ihren Sprecher Abdul Hafiz Ghoga vor. Sie wissen, Gaddafi schreckt vor nichts zurück. Die neue Freiheit hat vielen die Angst vor dem langen Arm des Diktators noch nicht genommen

Es ist eine Frau, die solche Angst nicht zu kennen scheint, die furchtlos in der Öffentlichkeit auftritt, obwohl sie schon Morddrohungen bekommen hat. Doch das schreckt sie nicht. Das ist zumindest unser Eindruck, als wir ihr zum ersten Mal begegnen: Iman Bugaighis, unerschrocken, revolutionsbegeistert und dennoch nüchtern beobachtend. Zusammen mit ihrer Schwester Alma war sie in Bengasi vom ersten Tag der Revolution an dabei, erklärte in Fernsehinterviews die komplizierte Lage im Osten Libyens. Kurz: Sie war in den ersten zwei Monaten das Gesicht der Revolution in Bengasi. Ihr prosaisches Fazit drei Monate nach Beginn des Aufstands lautet: »Es war nicht die Stärke der Aufständischen, die zum Erfolg geführt hat, sondern es waren die Schwäche und die Fehler des Regimes.«

Für Bugaighis beginnt der Aufstand schon zwei Tage früher, am 15. Februar und nicht erst am 17.: »An diesem Tag machte das Regime seinen ersten großen Fehler. Es verhaftete den Anwalt Fathi Tarbil, der Angehörige von Opfern des Abuseem-Massakers vertreten hatte. Es wurden mit ihm zusammen noch andere verhaftet, aber dieser eine Menschenrechtsanwalt war wichtig; denn er hatte sehr engagiert viele Jahre Angehörige der

Ermordeten vertreten. Und als die von seiner Verhaftung hörten, gingen sie am 15. Februar sofort auf die Straße. Abends musste er wieder freigelassen werden. Die Sicherheitsbehörden hatten versucht, ihn zu zwingen, den ›Tag des Zorns‹ am 17. Februar wieder abzusagen.«

Er weigerte sich, das läge jetzt nicht mehr in seiner Hand: »Es ist zu spät. Sie lassen sich nicht mehr stoppen.«

Die Stasi-Leute redeten auf ihn ein: »Verhindere die Demonstrationen! Mach Schluss damit, bevor es ein Unglück gibt.«

Der Anwalt lehnte ab.

Selbst Abdallah Sanoussi, der Schwager Gaddafis und zuständig für dessen Sicherheit, flehte ihn an, die Demonstranten irgendwie zu stoppen und die Proteste zu verhindern. Sie hatten Angst vor diesem »Tag des Zorns« in Bengasi und den übrigen Städten des Landes, zu dem die Angehörigen der Opfer des Massakers von Abusleem aufgerufen hatten. Außerdem die Rechtsanwälte von Bengasi. Seit Januar 2011 konnte das ganze Land diese Aufrufe bei Twitter und Facebook nachlesen.

»Sie waren äußerst beunruhigt«, erzählt Iman, »offensichtlich ahnten sie, was passieren wird. Der Anwalt forderte sie auf, an dem Tag auf Gewalt ganz zu verzichten, die Demonstrationen einfach laufen zu lassen. Darauf wollten sie sich aber nicht einlassen. Sie hatten Angst und kannten nur Gewalt.«

Schließlich hatten sie auf *Al Jazeera* sehen können, wie schnell es in Tunesien und Ägypten gegangen war. Das muss sie schockiert haben.

»Sie konnten sich die Folgen dieses Tags des Zorns offensichtlich besser vorstellen, als wir es taten, wir hatte keine Ahnung, welche Folgen der Tag haben kann«, das war für Iman die Ausgangslage des 17. Februar, jenes Tags, an dem die Großdemonstrationen in Bengasi begannen.

Am Morgen des 17. Februar trafen sich noch wenige auf dem Gerichtsplatz, hauptsächlich Rechtsanwälte. Iman war auch dabei: »Sie haben uns aber nicht verhaftet. Wahrscheinlich fürchteten sie die Konsequenzen. Sie waren verunsichert. Wir hatten Erfolg, aber nicht wegen unserer Stärke, sondern wegen ihrer großen Fehler.« Hätten sie damals ein Massaker veranstaltet oder vor dem 17. Februar alle führenden Köpfe verhaftet, dann wäre alles sehr schnell vorbei gewesen, gesteht Iman freimütig ein. Es kamen zwar in den ersten drei Tagen im ganzen Land mehrere hundert Demonstranten ums Leben, und immer mehr Menschen in der Kyrenaika schlossen sich der Erhebung an, doch für Iman bleibt es dabei: »Es war die Revolution Gottes, ein Wunder, dass es geklappt hat«, sagt sie, »wir haben von den Fehlern des Gegners profitiert.«

»Ja, so war es«, bestätigt der prominenteste Anwalt Bengasis, Abdul Hafiz Ghoga, der heute als Sprecher des Nationalrats wohl das international bekannteste Gesicht der Stadt ist: »Es begann als Protest der Rechtsanwälte von Bengasi. Doch weil sie den Menschenrechtsanwalt am 15. verhaftet hatten, waren auch die Angehörigen der Abusleem-Opfer mobilisiert, und die rissen wiederum andere mit. Es wurde eine Massenbewegung in Bengasi.«

Am 17. Februar war Abdul Hafiz Ghoga einer der Rechtsanwälte, die vor dem Gerichtsgebäude im Hafen demonstrierten und Freiheit und Demokratie forderten. Den ganzen Tag. Am Nachmittag kam die libysche Stasi und versuchte, sie erst abzudrängen. Als das nicht half, schossen sie. Es gab die ersten Toten. Vierzehn sollen es am ersten Tag insgesamt gewesen sein. »Doch am Ende waren die Demonstranten nicht mehr aufzuhalten«, erzählt er, »die haben zwar viele festgenommen, von denen einige heute noch im Gefängnis sind. Es half dem Regime nicht mehr.«

Ihn erwischte es 48 Stunden nach diesem »Tag des Zorns« am 17. Februar. Frühmorgens am 19. Februar kam die Staatssicherheit zu ihm nach Hause und teilte ihm mit, er sei verhaftet. Die Geheimdienstler verbanden ihm die Augen, führten ihn zu ihren Autos und brachten ihn ins Gefängnis. Dort sperrten sie ihn erst einmal in eine Zelle. Mittags holten sie ihn und brachten ihn ohne weitere Erklärung zu einem Flugzeug. Es startete sofort. Ziel unbekannt. Er fürchtete Schlimmes, hatte mit seinem Leben eigentlich schon abgeschlossen. Werden sie ihn irgendwo über der Wüste aus dem Flugzeug werfen? Was hatte er schon zu erwarten von einem Regime, das ohne mit der Wimper zu zucken in einem Gefängnis 1200 Menschen kaltblütig erschießen lässt, obwohl diese ihm gar nicht mehr gefährlich werden konnten?

Er war eine Gefahr für das Regime. Er war Oppositionsführer und Vorsitzender der Rechtsanwaltskammer des Landes. Er war in der Lage, die Menschen in Bengasi zu mobilisieren, sie hörten auf ihn. Wenn er zur Demonstration aufrief, dann kamen sie. Das hatten die letzten Tage bewiesen. Also konnte es nur das eine sein: »Sie werden mich ermorden.« Etwas anderes konnte er sich nicht vorstellen.

Doch es kam ganz anders. Das Flugzeug landete in der Hauptstadt Tripolis. Sie transportierten ihn an einen unbekannten Ort. Dort musste er die Nacht in einer Zelle verbringen. Noch immer wartete er darauf, dass sie kamen und die Tür aufschlossen, um ihn zu ermorden. Schlafen in dieser Nacht? Undenkbar. Doch sie kamen nicht.

Am nächsten Morgen brachten sie ihn zu einem hohen Sicherheitsbeamten, der sich freundlich erkundigte: »Wie geht es dir? Brauchst du irgendwas?« Dann telefonierte der Sicherheitsbeamte mit Abdul Hafiz Ghogas Kollegen in Bengasi, die sofort drohten, die Gerichtsgebäude der Stadt in Schutt und Asche zu legen, wenn ihm etwas zustoßen sollte. Auch in Tripolis hatten sich Anwälte vor dem Gerichtsgebäude versammelt und forderten seine Freilassung. Und tatsächlich, das wirkte. Die Sicherheitskräfte fürchteten, der revolutionäre Funke könnte auch auf die Hauptstadt überspringen. Der damals schon im ganzen Land bekannte Rechtsanwalt Ghoga kam wieder frei und konnte nach Bengasi zurückkehren.

»Es war aber keine Revolution der Rechtsanwälte!« Man kann den Ärger in Iman Bugaighis Stimme gut hören, als sie dies bei unserem Gespräch im Hotel sagt. »Es waren auch Geschäftsleute bei der Revolution, Handwerker und vor allem junge Leute waren dabei. Es waren nicht allein die Rechtsanwälte, die die Revolution gemacht haben in Bengasi«, sagt sie noch einmal sehr deutlich, »auch wenn die das gern verbreiten.« Sie selbst lehrt Kieferorthopädie an der Universität Bengasi. Während der ersten Wochen der Revolution hatte sie als eine der Sprecherinnen der Revolution gearbeitet. Sie und ihre Schwester Alma waren das Gesicht der Revolution in den ersten Wochen. Später zog sie sich wieder zurück – wegen ihrer elfjährigen Tochter, erklärt sie heute.

Das Schöne an dieser Revolution sei gewesen, so fährt sie energisch fort, dass alle Schichten mitgemacht hätten, die reichen Familien mit ihren großen Häusern und den Swimmingpools, wie sie selbst eines habe, aber auch die Ärmeren, vor allem aber die jungen Leute, auf die die Soldaten als erstes geschossen hätten. Das Regime ahnte offensichtlich schon früh, dass sich auch in Libyen so etwas wie in den beiden Nachbarländern Tunesien und Ägypten zusammenbrauen kann.

Zwei Wochen vor dem entscheidenden 17. Februar kamen Sicherheitsleute in die Rechtsanwaltskammer in Bengasi, erzählt uns nach einem Interview der Vorsitzende dieser Kammer, Abdul Hafiz Ghoga. »Es war der 6. Februar. Sie forderten uns auf, mit ihnen mitzukommen. Sie brachten uns nach Tripolis, und wir dachten, wir sollten mit Staatsschutzgenerälen diskutieren oder sie würden uns einsperren. Ganz falsch. Die brachten uns ganz woanders hin. Plötzlich standen wir vor ihm, Muammar al-Gaddafi höchstpersönlich. Für mich war es das erste Mal, dass ich ihm begegnet bin.«

Abdul war als Vorsitzender der libyschen Rechtsanwaltsvereinigung der Sprecher der vierköpfigen Delegation. Er trug Gaddafi ihre Forderungen vor: Pressefreiheit, echte Wahlen zu einem Parlament, das tatsächlich Gesetze verabschieden kann, eine Verfassung für das Land und vor allem für die Jugend Arbeitsplätze und Ausbildung.

»Er wollte genau wissen, was wir in Bengasi wollten. Ich hatte den Eindruck, er hört uns aufmerksam zu, als ich ihm von unseren Forderungen nach Reformen berichtete«, erzählt uns der schlanke Rechtsanwalt in seinem großen Büro, in dem er als Regierungssprecher und Mitglied des Übergangsrates arbeitet.

Gaddafi reagierte mürrisch bei dem Treffen, versprach aber immerhin, die Reformen werden kommen, genauso wie wir sie verlangen. Die seien schon in Arbeit. Wir sollten das mit dem »Tag des Zorns« doch lassen. Er war genau informiert über unsere Pläne.

»Ihr müsst wissen«, warnte er uns, »die Libyer wollen das alles eigentlich nicht. Die wollen ein großes Auto, eine gute Wohnung, ihre Familie und genug zu essen und zu trinken. Das ist alles.« Außerdem seien die Libyer einfache Menschen, die sich nicht um Facebook und Twitter kümmern, diese »Facebook-Jungen« hätten keine Chance mit ihren Protesten, aber er drohte uns nicht: »Lasst das doch. Ihr habt doch genug Geld«, das war sein Hauptargument.

Dann legte Gaddafi die übliche Platte auf, erzählt Abdul Hafiz Ghoga weiter von dieser denkwürdigen Begegnung, er jammerte, er habe doch überhaupt keine Macht. Das Volk würde ohnehin schon regieren: »Wir sind schon lange eine Demokratie.« Er ist überzeugt von dem, was er sagt. Er riet uns noch einmal eindringlich, den »Tag des Zorns« abzusagen, der ihm und den anderen, die bei ihm waren, große Sorgen zu bereiten schien.

Während wir mit ihm sprachen, hatte er heimlich das Haus der Rechtsanwaltskammer in Bengasi beschlagnahmen und besetzen lassen. »Ihr bekommt alles zurück, wenn der Tag des Zorns nicht stattfindet,« versprach er nach neunzig Minuten.

»Damit waren wir entlassen.«

Die vier Rechtsanwälte beschlossen, der »Tag des Zorns« muss stattfinden, und kehrten nach Bengasi zurück.

Für das Regime war der Versuch gescheitert, diesen Tag des

Protestes noch einmal abzuwenden. Die Dinge nahmen ab da ihren bekannten Lauf.

Diese Einladung war nicht der erste Versuch des Regimes gewesen, Proteste und Demonstrationen zu verhindern. Seit Januar 2011 hatte es immer wieder Anstrengungen unternommen, einer Entwicklung wie der in Ägypten oder Tunesien zuvorzukommen. Die schnellen Rücktritte seiner beiden Kollegen aus den Nachbarländern müssen Diktator Gaddafi schockiert haben. Das Regime versuchte zum Beispiel, den jungen Libyern sprichwörtlich die Lust am Protest abzukaufen; denn es ahnte offensichtlich, wer ihr ärgster Feind sein würde, nämlich die unzufriedene, desillusionierte, arbeitslose Jugend des Landes, die schon lange den Glauben an das Regime verloren hatte. Gaddafi ließ die Gehälter aller Staatsbeamten verdoppeln, die Stipendien auch. Die Regierung bot billiges Geld für Autos oder was auch immer sich die Libyer wünschten. Es gab natürlich junge Leute, die das Geld genommen haben.

»Und ich war der Meinung, unsere Jugend ist noch nicht reif für eine Revolution. Sie können verführt und gekauft werden. Man bot ihnen auch billige Kredite an, damit sie sich ein Geschäft einrichten konnten. Das Regime hat versucht, die Jugendlichen zu bestechen, sie regelrecht zu kaufen. Eine Woche vor dem 17. Februar hatte es die Jugendlichen mit sehr viel Geld überschüttet«, erzählt Iman, »und wir dachten, die sind bestechlich.«

Welch ein Irrtum! Es waren die jungen Leute von Bengasi, die vom ersten Tag an dabei waren und die den höchsten Blutzoll zahlten in dieser Revolution.

Kleingläubig und eher verzagt waren sie und ihre Freunde auch im Januar gewesen, gesteht Iman, damals als sie in den arabischen Nachrichtensendern die Berichte über die Revolutionen in Tunesien und Ägypten sahen. Keiner konnte sich eine erfolgreiche Revolution in Gaddafis Land vorstellen. Keiner glaubte an ein schnelles Ende Gaddafis. Die Geheimdienste werden das schon verhindern, so die Meinung vieler in Bengasi.

»Nach Ägypten und Tunesien wird Algerien dran sein. Davon waren wir überzeugt«, dachten Iman und ihre Schwester damals, »Libyen wird das letzte Land sein, in dem eine Revolution ausbricht, wenn überhaupt.« Auch dies ein großer Irrtum, den Iman heute gern zugibt.

Wichtig für den Erfolg der Erhebung im Osten Libyens war sicherlich auch der Seitenwechsel von Fatah Yunis, einem engen Weggefährten Gaddafis und bis zum 23. Februar dessen Innenminister. Mit ihm liefen Einheiten der libyschen Armee zu den Rebellen über. Außerdem wechselten die Wirtschaftspolitiker Mahmud Dschibril und Ali Tarhuni die Seite. Dschibril, der in den USA an der Universität Pittsburgh Wirtschaftswissenschaften studiert und anschließend dort einige Jahre gelehrt hatte, wird mit Zustimmung des Westens Chef der Übergangsregierung, die sich allerdings nur halten kann, weil die Kampfflugzeuge der NATO die Truppen Gaddafis in Schach halten.

Der massivste Widerstand kam von den vom System enttäuschten Jugendlichen selbst. Die meisten Opfer der ersten Tage nach dem 17. Februar waren junge Männer, die anfangs friedlich demonstriert hatten. Von Gaddafis Sicherheitschef Abdullah Sanoussi stammte der Befehl, auf die unbewaffneten Demonstranten zu schießen. Erst als die Jugendlichen die Brutalität des Regimes spürten, griffen sie auch zu den Waffen. Der bewaffnete Aufstand brach los. Polizeistationen, die meistens auch das Folterzentrum der Städte waren, brannten. In Bengasi versuchten Demonstranten, eine Kaserne der Armee zu stürmen. Als diese zurückschoss, belud einer der Protestierenden sein Auto mit Sprengstoff und einem Zünder. Er rast in das Tor der Kaserne und zündete seine Autobombe. Der Selbstmordanschlag gelang, der Sturm auf die Kaserne konnte beginnen.

In fast allen Städten liefen ganze Armeeeinheiten über, oder die Offiziere gaben den Befehl zum Rückzug. Die übergelaufenen Soldaten verstärkten allerdings die Reihen der Aufständischen nur unbedeutend, wenn sie sich überhaupt ihnen anschlossen. Die libysche Armee ist schlecht ausgebildet, schlecht bewaffnet und schlecht geführt.

Der Armee hatte Gaddafi nie getraut; an ihrer Stelle hatte er seine Spezialtruppen wie die Mihimid-Brigade geschaffen, die ihn loyal und brutal verteidigen. Erst als Gaddafi diese Truppen mobilisierte, drohte sich das Blatt gegen die Aufständischen zu wenden. Seine Panzer nahmen Aschdabija ein, die letzte große Stadt vor der Rebellenhochburg Bengasi. Gegen seine Kampfflugzeuge hatten die Aufständischen keine Raketenabwehr. Ihre Sache schien schon wenige Tage nach Ausbruch der Erhebung verloren, schließlich hatten die Panzer nach der Einnahme von Aschdabija freie Fahrt bis Bengasi. Die Wüste zwischen den beiden Städten ist topfeben, das ideale Gelände für eine Panzerarmee. Gaddafis Einheiten rollten in Richtung Norden. Und es schien nur noch eine Frage der Zeit zu sein, bis sie das Zentrum der Rebellen erreicht hatten.

Einige der Kampfwagen standen schon in den Außenbezirken der Stadt, als der Sicherheitsrat am 17. März, also einen Monat nach Beginn des Aufstands, endlich mit der Resolution 1973 ein Flugverbot über das Land verhängte. Die Resolution ermächtigte auch, mit Kampfflugzeugen die Zivilbevölkerung zu schützen. Mit ihren Kampfflugzeugen verhinderten Länder wie die USA, Frankreich und England schließlich, dass damals die Panzer Gaddafis in die Stadt einrollten und den Widerstand im Osten Libyens zusammenschossen.

14   Iman al-Obeidi

Widerstand spüren wir gelegentlich auch in dem Teil des Landes, den Gaddafi kontrolliert. Zum Beispiel bei Dreharbeiten für einen Beitrag der *Tagesthemen* in einer Schule in Tripolis. Alles lief so ab, wie erwartet. Kein Wort der Kritik war zu hören, jeder beschwor seine Liebe zum Bruder Führer. Wen wunderte es, hörten doch die Aufpasser überall mit. Außerdem hatten sie die Lehrer gründlich vorbereitet.

Doch als wir den Rektor baten, uns ein Interview zu geben, lächelte er nur hilflos und verwies uns an seine Stellvertreterin, die uns dann, wie zu erwarten, ein stramm linientreues Interview gab.

Als wir auf dem Weg zum Ausgang waren, flüsterte uns ein Lehrer zu: »Wir verstehen die Libyer in Bengasi. Hier gibt es etliche, die genauso denken. Nur wir können es euch natürlich nicht sagen.«

Das war ein eindeutiger und mutiger Akt, sich als Oppositioneller zu outen. So etwas kann lebensgefährlich sein in Gaddafis Libyen.

Bei einer anderen Veranstaltung in Tripolis machten wir eine ähnliche Erfahrung. Unsere ständigen Begleiter hatten uns in einem Bus zu einer Beerdigung von Kindern gefahren, die bei einer der Bombardierungen ums Leben gekommen sein sollen. Es war mehr als eine Beerdigung, es war eine der üblichen Demonstrationen des staatlich organisierten Volkszorns. Ein paar tausend meist junge Libyer skandierten auf dem Friedhof ihre

Parolen vor der Kamera. Drei Familien waren gerade dabei, die Erdhügel der Gräber mit Blumen zu schmücken, als wir ankamen. Die Särge selbst hatten wir nicht mehr gesehen.

Zufall oder Absicht?

Ein junger Libyer nahm mich beiseite und fragte mich: »Hast du die Särge gesehen? Hast du in die Särge geschaut?«

Ich musste natürlich verneinen.

Er nickte: »In den Särgen ist auch nichts drin. Alles Propaganda.«

Ich weiß bis heute nicht, ob er recht hatte. Es gehörte damals jedenfalls außerordentlicher Mut oder eine große Verzweiflung dazu, so etwas zu einem Wildfremden zu sagen.

Im Hotel haben wir erleben können, wie ein Mensch, den die Diktatur zerstört hatte, jede Angst überwindet und sich ein letztes Mal gegen das Regime aufbäumt, ehe es versucht, diesen Menschen zu vernichten. Es war am letzten Samstag im März, morgens gegen zehn Uhr, als plötzlich eine etwa dreißig Jahre alte Frau in die Hotellobby stürzte, um Hilfe schreiend und wild gestikulierend. Wir verstanden nur so viel wie: »Ich bin vergewaltigt worden. Helft mir. Gaddafis Soldaten haben mich vergewaltigt.«

Als sie versuchte, den Journalisten ihre Geschichte zu erzählen, stürzten sich Hotelangestellte und Geheimdienstler auf sie, rissen sie zu Boden. Eine Hotelangestellte beschimpfte sie, sie sei eine Verräterin, eine Hure. Die Libyer warfen eine Decke über sie, um sie zum Schweigen zu bringen, schlugen auf sie ein und zerrten an ihr, drehten ihr den Arm auf den Rücken. Sie strampelte sich immer wieder frei und schrie mit weit aufgerissenen Augen und mit von Schmerzen verzerrtem Mund – alles vor laufenden Kameras.

Wenn sie konnte, rief sie uns zu: »An einer Straßensperre bin ich verhaftet worden, sie sind über mich hergefallen und haben mich vergewaltigt. Fünfzehn Soldaten.« Sie zeigte rote Striemen im Gesicht und Schrammen und blaue Flecken an ihren Beinen.

Eine andere Gruppe von Aufpassern stürzte sich auf die Kameraleute, schlug auf sie ein und versuchte, ihnen die Kameras zu entreißen. Einen britischen Reporter boxten sie mit ihren Fäusten mitten ins Gesicht. Drei Kameras gingen zu Bruch bei der Prügelei.

Die Libyerin hatten die Hotelangestellten inzwischen in den Hotelgarten gezerrt. In unbewachten Augenblicken rief sie uns immer wieder verzweifelt ihre Geschichte zu: »Sie haben auf mich uriniert. Sie haben mir die Ehre gestohlen.« Ihr Name sei Iman al-Obeidi. Sie stamme aus Bengasi, lebe aber in Tripolis: »Angeblich sind wir doch alle Libyer, angeblich sind wir alle Brüder und Schwestern, aber seht, was Gaddafis Soldaten mir angetan haben. Sie haben mir die Ehre geraubt.« Ihre Stimme überschlug sich vor Verzweiflung.

Als die gefürchteten Männer in Lederjacken und mit den großen Sonnenbrillen im Gesicht sie aus dem Hotel zerrten, waren wieder alle Kameras auf sie gerichtet. Wieder rief sie verzweifelt um Hilfe. Niemand konnte ihr beistehen. Sie stießen sie in ein Auto, das mit ihr davonraste. Wohin, haben wir nicht erfahren. Wo sie war, wussten wir auch lange nicht.

Wir konnten damals nicht nachprüfen, ob die Geschichte so stimmt, die sie im Hotel den Reportern zugeschrien hatte, auch nicht, wie sie ihren Peinigern entkommen war. Es gehört jedenfalls großer Mut dazu, in ein vom Geheimdienst bewachtes Hotel einzudringen und das Regime derartig entlarvend anzuklagen.

Moussa Ibrahim, der Lautsprecher Gaddafis im Hotel, ließ jedenfalls kein gutes Haar an ihr: »Sie war betrunken, stand unter Drogen, außerdem ist sie eine Hure.«

Das staatliche Fernsehen diffamierte sie noch boshafter, nachdem die arabischen Nachrichtensender über den Fall berichtet hatten. Selbst eine Hure hätte ihr Vaterland nicht so verraten, durfte die Ansagerin abends in den Hauptnachrichten vom Blatt lesen. Gemeint war damit, Iman al-Obeidi sei noch schlimmer als eine Hure. Etwas Infameres kann man über eine arabische Frau kaum sagen.

Später korrigierte sich Moussa Ibrahim, sie dürfe sich einen Rechtsanwalt nehmen und gegen die Vergewaltiger klagen. Alles ginge genau nach Recht und Ordnung in Libyen. Außerdem sei sie inzwischen bei ihrer Familie. Alles gelogen.

Als sich herausstellte, dass sie in Tripolis überhaupt keine Familie hat, beeilte er sich zu korrigieren, sie sei jetzt in einem Frauenhaus und dürfe dort nur von Frauen besucht werden.

Die Kolleginnen, die einen Besuchsantrag stellten, haben sie nie zu Gesicht bekommen. Unserer jordanischen Mitarbeiterin ließ man ausrichten, ein solcher Besuch sei doch unehrenhaft für eine Araberin.

Ob sie wirklich in einem Frauenhaus lebte, konnten wir damals zunächst nicht herausbekommen, auch nicht, ob sie überhaupt noch lebte. Normalerweise macht das Regime kurzen Prozess mit solchen Dissidenten.

Nicht in diesem Fall. Mitte April, zwei Wochen nach dem Zwischenfall in dem Hotel, konnte der amerikanische Nachrichtensender *CNN* einen Kontakt zu ihr herstellen und sie interviewen dank der Vermittlung des drittältesten Gaddafi-Sohns, Saadi al-Gaddafi. In dem Gespräch bestätigte Iman al-Obeidi, dass sie nach ihrem Auftritt im Hotel von den libyschen Sicherheitskräften in ein Gefängnis gebracht und dort misshandelt worden sei. In einem Frauenhaus sei sie nie gewesen, auch nicht bei ihrer Familie. Vom libyschen Fernsehen verlangte sie eine Richtigstellung in dem Interview, schließlich habe dieses sie in aller Öffentlichkeit diffamiert. Auf den Straßen von Tripolis sei sie erkannt worden von Passanten, die ihr zu ihrem Mut gratuliert haben. Taxifahrer hätten sich geweigert, Geld von ihr zu nehmen. Die Menschen haben ihr offensichtlich viel Sympathie entgegengebracht. Der Zorn auf das Regime sei groß bei den Menschen, behauptete sie in einem anderen Interview.

Dass sie heute noch lebt, hat sie vermutlich der intensiven Berichterstattung von *CNN* und *Al Jazeera* zu verdanken, die den Fall immer wieder aufgriffen und hartnäckig nachfragten. Ihre Familie lebt in der ostlibyschen Stadt Tobruk, also in der von den Aufständischen kontrollierten Region, mit denen sie offensichtlich sympathisiert. Auch Iman al-Obeidi hat sich in dem Interview klar für die Sache der Aufständischen ausgesprochen.

Ob ihr das in Tripolis neue Schwierigkeiten einbringt?

Das ist zu vermuten, jedenfalls bei den Gaddafi-Treuen. Die Stadt und das Land darf sie nicht verlassen. Von der Polizei wird sie rund um die Uhr überwacht und immer wieder für kurze Zeit festgenommen. Kurze Warnschüsse, die sagen sollen: »Wir können auch anders.«

»Tripolis ist ein Gefängnis«, sagte die mutige Frau in dem Interview mit *CNN*. Der Interviewer, *CNN*-Korrespondent Nick Robertson, wurde drei Tage, nachdem das Interview gesendet worden war, aus Libyen ausgewiesen.

Solche Libyer, die kein Blatt vor den Mund nehmen und sich wehren, sind jedoch eine seltene Ausnahme. Sie haben auch kaum die Unterstützung und den Schutz der internationalen Presse wie Iman al-Obeidi. Es hatte zwar auch in der Hauptstadt Demonstrationen gegen Gaddafi gegeben, sie wurden aber sehr schnell und sehr brutal niedergeschlagen. Die Mehrheit der Libyer hat sich mit dem Regime arrangiert und hat, als in den Straßen Schüsse zu hören waren, lieber zu Hause stillgehalten. Sie wissen, dass Gaddafis Geheimdienste in Nacht-und-Nebel-Aktionen Jagd auf Regimegegner machen und sie verschleppen. Die Angehörigen erfahren selten, wo die Inhaftierten sind. Die Angst vor den Männern in den Lederjacken sitzt tief bei der großen Mehrheit der Libyer.

Und dennoch hatte es in einigen Stadtteilen Tripolis Ende Februar Kämpfe gegeben zwischen Gaddafi-Gegnern und den von Gaddafi angeheuerten Söldnern. Diese Kämpfe konzentrierten sich auf Viertel, in denen unterprivilegierte Libyer leben, Libyer, die im reichen Ölland zu kurz gekommen sind, die in heruntergekommenen Plattenbauten leben müssen statt in gepflegten Staatswohnungen, in schmalen, nicht asphaltierten Gassen, in denen nach einem Regenguss das Wasser steht und die Wege in einen schlammigen Morast verwandelt. Mehrere Nächte dauerten die Kämpfe. Die afrikanischen Söldner schossen auf alles, was sich bewegte, erzählte uns eine Augenzeugin. Die libysche Armee riegelte die Viertel Tadschura und Souk al-Jumaa im Westen der Stadt mit Panzern komplett von der Außenwelt ab. Keiner konnte fliehen, keiner konnte zu Hilfe kommen. Die Trupps der schwarzen Söldner und Gaddafi-treue Milizen mit grünen Armbinden zogen von Haus zu Haus, brüllten und hämmerten mit ihren Gewehrkolben gegen die Haustüren. Sie erschossen jeden, der sich blicken ließ.

»Angst und Schrecken verbreiteten die. Es war furchtbar. Die Tochter einer Freundin ist heute noch traumatisiert«, erzählt diese Zeugin, eine Lehrerin.

Sogar mitten in Tripolis haben die Söldner kaltblütig Passanten erschossen. Tagsüber bei ihren Patrouillen in der Stadt terrorisierten sie Libyer, die das Pech hatten, ihnen zu begegnen. In ganz normalen Pkws kurvten die Söldner durch die Stadt.

»Das war besonders gemein; denn man konnte sie erst im letzten Augenblick erkennen«, erzählt unsere Informantin. »Bei mir in der Straße ganz in der Nähe des Grünen Platzes hatten sich Jugendliche einen Sport daraus gemacht, sie zu provozieren und sich, kurz bevor sie kamen, zu verstecken. Ein Junge schaute um die Hausecke. Den erschossen sie sofort. Das Blut war tagelang auf der Straße.«

Heute sieht man kaum noch Spuren dieser Kämpfe und des Terrors in Tripolis. Alles übertüncht, sämtliche Brandspuren am Parlamentsgebäude sind mit weißer Farbe übermalt, Schäden repariert. Nichts soll mehr an die kurze Revolte in der Stadt Ende Februar 2011 erinnern. Die Bewohner von Tripolis stellen keine Fragen. Begeisterte Anhänger von Gaddafi sind sie zwar nicht unbedingt, die Libyer im Westen des Landes. Widerstand gegen das Regime ist aber von ihnen jetzt noch weniger zu erwarten als früher.

Für ausländische Reporter sind Unruhestadtteile wie Fashlum tabu. »Was wollte ihr da? Geht zum Grünen Platz. Dort trefft ihr die wahren Libyer«, bekommen wir von unserem Aufpasser gesagt.

»Die Menschen wollen ihre Ruhe haben. Überall gibt es hier Ohren. Jeder kann ein Spitzel sein. Man versucht, nirgends anzuecken und dem Regime möglichst auszuweichen«, hören wir immer wieder. Das Regime hat den Menschen das Interesse an Politik systematisch ausgetrieben durch Terror und durch Wohltaten. Wer vor zehn Jahren durch Libyen reiste, fühlte sich auf den oft schlechten Straßen wie in einem Automuseum. Uralte Rostlauben waren unterwegs, vielfach repariert, die Stoßstange nicht selten mit Paketschnur an der Karosserie festgebunden. Es war die Zeit des Embargos, mit dem der Westen Gaddafis Affinität zum Terrorismus abstrafen wollte.

Diese Oldtimer sind inzwischen aus dem Straßenbild völlig verschwunden. Nach Gaddafis Kehrtwende zum Westen, seinem Verzicht auf Massenvernichtungswaffen und Offenlegung seines Atomprogramms Anfang dieses Jahrtausends vergab ihm der Westen nur allzu gern; denn das libysche Öl zählt zu dem besten. Gaddafi konnte wieder ungehindert sein schwarzes Gold nach Europa und in die USA exportieren. Amerikanische und europäische Ölfirmen wie die deutsche BASF-Tochter Wintershall bekamen wieder Großaufträge.

Wohlstand zog in das Land ein. Die Libyer verschrotteten ihre alten Mühlen und kauften sich neue Autos aus Japan oder die ganz teuren aus Deutschland. Große BMWs, Audis oder Mercedes in Luxusausführung gehören zum Straßenbild der Hauptstadt. Das Regime ließ Wohnungen bauen, großzügig bemessen und billig zu mieten. Und wer will, kann sich mit sehr günstigen Krediten vom Staat ein eigenes Haus kaufen, ausgestattet mit modernsten Elektrogeräten. Und wer krank wird, muss sich auch nicht wirklich Sorgen machen. Die medizinische Versorgung ist frei, lässt sich der Patient lieber in London oder Berlin behandeln, kein Problem, der Staat zahlt selbst kostspielige Operationen im Ausland. Und wer im Ausland studieren will, ist bestens versorgt. 1800 Euro im Monat bekommt ein Lediger, 2400 Euro ein Verheirateter als Ausbildungsbeihilfe. Damit kann man die Annehmlichkeiten des Gastlandes schon genießen.

Libyen – für Unpolitische eigentlich fast ein bequemer Ort zum Leben; man muss nur die Voraussetzungen für diese Wohltaten erfüllen: Folgsamkeit, kein Widerspruch, keine Diskussion, keine Zweifel beziehungsweise sich keine anmerken lassen, Stillhalten und Mundhalten, das reicht. Vielleicht noch gelegentlich eine grüne Fahne schwenken bei einer Pro-Gaddafi-Demonstration. »Die Menschen hier wollen ihre Ruhe«, sagte uns unsere Gewährsfrau. Über Politik werde nicht diskutiert in den Familien und am Arbeitsplatz schon gar nicht. Wer sich an diese Spielregeln hält, kann ein unauffälliges und ruhiges Leben führen in Gaddafis Libyen.

Wer dagegen verstößt, wer meint, gegen den Strich bürsten zu müssen, wer sich bei seinem Auslandsaufenthalt gar der libyschen Opposition anschließt und sich an Anti-Gaddafi-Demonstrationen beteiligt, der hat diese Wohltaten schnell verspielt und mit ihm seine Familie. Der drohen Polizeiverhöre, Entlassung aus dem Staatsdienst, Schwierigkeiten bei der Jobsuche, Druck und Drohungen, wenn nicht noch Schlimmeres. Für unpolitische Menschen kann Libyen also ein bequemes Paradies sein, für politisch denkende allerdings kann das Land sehr schnell zur Hölle werden.

Kein Wunder, dass zumindest im Westen des Landes kaum einer sein relativ komfortables Leben ernsthaft gefährden will. Kein Wunder daher auch, dass vor allem die, die wenig oder nichts hatten, im Westen zu den Waffen griffen, als im Osten zum Aufstand gerufen wurde. Die anderen, die ihren Frieden mit dem Regime gemacht haben, hielten still, vielleicht die Faust in der Tasche geballt, die Zähne zusammengebissen. Sie riskierten höchstens einmal ein paar witzige Bemerkungen, um sich Luft zu verschaffen, aber auch nur im absolut vertrauenswürdigen Freundeskreis.

Selbst mit harmlosen Anspielungen auf Gaddafis teure Afrikapolitik, so wurde uns versichert, kann man in Libyen Schwierigkeiten bekommen. »Halb Afrika finanziert er, und bei uns haben die Straßen Löcher.« Eine solche Bemerkung reicht für einen Besuch der Männer in Lederjacken, versteht sich doch Gaddafi als ungekrönter König von Afrika.

Wer allerdings geglaubt hat, durch die Bombardierung der NATO könne bei der Bevölkerung im Westen des Landes Widerstandsgeist geweckt werden, der ist einer Täuschung aufgesessen. Das Gegenteil ist der Fall: Wir haben sogar von den wenigen Gaddafi-kritischen Libyern, die sich uns in Tripolis ein bisschen geöffnet hatten, gelegentlich gesagt bekommen: »Wir haben hier zwar eine ganze Menge auszusetzen, diese Bombardierungen sind aber schlimmer. Sie verletzen unsere nationale Ehre, mit Gaddafi hat das nichts zu tun.«

Viele Menschen in Libyen erlebten den 17. Februar 2011, den Tag, an dem der Aufstand im über tausend Kilometer entfernten Bengasi begann, also als eine Art Störung dieser Friedhofsruhe, die sich schon seit vielen Jahren über das Land gelegt hatte. Ein Drittel aller Libyer lebt in Tripolis, und zwei Drittel der Bevölkerung lebt insgesamt im westlichen Teil des Landes, der nach wie vor weitgehend von Gaddafis Anhängern kontrolliert wird und der am meisten von den Wohltaten des Regimes profitiert. Es verwundert kaum, dass der Aufstand in Libyen hier nicht begonnen hat, und ob er hier endet, ist jetzt noch offen.

Das ist wichtig für den Fortgang dieser Revolution, die eindeutig aus dem Osten kam. Nicht das ganze Volk hat also gegen den seit bald 42 Jahren regierenden Alleinherrscher zu revoltieren begonnen, sondern in erster Linie die Menschen im Osten. Im Westen blieb es dagegen weitestgehend ruhig, abgesehen vom Widerstand einiger besonders tapferer Rebellen in einigen Stadtteilen von Tripolis und zwei oder drei anderen Städten wie Az-Zawija oder – am längsten von allen – in Misurata.

Zum Beispiel Az-Zawija, eine Stadt mit rund 300 000 Einwohnern am Mittelmeer gelegen, gute fünfzig Kilometer westlich von Tripolis. Das Informationsministerium hatte am 5. April für ausländische Korrespondenten einen Ausflug in die zum Teil zerstörte Stadt organisiert. Wir sollen den Sieg der Gaddafi-loyalen Truppen besichtigen und uns über die »feindlichen Milizen« empören. Gut anderthalb Stunden dauert die Reise in dem Staatsbus. Die Fahrt – ein Stop and Go, von Straßensperre zu Straßensperre, bei jeder Sperre eine Slalomfahrt an Barrieren vorbei. Jedes Mal kontrollieren Soldaten den Bus. Jedes Auto wird durchsucht, die Fahrer müssen sich ausweisen. Wer keine Papiere dabeihat, wird aus der Autoschlange gewunken. Was mit dem Fahrer geschieht, können wir im Vorbeifahren nicht erkennen. Das Regime traut jedenfalls keinem seiner eigenen Bürger. Zu jeder Straßensperre gehört ein bedrohlich aussehender Pick-up mit aufmontierten Maschinengewehren.

In den Dörfern entlang der Straße nach Az-Zawija warten Jubellibyer auf den Bus. Sie schwenken die üblichen grünen Fahnen, schreien sich die Lunge aus dem Leib, als wäre der Revolutionsführer selbst gekommen. Manche rasen mit ihren Autos halsbrecherisch nahe am Bus vorbei, lehnen sich dabei aus dem Seitenfenster, schütteln die Fäuste und schwenken grüne Tücher. Andere sitzen auf der Kühlerhaube des fahrenden Autos, halten sich an den Scheibenwischern fest und finden sich großartig.

Alles soll spontan wirken, alles ist einstudiert. Jedes Dorf ist angewiesen worden: antreten zum Jubeln, wenn dieser Bus mit ausländischen Journalisten kommt. Es funktioniert geradezu perfekt. Arbeitslose Jugendliche gibt es schließlich in jedem

Dorf und jeder Stadt reichlich. Das Ministerium hat die Busreise gut vorbereitet. Dann ist die Stadt erreicht, in der sich so lange Rebellen gegen die Gaddafi-Truppen halten konnten.

Mehr als drei Wochen hatten sie sich verteidigen können, ehe sie von den regimetreuen Truppen sprichwörtlich niedergemetzelt wurden. Gleich zu Beginn des Aufstands hatten die Rebellen das Hauptquartier der Polizei überfallen, die Waffen mitgenommen und die Gebäude in Brand gesteckt. In der Stadt war es als Folterzentrale bekannt.

Die Begleiter des Informationsministeriums führen uns zu den ausgebrannten Ruinen. Von Beginn der Kämpfe an hatten die Aufständischen sich in einigen Gebäuden rund um den zentralen Platz der Stadt verschanzt. Besonders stark befestigt hatten sie das Hotel Jawhara und ein sechsstöckiges Verwaltungsgebäude. Von diesen Gebäuden aus hatte man einen besonders guten Überblick über den Platz. Von dort aus feuerten sie ihre Panzerfäuste auf die Stellungen der Gaddafi-Truppen, die versuchten, mit ihren Panzern über drei Zufahrtsstraßen vorzudringen und das Zentrum der Stadt zurückzuerobern; denn wer das Zentrum beherrscht, kontrolliert die ganze Stadt.

In der angrenzenden Großen Moschee richteten die Aufständischen Lager ein für Lebensmittel, für Medikamente, vielleicht auch für Munition. Außerdem versorgten hier freiwillige Ärzte die Verwundeten, in den Seitenräumen kochten Männer für die Kämpfer. In einem Park gegenüber der Moschee hatten sie ihre ersten Toten beerdigt, elf junge Männer, die gleich in den ersten Tagen der Kämpfe gefallen waren. Sie sollen im Park als Märtyrer verehrt werden. Aber nicht deswegen heißt dieses Herz der Stadt Az-Zawija der Märtyrerplatz, sondern weil hier die italienischen Kolonialherren Widerstandskämpfer hatten aufhängen lassen.

Az-Zawija am 5. April 2011, dem Tag unseres Besuches. Die Gebäude um den Hauptplatz im Zentrum der Stadt sind zerstört. Große Löcher klaffen in den Wänden. Es sind die Einschläge von Panzerfäusten und Raketen. Eisentore sind durchlöchert wie Siebe. Mehrere Stockwerke dieser Gebäude sind ausgebrannt und rußgeschwärzt.

Am 5. März hatte ein *Reuters*-Mitarbeiter aus der Stadt gemeldet: »Auf dem Pflaster der rund fünfzig Kilometer westlich von Tripolis gelegenen Stadt war Blut zu sehen, leere Patronenhülsen lagen über den zentralen Platz verstreut.«

Am 5. April versuchen wir, Menschen am Rande des Platzes zu befragen. Die meisten wollen nichts sagen, drehen sich um und gehen weg, wenn sie unsere Kamera sehen. Einer ist schließlich bereit: »Die haben die Stadt zerstört.« Er meint die Aufständischen. »Sie haben gekämpft. Einen Monat waren sie hier. Dann kam die Armee und hat sie verjagt. Die Rebellen haben die Moschee zerstört.« Ohne Kamera korrigiert er sich, es sei die Armee gewesen, die die Moschee zerstört hat. Was er wirklich denkt über die Aufständischen, können wir nicht herausbekommen. Sympathie zu zeigen wäre lebensgefährlich für ihn.

Am 5. März hatte *Reuters* gemeldet: Bewohner werfen am Telefon den Truppen Gaddafis vor, Wohnhäuser gestürmt und Zivilisten getötet zu haben. Panzer hätten Häuser und eine Moschee, in der sich Hunderte Menschen aufhielten, beschossen. »Wegen des starken Beschusses können wir niemanden retten«, sagte ein Anwohner.

Am 5. April stehen die rund siebzig Journalisten und Kameraleute auf dem leeren Platz im Zentrum der Stadt und suchen nach Spuren der Kämpfe. Im Staub liegen ein paar Patronenhülsen und kleine Betonbrocken, auf denen Reste von Mosaiken erkennbar sind. Bis vor einem Monat haben sie noch zum Fußboden oder zur Wandverkleidung der Moschee gehört, die hier stand und in der sich die Rebellen verschanzt hatten. Nach den Kämpfen haben die Truppen Gaddafis diese Moschee im Herzen der Stadt sprichwörtlich dem Erdboden gleichgemacht. Bis auf die paar Mosaikbrocken im Dreck ist von ihr nichts mehr zu erkennen, keine Mauerreste, noch nicht einmal Spuren eines Fundaments lassen sich erahnen. Der zentrale Ort des Aufstands ist ausradiert.

Az-Zawija am 5. März um 20:45 Uhr: »Ein Mitarbeiter der Nachrichtenagentur *Agence France-Presse* (AFP) hat mit einem Arzt in der etwa sechzig Kilometer westlich der Hauptstadt Tripolis gelegenen Stadt Az-Zawija telefoniert. Dieser berichtete, Gaddafis Truppen hätten viele Menschen getötet. ›Das ist ein echtes Massaker. Die Lage ist katastrophal. Sie haben meine Tochter getötet‹, sagte er unter Tränen.« Mittags hatte *Reuters* gemeldet: »Wie Augenzeugen berichten, haben Gaddafi-Truppen ein Krankenhaus in Zawija angegriffen. Der Angriff soll Menschenleben gefordert haben. Bestätigung gibt es keine.«

Az-Zawija am 5. April gegen zwölf Uhr. Wir werden in das größte Krankenhaus der Stadt geführt, sollen uns überzeugen, dass die Ärzte hier während der Kämpfe nach streng humanitären Kriterien gearbeitet haben. Alle Ärzte bestätigen dies: »Wir haben keine Unterschiede gemacht. Die Rebellen konnten wieder nach Hause gehen, wenn sie wollten.« Militär sei nie in dem Krankenhaus gewesen. Alles wirkt ein bisschen einstudiert, alle Ärzte sagen dasselbe – bis auf einen: Dr. Mohammed el Arabi.

Ihn treffen wir auf einem etwas abgelegenen Flur im obersten Stockwerk des Krankenhauses. Vermutlich ist er vom Krankenhaus gar nicht als Gesprächspartner für die ausländischen Reporter vorgesehen gewesen. Als wir ihn nach den verletzten Rebellen im Krankenhaus fragen, erzählt er uns nämlich das Gegenteil von dem, was wir bisher gehört haben. »Während der Kämpfe sind Soldaten gekommen und haben verletzte Rebellen mitgenommen zum Verhör, wie sie uns gesagt haben«, berichtet er in unsere Kamera, zwanzig Rebellen hätten sie abgeführt, obwohl die Verletzten noch nicht transportfähig waren. Was mit ihnen geschehen sei, das wisse er nicht. Wir sind allein mit ihm, unsere Aufpasser hatten wir in einem unaufmerksamen Moment abhängen können.

Als wir Dr. el Arabis Vorgesetzten, den Klinikdirektor Dr. Ramadan, mit dieser Information konfrontieren, dementiert er empört: »Es war nie Militär in dem Krankenhaus!« Wütend rennt er aus der Pressekonferenz.

Jenen 5. März 2011 in Zawija fasst die österreichische Tageszeitung *Der Standard* einen Monat vor unserem Besuch so zusammen: »In Libyen haben sich Regierungstruppen und Gegner von Machthaber Muammar Gaddafi wieder schwere Kämpfe geliefert. Dabei sollen erneut Dutzende Menschen getötet worden sein. Allein in Zawija fünfzig Kilometer westlich der Hauptstadt Tripolis sprachen Einwohner von dreißig toten Zivilisten. Soldaten hätten sich in die Stadt vorgekämpft. Zudem hätten Scharfschützen vom Dach eines Hauses nach den Freitagsgebeten auf Demonstranten geschossen. Am Samstagmorgen sollen die Gaddafi-Truppen mit Panzern in die Stadt vorgedrungen sein. ›Wir sehen hier Kämpfe, wie man sie nicht im Irak gesehen hat‹, sagte ein Augenzeuge zum Nachrichtensender *Al Arabiya*. Nach Regierungsangaben gelang es der Armee bis zum späten Abend, die Stadt zum größten Teil wieder unter ihre Kontrolle zu bringen. Die Aufständischen hielten aber nach eigenen Angaben noch immer den zentralen Platz.«

Bis zum 19. März werden die Kämpfe noch andauern. Dann geht den Rebellen, denen sich auch Einheiten der Armee angeschlossen hatten, die Munition aus. Sie müssen sich endgültig zurückziehen, geschlagen und ohne Hoffnung auf eine schnelle Wende.

An dieser Stelle bricht der übergelaufene Armeeoberst, der mir die Geschichte dieses Kampfes erzählt hat, in Tränen aus. Er war selbst dabei gewesen und hatte die jungen Rebellen sterben sehen. In Bengasi hatte ich ihn kennengelernt.

Am 5. April sehen wir auch, dass die Gräber der Märtyrer, die die Rebellen in dem kleinen Park gegenüber ihrer Moschee beerdigt hatten, wieder aufgerissen sind. Mit großer Sicherheit waren es Gaddafi-ergebene Einheiten, die mit ihren Baggern

Bäume entwurzelt, die Erde durchwühlt, den Park verwüstet haben und die letzten Ruhestätten umgepflügt haben.

Die Körper der Toten haben diese Soldaten aus dem Boden gezerrt und irgendwo verscharrt.

15 Rapper West – Moamar, Dunja und die anderen

»Gott, Gaddafi und Libyen, sonst nichts!« Das ist die Parole, die in Gaddafis Restlibyen skandiert wird, wenn tatsächliche oder vermeintliche Siege über die Aufständischen – wie etwa in Zawija – gefeiert werden sollen. Das ist das Kriegsgeschrei, das immer dann ausgestoßen wird, sobald wir unsere Kamera auspacken. Das ist der Schlachtruf der Jugendlichen auf dem Grünen Platz im Herzen von Tripolis, zu dem unsere Aufpasser uns am liebsten jeden Tag fahren würde. Dort ist die Gaddafi-Welt noch in Ordnung. Hier bekommt der »Minder« immer die richtigen Antworten zu hören. Hier braucht er sich keine Sorgen zu machen. Der Platz liefert eine Gaddafi-gerechte Geräuschkulisse.

»Gott, Gaddafi und Libyen, sonst nichts!« Ein Einpeitscher brüllt die Parole, über Lautsprecherboxen vielfach verstärkt. Die Stadt hat in einer Ecke des Platzes eine Holzbühne aufgebaut mit riesigen Lautsprechern, aus denen entweder Technomusik donnert oder die Einpeitscher dröhnen. Alles ist mit grünen Tüchern verkleidet, der Nationalfarbe Libyens. Im unerträglichen Lärm gehen die simplen Texte dieses Polittechnos unter. Den Jugendlichen gefällt diese monotone Hammermusik; denn Diskotheken gibt es nicht in der Stadt.

Richtet der Kameramann seine Kamera auf die jungen Männer und Frauen, die sich abends vor der Bühne treffen, bricht sofort ein orkanartiges Geschrei aus. »Gott, Gaddafi und Libyen«. Die Jugendlichen, grüne Tücher um den Kopf geschlungen, grüne Fahnen schwenkend, tanzen vor der Kamera, schütteln die Fäuste und brüllen ihre Parolen von der libyschen Dreieinigkeit, bis der Kameramann seine Kamera von der Schulter nimmt. Vielleicht schreien sie aus Lust an Krach und Provokation, vielleicht aus Kraftmeierei und Übermut, vielleicht glauben sie wirklich an ihre Sprüche, vielleicht von allem ein bisschen. Viele andere Möglichkeiten, sich auszutoben, haben sie nicht im stockkonservativen Tripolis. Ein paar Cafés vielleicht noch, aber nirgends darf man so viel Krach machen wie auf dem Grünen Platz. Jedenfalls lieben sie es, sich vor den Kameras zu produzieren. Am liebsten bauen sie sich in Siegerpose vor der Kamera auf. Fragt man nach den Aufständischen in Bengasi, bekommt man das zu hören, was andere vorgekaut haben: Das seien Terroristen, sie kämen alle aus dem Ausland, das könnten keine Libyer sein. Denn für die gelte schließlich: »Gott, Gaddafi und Libyen, sonst nichts.«

So denken viele Jugendliche im Westen des Landes. Sie kennen nichts anderes, sie glauben tatsächlich nach wie vor an Muammar al-Gaddafi, sie wissen zum Beispiel von der Korruption, aber reden sich ein, Gaddafi sei halt nicht informiert darüber. »Wenn das der Führer wüsste, dann wäre vieles besser«, in diesem Irrtum leben nicht wenige, denen wir in Tripolis begegnet sind. Sie fühlen sich beschützt durch den »Bruder Revolutionsführer« und wollen sich ein anderes Leben gar nicht vorstellen. Sie wissen, dass etwas faul ist im Staate Libyen, geben Gaddafi aber nicht die Verantwortung dafür, schließlich »... kann der sich doch nicht um alles kümmern«.

Er gebe seinen Untergebenen Geld, um die kaputten Straßen reparieren zu lassen, doch die steckten das Geld einfach in die eigene Tasche, hören wir zum Beispiel von dem zwanzigjährigen Moamar, Gaddafi erfahre nichts davon, weil er selbst so viel um die Ohren habe.

Kritik am Revolutionsführer? Undenkbar bei diesen Jugendlichen.

»Libyen ist berühmt durch Gaddafi«, ist zum Beispiel wichtig für die Stewardess Dunja, »wenn ich unterwegs bin, dann kennen viele Libyen gar nicht, aber jeder kennt Gaddafi.« Für den arbeitslosen Musiker Moamar ist wichtig: »Leider kümmern sich alle um Öl oder um Politik, aber nicht um Musik. Das ist schade. Vielleicht kommt es noch.«

Dunja, Moamar und die anderen lernen wir im April durch unseren Aufpasser kennen. Zu dieser Gruppe gehören auch Mizar, genannt BiBiNaz, und A:ilam, der in Wirklichkeit Abdel Baz heißt. Alle sind so um die zwanzig, sie kennen also nur die Gaddafi-Zeit. Dicke Freunde sind sie und begeisterte Rapper. Meistens ist die ganze Clique gemeinsam unterwegs, sie rempeln, knuffen und lachen, sind einfach gut gelaunt. Irgendein Rap ist immer dabei. Sie haben ihn in den Füßen, auf den Lippen, im Bauch. Sie fühlen sich großartig und stark. Sie lieben Cappuccino und Designerklamotten, die man in Tripolis höchstens als Kopie bekommt, sie sind modern und linientreu. Wären sie dies nicht, hätte uns der »Minder« sie nicht vorgestellt. Und, das ist bei dem Gespräch in einem italienisch gestylten Eiscafé im Stadtteil Abu Nawas schnell spürbar, sie sind überzeugt von dem, was sie sagen. Sie lassen keine Zweifel aufkommen, weil sie nichts anderes kennen. Muammar al-Gaddafi ist für sie ein Idol, eine Art Politpopstar, den man, ohne Fragen zu stellen, anhimmelt, eine unantastbare Ikone, wie Dunja ihren Revolutionsführer nennt: »Er ist eine echte Ikone für mich.«

Der sei nicht Schuld an der Krise, hören wir von den jungen Libyern. Hinter diesen Aufständischen steckten doch gewalttätige Banden und Gangster, die Waffendepots der Armee aufgebrochen hätten und nun die Menschen terrorisierten. Sie stammten aus dem Ausland, aus Kairo, aus Frankreich, aus London.

Und die Jugendlichen, die da mitmachen auf der anderen Seite? Alles Irregeleitete, alles Opfer dieser Gangster aus der Sicht dieser fünf in Tripolis: »Ausländische Terroristen haben den Jugendlichen Drogen gegeben und sie so gefügig gemacht.« Der arabische Nachrichtensender *Al Jazeera* stecke dahinter, natürlich auch der andere, der aus Saudi-Arabien, *Al Arabiya* meinen sie. Das erklärt ernsthaft Dunja, die ihre übergroße Sonnenbrille auch in der Nacht nicht abnimmt und es besonders cool findet, wenn ihre Freunde sie »RG« nennen. RG steht für »Revolution Girl«, denn sie ist am 1. September geboren, dem Tag, der jedes Jahr in Libyen als Revolutionstag gefeiert wird.

Und Moamar, der arbeitslose Musiker, sagt genauso ernsthaft: »Das ist doch ein ganz schlechter Film. Das ist eine Militärverschwörung, die vom Ausland bezahlt wird. Das ist keine Revolution des Volkes. Wir kennen aber den Regisseur noch nicht.« Er lässt sich von seinen Freunden gerne »D. O. A.« nennen, das steht für »dead or alive«.

Die Jugendlichen, die die Revolutionen in Tunesien und Ägypten gemacht haben, sind ungefähr so alt wie diese fünf. Und auf der anderen Seite der Front im libyschen Bürgerkrieg kämpfen mit großem Mut und schlechter militärischer Ausbildung und Ausrüstung Gleichaltrige für ein anderes Libyen.

»Die müssen doch nur die Waffen niederlegen und sagen, wir haben einen Fehler gemacht«, schlägt Dunja als Weg aus der Krise vor. Aber sie weiß auch: »Das können die nicht. Die werden weitermachen, bis sie sterben.«

»So sind wir Libyer halt«, ruft A:ilam dazwischen. Verständnis für die auf der anderen Seite haben sie nicht, deuten sie zumindest nicht an, auch nicht für die Revolutionen in Tunesien und Ägypten. Nein, das sei deren Sache, wir brauchen so etwas nicht, ist die einhellige Meinung.

Dunja betet nach, was ihr im Staatsfernsehen jeden Tag vorgekaut wird: »In Tunesien und in Ägypten gibt es Armut. Die Menschen schlafen hungrig ein, sie bekommen nichts zu essen. Deswegen mussten sie auf die Straße gehen. Bei uns gibt es so etwas nicht. Gaddafi sorgt für uns. Bei uns sind wir alle gleich.«

Ironie des Augenblicks: Als Dunja dies in dem Kaffeehaus sagt, überholt draußen auf der Straße ein teurer BMW einen japanischen Kleinwagen.

»Wir müssen nur eine Nationalversammlung einberufen und über die kleinen Reformen, die wir brauchen, beraten, dann ist alles wieder in Ordnung.«

»Das ganze ist doch ein Sturm, der sich wieder legen wird«, sagt der Mann, der sich »D. O. A.« rufen lässt, bald werde wieder besseres Wetter kommen.

Der Aufpasser des Informationsministeriums hört auch bei diesem Gespräch immer mit und ist sichtlich zufrieden mit den Antworten.

Diese Clique, die vier jungen Männer und die junge Frau Dunja, hat auch ganz normale Träume. Dunja zum Beispiel will nicht ewig als Stewardess fliegen, sie möchte ihr Studium beenden. Business Management studiert sie. Geschäftsfrau will sie also werden und natürlich viel Geld verdienen. Und als ich sie frage, wie es mit Heirat und Kindern aussieht, antwortet sie ausweichend, nein, das sei nicht ihr Traum, das sei wohl eher ihr Schicksal, weil es das Schicksal aller Frauen in Libyen sei. Aber ein Lebenstraum? Nein, das sei es nicht gerade. Ihr Traum, das sei wirklich die selbständige Geschäftsfrau.

Abdel Baz, genannt A:ilam, studiert noch. Nein, als Rapper habe er in Libyen keine Zukunft. Er werde wohl Beamter werden. Sein Spitzname A:ilam heißt so viel wie die Welt, und die würde er schon ganz gern mal sehen, aber der sichere Beruf gehe vor. Er macht die Backgroundmusik für die Rapsänger.

Dem arbeitslosen Musiker Moamar schließlich, dem in Wildwestfilmen offensichtlich die Fahndungsplakate mit der Aufschrift Dead or Alive besonders gut gefallen haben, reicht im Augenblick die Stütze, die er vom Staat bekommt. 500 libysche Dinar sind es, umgerechnet ungefähr fast 300 Euro. Damit kann man in Tripolis ganz gut über die Runden kommen, wenn man wie er keine Miete zahlen muss. Als Musiker berühmt werden möchte er schon gern, aber da stünden die Chancen schlecht in Libyen. Dabei bemüht er sich redlich, dem Regime zu gefallen. Sein Lieblingsrap geht so:

>*»Gasse für Gasse, Haus für Haus*
> *die Befreiungsarmee kommt.*
> *Sie kämpft für den König von Afrika.*
> *Sie kämpft für Muammar.*
> *Unsere Revolution begann 1969*
> *Muammar heißt nicht Mubarak oder Ben Ali*
> *Unser Gigant und Führer der Revolution,*
> *er kennt die Verräter, er weiß, wer sie gekauft hat.*
> *König der Könige, wir lieben dich.*
> *Jeder liebt dich.«*

Gesungen haben sie ihren Propagandarap bisher nur in der Ecke auf dem Grünen Platz, die die Behörden als eine Art Open-Air-Treff eingerichtet haben. Mit Podium, großen Lautsprecherboxen und natürlich mit uniformierten Ordnern, die dafür sorgen müssen, dass keiner der rockenden Jugendlichen plötzlich aus der Reihe tanzt und ideologisch ins Straucheln gerät. Auch die fünf haben an ihrem großen Abend grüne Fahnen geschwenkt, haben sich grüne Stirnbänder umgebunden. Wie ein alter Profi hat sich Politrapper Moamar auf der Bühne inszeniert, wie der Star, der er gern sein möchte. Ein bisschen hat er sich an sich selbst berauscht; denn seine Fans haben ihm zugejubelt, als sei das alles ein echtes Open-Air-Konzert, wie sie es im Satellitenfernsehen schon oft gesehen haben, und nicht eine von der Obrigkeit notgedrungen geduldete Ersatzhandlung. Immerhin dürfen sich hier junge Männer und Frauen auf Tuchfühlung mischen, was auch nicht in jedem arabischen Land erwünscht ist. Das ist schon alles, was Tripolis Jugendlichen zu bieten hat. Viel mehr gibt es nicht.

Dunja und ihre Freunde hängen noch in ein paar Kaffeehäusern herum wie dem mit Chrom und Spiegeln schick gemachten

»Lino's Coffee«, in dem wir uns zum ersten Mal trafen, sie trinken Saft oder Cappuccino und träumen von einer Zukunft als Rapper, als Geschäftsfrau oder als Beamter. Manchmal träumt A:ilam auch von der Welt. Oder sie gehen in einem Park am Mittelmeer spazieren, mit Teichen, Wiesen, Parkbänken und gesitteten Bürgern, die Picknick machen.

Das ist Dunjas Lieblingsort: »Ich mag den Blick aufs Meer.« Von dort kommt immer eine frische Brise. Die vier jungen Männer folgen ihr brav und trotten mit ihr über die Kieswege am Teich entlang, der halb ausgetrocknet vor sich hinmüffelt. Für Jugendliche ist Tripolis eine ziemlich tote Stadt.

16 Rapper Ost: Sufian, Mohammed und Ahmed

Auch tausend Kilometer weiter östlich wird gerappt. Es ist der gleiche Rhythmus, nur zu anderen Texten, zu Texten, die man in Tripolis mit Sicherheit noch nicht einmal heimlich singen würde:

> »*Vierzig Jahre Unterentwicklung*
> *Vierzig Jahre Diktatur*
> *Die Jugend hat nichts davon gehabt*
> *Das Land hat nichts davon gehabt*
> *Man konnte nicht reden*
> *Man konnte sich nicht beschweren*
> *Eine Volksrepublik soll es gewesen sein*
> *Aber das Volk hat nichts davon gehabt*
> *Es musste tun, was ihm gesagt worden ist.*
> *Das ist unser Land, das ist unser Leben*
> *Wir wollen frei leben.*«

Das singt der zwanzig Jahre alte Sufian Abdel Khader zusammen mit seinen Freunden, die seit einem Jahr Musik machen in Bengasi.

»Jeder hat seine eigenen Waffen. Der Rapgesang ist meine«, sagt Sufian. Statt sich eine Kalaschnikow zu besorgen, organisierte er sich zusammen mit seinem Freund Mohammed ein Mikrofon, einen Laptop und eine kleine Kamera. Jetzt treten sie in der Rebellenhauptstadt Bengasi auf und produzieren Videos für das Internet, die sich eigentlich auch Dunja und ihre Freunde ansehen könnten.

Von ihnen erzählen wir den Bengasi-Rappern. Mit ihnen könnten sie sich vielleicht streiten, aber wirklich ernstnehmen können sie die trotzdem nicht.

»Alles was die euch erzählt haben, hätten wir vor dem Aufstand einem ausländischen Fernsehteam auch erzählt.« Etwas anderes hätte mit Sicherheit Gefängnis bedeutet oder Schlimmeres. »Wir konnten vor der Revolution nur heimlich auftreten vor ausgesuchten Freunden. Alles andere war zu gefährlich.«

Gesungen hatten sie sozialkritische Texte, nie aber Lieder gegen Gaddafi. Dennoch hat die libysche Stasi sie mitgenommen und für ein paar Tage eingesperrt, weil sie angeblich Gaddafi-Feindliches gesungen hätten.

Sie glauben nicht, dass Dunja und ihre Freunde Gaddafi wirklich so toll finden, wie sie uns erzählt haben. »So blöd kann man doch nicht sein.« Wenn doch, dann gehören die auf der anderen Seite ganz einfach zu ihren Feinden. »Die sollen sich lieber auf die Zeit nach Gaddafi vorbereiten. Lange kann es ja nicht mehr dauern mit dem.«

Und als wir ihnen von dem Vorwurf erzählen, die in Bengasi stünden alle unter Drogen, lachen sie nur. »Wenn wir unter Drogen stünden«, sagt Mohammed, »dann würde uns hier niemand auftreten lassen.« Und das Theater, in dem sie proben, hätte man ihnen auch nicht überlassen. »Die in Tripolis leiden doch unter Gehirnwäsche. Die leben in einer geschlossenen Anstalt.«

Mit ihren Rapper-»Feinden« im Westen des Landes haben sie wenigstens eines gemeinsam: die Gangsta-Rapper »50 Cent« und Tupac sind für die im Osten wie für die im Westen die absoluten Idole. Das ist aber auch schon die einzige Gemeinsamkeit, die wir beobachten können.

In dem Video, das die Bengasi-Rapper produziert und bei Youtube eingestellt haben, wirft einer das *Grüne Buch* auf einen brennenden Scheiterhaufen, und alle klatschen begeistert in die Hände. Gaddafi-Bilder werden zerschlagen.

Ob Dunja und ihre Freunde es jemals ansehen werden, können wir nicht mehr erfahren. Vorstellen können wir uns aber, wie sie reagieren werden: empört und laut. »Die sind von Fremden gesteuert, die denen Drogen gegeben haben. So etwas tut man nicht!« Sie werden ihre Ikone verteidigen – zumindest so lange, wie Gaddafi in Tripolis herrscht.

Die Rapper Ost in Bengasi wirken entspannter als Dunja und ihre Freunde in Tripolis, fröhlicher und mit größerem Selbstvertrauen. Abends gehen sie auf den Platz der Revolution, wo alles anfing im Februar. Sie lassen sich treiben, schlendern an den Ständen mit den Fahnen und den Andenken vorbei. Die vier Freunde wollen zusammenbleiben. Nichts mehr soll sie trennen können. Vor dem 17. Februar verfolgte sie die Stasi schon allein deshalb, weil man sie immer wieder zusammen sah. Gruppenbildung galt als gefährlich, Freundschaften als ein Sicherheitsrisiko im Staate Gaddafis.

»Es gefiel ihnen nicht, dass man eine Gruppe war. Das allein schon machte sie nervös. Sie haben uns einfach Diebstahl vorgeworfen und wollten uns ins Gefängnis sperren, oder sie behaupteten, wir seien religiöse Fanatiker und müssten aus dem Verkehr gezogen werden«, erzählt Mohammed, »Dunja und ihre Freunde können sich ein solches Leben sicherlich nicht vorstellen.«

Die Zwanzigjährigen spüren, dass sie dabei sind, sich selbst zu befreien, dass sie sich ausprobieren können, ohne dass sie jemand zu bevormunden versucht. Sie sind glücklich, entdeckt zu haben, welche Kräfte und Energien sie entwickeln können. Das können sich ihre von Gaddafi ideologisch stramm ausgerichteten Rapperkollegen in Tripolis vermutlich im Augenblick gar nicht vorstellen.

»Wir sind von unserer Revolution berauscht. Die treibt uns an und macht gute Laune und macht uns stark, auch wenn wir erst ganz am Anfang sind«, sagt Sufian, geht leicht in die Knie und fängt an zu rappen:

> *»Muammar verschwinde,*
> *Muammar verschwinde,*
> *das Spiel ist aus,*
> *ich bin ein großer, großer Kämpfer.«*

Noch etwas fällt uns auf in Bengasi. Die Jugendlichen nehmen die Revolution sehr ernst, so ernst wie die Tahrir-Platz-Jugendlichen in Kairo ihren eigenen Aufstand. Und die jungen Libyer haben von den Ägyptern gelernt, zum Beispiel das mit dem Fegen. In Kairo ist sie entdeckt worden, die revolutionäre Kehrwoche, dort hatten wir uns über den Eifer gewundert, mit dem die jungen Leute ihren Tahrir-Platz sauberhielten. Schüler und Studenten in Bengasi nehmen inzwischen auch Besen und Kehrblech in die Hand und fegen wenigstens den Gerichtsplatz so gut es geht in einer Stadt ohne Müllabfuhr. Der Wunsch ist offensichtlich der gleiche, der alte Schmutz muss weg. Egal ob mit Hilfe einer Kalaschnikow oder eines Besens, das Land muss sauber werden.

»Wir selbst müssen entscheiden, was wir wollen«, erklärt zum Beispiel Latifa in einem Interview mit dem *Weltspiegel*: »Seit über vierzig Jahren sind wir gewohnt, keine Verantwortung zu übernehmen. Gaddafi hat uns Egoismus gelehrt, aber langsam befreien wir uns davon.«

Ein anderer formuliert diese Erfahrung so: »Wir wussten bisher gar nicht, zu was wir alles fähig sind. Wenn wir etwas anpacken, dann gelingt es zwar nicht immer, aber wir machen dann trotzdem weiter.«

Für die Gemeinschaft Verantwortung tragen, das ist eine für die Libyer völlig neue Erfahrung, der wir immer wieder begegnen. Und wenn wir mit ihnen darüber sprechen, dann leuchten ihre Augen. »Ich habe mir nicht vorstellen können, dass ich das kann« – diesen Satz hören wir immer wieder.

Geschäftsleute in Bengasi hatten zum Beispiel unmittelbar nach dem Abzug der Gaddafi-Truppen beschlossen, sich um die Versorgung von Flüchtlingen zu kümmern. Erst im Kleinen, dann schwoll der Flüchtlingsstrom immer mehr an. Ihre Organisation wuchs mit dem Problem. Erst betreuten sie die Schwarzafrikaner, die nach Hause wollten, dann kümmerten sie sich um ihre Landsleute, die aus Misurata, Aschdabija oder den anderen Städten am Mittelmeer geflohen waren. Drei Monate später sind sie Profihelfer geworden. Sie betreiben unter anderem eine Großküche, die täglich 15 000 Essen herstellt: für Soldaten an der Front, für Flüchtlingsfamilien rund um Bengasi und für die Armen, die immer zahlreicher werden in der Stadt. Alle bekommen ihre Essensrationen kostenlos. In gewaltigen Bottichen rühren Frauen mit Holzlöffeln so groß wie Paddel Couscous oder Reis, in anderen kochen Brocken von Hammelfleisch, fasrig und fett.

»Was sollen wir machen? Wir können schließlich nicht aussuchen, was man uns spendet. Wir müssen für alles dankbar sein.« Gemüse gibt es an guten Tagen auch, manchmal aber eben nur Reis, der Speiseplan hängt davon ab, was wohlhabende Bürger vorbeibringen. Die Großküche finanziert sich fast ausschließlich durch Spenden.

»Das ist unser Beitrag zur Revolution. Anfangs dachten wir, das schaffen wir nie. Wir hatten ja keinerlei Erfahrung«, erzählt einer der Gründer dieser Initiative, der Geschäftsmann Idris Shibani aus Bengasi. »Wir haben auch viele Fehler gemacht. Jetzt läuft es aber. Und es ist schön, dass wir gebraucht werden.«

All das erleben wir in Bengasi, die Aufbruchstimmung, die gute Laune, die Freudenschüsse. Bengasi – die Hauptstadt einer erfolgreichen Revolution. So scheint es.

Dieses Bild reicht aber nur bis zur Stadtgrenze. Schon wenige Kilometer außerhalb Bengasis ändert es sich. In den Außenbezirken der Stadt sieht man die ersten verrußten Panzerwracks. Fährt man dann noch einmal zwei Stunden über eine gut asphaltierte Autobahn in Richtung Süden, ist man endgültig in einer anderen Welt dieser Revolution. Man fährt vorbei an ausgebrannten Panzern. Bei einigen liegt der Turm weggesprengt neben dem Rumpf mit den abgeplatzten Ketten.

Die Raketen der NATO-Flugzeuge haben ganze Arbeit geleistet, als sie Ende Februar 2011 im letzten Augenblick die auf Bengasi zurollenden Panzer Gaddafis zerstörten. Dazwischen sieht man bizarr geformte Schrotthaufen, die vor ein paar Wochen noch als Pkws auf der Autobahn unterwegs waren. Vermutlich haben Granaten sie getroffen, die Insassen dürften die Explosion kaum überlebt haben. Je näher wir der Stadt Aschdabija kommen, desto mehr zerstörte Panzer sehen wir in der Wüste. Auch anderen Kriegsschrott, ausgebrannte Pick-ups, zerstörte Maschinengewehre, Munition und immer wieder in sich verkeilte Blechhaufen, die einmal zivile Pkws waren.

Die Stadt Aschdabija ist ein immer wieder umkämpfter Ort dieses Krieges. Mehrfach hatten Gaddafi-Truppen sie erobert, und die Aufständischen haben ihnen die Stadt wieder abgenommen. Seit April scheint sie endgültig in deren Hand zu sein, aber immer noch bedroht durch die Gaddafi-loyalen Militärs. Aschdabija ist ein strategischer Schlüssel zur politischen Zukunft des Landes; von hier aus sind es nur noch zwei Stunden bis Bengasi durch eine topfebene Wüste. Selbst Tobruk ganz im Osten ist über eine Wüstenautobahn gut zu erreichen. Wer Aschdabija besetzt hat, kann aus dem Osten Libyens die Hölle machen, wenn er will. Die Gaddafi-Truppen haben es mehrfach versucht.

Die Stadt wirkt gespenstisch, wie ausgestorben, als wir sie besuchen. Außer Kolonnen von Pick-ups mit aufmontierten Maschinengewehren oder Raketenwerfern und Kämpfern mit Vollbärten sind kaum Menschen in den Straßen. Von hier sind es nur noch vierzig Kilometer bis zur Front. Aschdabija – der Ruheraum dieser Freiwilligen. Die Vollbärte, so hat man uns erklärt, werden sie sich erst abrasieren, wenn sie gewonnen haben. Die ohnehin schon langen Bärte werden also noch um einiges länger werden.

Nur noch vier Bäcker, so klagen die wenigen Bürger, die in der Stadt geblieben sind, in unser Mikrofon, gäbe es hier, die sie mit Brot versorgten. Es fehle nicht an Mehl, es fehlen die Gastarbeiter aus Ägypten, die bisher die schwere Arbeit gemacht haben. Zum ersten Mal ist der Bäcker ganz auf sich angewiesen. Entsprechend lange dauert es, bis seine Brote fertig sind. Entsprechend lang sind die Schlangen vor den Luken, durch die er die noch ofenfrische Ware an die Kunden verkauft. Gleich säckeweise nehmen sie das Brot mit. Man kann ja nicht wissen, ob es morgen noch etwas gibt. Die Preise für Obst und Gemüse sind gestiegen, Fleisch kaum bezahlbar. Verglichen mit dem Leben der Flüchtlinge in Bengasi ist der Alltag der in dieser Stadt Gebliebenen mühselig und beschwerlich. Arbeit gibt es ohnehin so gut wie nicht. Nur die bärtigen Kämpfer brauchen Helfer. Sie fahren mit ihren aufgerüsteten Pick-ups Streife, versuchen, jeden Winkel zu kontrollieren, haben ihre Hauptquartiere in Häusern, die von hohen Mauern geschützt sind, in die ausländische Fernsehteams keinen Zutritt haben. Außerdem gilt: Fotografieren streng verboten.

Die Kämpfer verbreiten: Der Feind kann überall lauern in der Stadt. Auch heute noch. Angeblich gibt es noch versteckte Scharfschützen, die im Auftrag Gaddafis besonders in der Abenddämmerung aktiv werden. Jeden Tag sollen bis zu drei Einwohner solchen Heckenschützen zum Opfer fallen. Die Ärzte des einzigen Krankenhauses der Stadt können oder wollen solche Zahlen nicht bestätigen. Sie schicken ohnehin ihre Verletzen gleich weiter nach Bengasi.

»Hier können wir nur das Blut stillen und die Verletzten verbinden. Notversorgung. Mehr Möglichkeiten haben wir nicht«, erzählen uns die müden Ärzte resigniert. An internationaler Hilfe sei hier bislang noch nicht viel angekommen.

Mutlos und erschöpft, so kommen uns die wenigen Menschen vor, denen wir in Aschdabija begegnen. Von Revolutionseuphorie ist hier nicht viel zu spüren, mehr von Kriegsmüdigkeit. Dafür sorgen auch die Spuren der Kämpfe in der Stadt. Trümmer liegen verstreut über die Straßen, in zerstörten Häusern klaffen riesige Löcher in den Wänden, verursacht durch die Einschläge von Raketen und Panzerfäusten. Überall sieht man kaputte, mit Schutt bedeckte Autos. Immer noch verlassen Familien die Stadt. Den einen ist sie zu unwirtlich geworden, andere fühlen sich nicht sicher genug. Selten trifft man mal eine Familie, die sich zurücktraut. Und dann erlebt sie oft eine böse Überraschung wie zum Beispiel Mohammed Sayyid, der drei Monate mit seiner Familie in Bengasi gelebt hatte. Der Schreiner hatte gehofft, seine Werkstatt wieder aufmachen zu können, zu reparieren gibt es schließlich genug.

Wir treffen ihn, als er gerade in seinem Kleinlaster unterwegs ist, beladen mit einer ausgebauten Klimaanlage. Es sieht aus, als habe er sie irgendwo mitgehen lassen. Tatsächlich geht seine Geschichte so: »Ich bin zu meinem Haus gefahren, habe es aber total zerstört vorgefunden. Meine Werkstatt ist auch in Trümmern. Die Klimaanlage ist das einzige, was noch zu gebrauchen war. Deswegen habe ich sie ausgebaut.«

Er hat Glück gehabt, wenigstens die Klimaanlage war noch intakt. Andere Rückkehrer müssen feststellen, dass sie alles verloren haben. Mohammed Sayyid ist auf dem Weg zu seinem Schwager. Bei ihm wird er die nächste Zeit unterkommen müssen zusammen mit seinen fünf Kindern und seiner Frau. Bis auf die ausgebaute Klimaanlage haben sie nichts mehr, sie müssen ganz von vorn anfangen. Dieser Tag der Rückkehr ist für sie so etwas wie eine Stunde null.

Aschdabija – der Stadt geht es nicht gut, ihren Menschen geht es nicht gut. Verglichen mit dieser Stadt ist das Leben in Bengasi geradezu komfortabel trotz aller Unzulänglichkeiten. Verglichen mit der in Westlibyen belagerten Stadt Misurata, ist Aschdabija aber immer noch um vieles besser dran, fast ein kleines Paradies.

17 Kairo – der Tahrir-Platz in der Internetfalle

Es ist der 19. April abends. Die Buchhandlung ist brechend voll. Alles junge Leute, Männer und Frauen, ein paar mit Kopftuch, die meisten ohne. Sie wollen wissen, wie das mit den Blogs, mit Twitter und Facebook funktioniert. Schließlich waren das doch die Wunderwaffen, die die Festung Mubarak zum Einsturz gebracht haben sollen, meinen zumindest viele.

Braucht man diese virtuellen Mauerbrecher heute immer noch? Welche Rolle kann das Internet in Zukunft spielen? Wer liest eigentlich diese Blogs? Das sind die Themen des Abends.

»Bloggen und die Revolution«, lautet der Titel dieser Veranstaltung, eine von Dutzenden, die tagtäglich in der Riesenmetropole Kairo zur politischen Zukunft des Landes stattfinden. Man kann leicht den Überblick verlieren. Ägyptens Jugend hat nichts an Energie verloren und ist wild entschlossen, sich diese Zukunft nicht mehr aus der Hand nehmen zu lassen. Gerade mal zwei Monate ist es her, dass Mubarak zurückgetreten ist. Inzwischen lässt der Generalstaatsanwalt des Landes gegen ihn sogar ermitteln, weil er den Expräsidenten für den Schießbefehl gegen die Demonstranten auf dem Tahrir-Platz verantwortlich macht. Ironie der Geschichte: Mubarak hatte diesen obersten Ermittler Ägyptens noch selbst ernannt. »Stellt Mubarak vor Gericht« – das war die Parole der letzten Tage, und nicht wenige der jungen Leute, die heute Abend gekommen sind, haben tagsüber auf dem Tahrir-Platz demonstriert für eine schnelle Verurteilung des Expräsidenten und seiner Familie.

Wir sind in der Buchhandlung Diwan auf der Nilinsel Zamalek, dem Wohnbezirk des Großbürgertums von Kairo. Diese internationale Buchhandlung an der 26.-Juli-Straße ist eines der intellektuellen Zentren der Stadt. Tagsüber ein ruhiger Ort für Bücherfreunde, man kann in den gut sortierten Regalen nach englischen oder arabischen und sogar nach ein paar deutschen Büchern stöbern und anschließend im Diwan-Café lesen. Abends treffen sich in dieser Zeit des Übergangs zwischen den Büchern nicht mehr nur die jungen Dichter der Stadt, um vor einem andächtig lauschenden Publikum Lesungen zu halten, sondern lautstarke Revolutionäre, die ein ganzes Land verändert haben und noch immer streiten, wie es nun weitergehen soll.

Heute Abend ist Wael Abbas gekommen. Bloggen, das ist sein Thema. Er hat versprochen, einige seiner Geheimnisse preiszugeben: »Damals am 20. Mai 2005 habe ich zum ersten Mal mit der Staatspartei und der Staatssicherheit zu tun gehabt. Damals habe ich zum ersten Mal erlebt, wie sie Schmutzkübel über mir ausgeleert haben. Nicht nur über mir, über alle Aktivisten, die damals an den Demonstrationen teilgenommen haben. Sie haben mir vorgeworfen, ich sei homosexuell oder ich sei vom Islam zum Christentum konvertiert.«

Das war die Zeit der Kefaya-Bewegung, der Bewegung »Es ist genug mit Mubarak«. Schon damals wollte man demokratische Wahlen erzwingen und stieß sich die Stirn blutig an den Betonmauern des Regimes. Damals begann Wael Abbas mit dem Bloggen: »Wir hatten uns überlegt, was können wir machen. Gegen die Polizei haben wir keine Chance, die Medien waren fest in der Hand des Staates.«

Wael Abbas ist so etwas wie der Vater aller Blogger in Ägypten, ein Urgestein der ägyptischen Protestbewegung. Der Mann, der 2005 den virtuellen Raum des Internets als den Ort entdeckt hatte, der am schwierigsten zu kontrollieren war, von dem aus daher am besten Widerstand gegen den allgegenwärtigen Sicherheitsapparat Mubaraks geleistet werden konnte. So stellte er nach den bösen Erfahrungen mit Polizeigewalt bei den Demonstrationen die ersten Videos ins Internet ein, Videos, die Polizeifolter zeigten oder Polizisten, die bei Demonstrationen Frauen die Kleider zerrissen und auf sie einprügelten. Mehrfach hatte ihn deswegen die Staatssicherheit abgeholt und ins Gefängnis gesteckt.

»Nein, gefoltert worden bin ich nicht«, hatte er uns in einem Interview gesagt. Aber immer wieder gedroht haben sie, ihn zu misshandeln und sein Leben zu zerstören.

»Das ist nichts Besonderes für uns. Das machen wir sofort« – er erinnert sich an ihre Sprüche noch heute gut.

Außerdem hatte ihn sein Arbeitgeber, eine renommierte Zeitung, entlassen. Arbeit als Journalist hatte er danach nicht mehr gefunden. Auch deshalb habe er zu Hause mit dem Bloggen begonnen. Aber er sei nie ein »Pyjamahidin« geworden, ein Mudschahidin im Pyjama, ein Kämpfer im Schlafanzug also, ein radikaler Stubenhocker, der nichts anderes macht, als vom Schreibtisch aus die politischen Ereignisse zu kommentieren. Das sei Bloggern damals oft vorgeworfen worden. Und viele Blogger würden sich tatsächlich so verhalten. Er, Wael Abbas, habe sich aber immer auf der Straße eingemischt.

»Und ihr dürft so auch nicht werden«, er wendet sich direkt an sein Publikum in der Diwan-Buchhandlung, »auch jetzt nicht, wenn scheinbar so viel schon erreicht ist.«

Eine der ersten Fragen aus dem Publikum an Wael Abbas lautet: »Ist Bloggen nicht eine ziemlich einseitige Sache?«

Seine Antwort ist einfach: »Nein, gutes Bloggen heißt ja nicht, dass man nur Meinungen und Analysen sendet, sondern auch Reaktionen auf seine Meinungen empfängt. Daraus entsteht eine Diskussion, ein Dialog. Auf diesen Dialog muss man sich einlassen. Ich kann meine Idee mit euch teilen, ich hänge von euren Ideen ab. Vielleicht ändere ich meine Idee, wenn ich eure lesen.«

Bloggen im Internet war in Ägypten lange Zeit eine der wenigen Möglichkeiten überhaupt, landesweit über Politik zu diskutieren, wenn auch meistens unter Pseudonym; denn die Staatssicherheit hatte immer mitgelesen. Selbst an Universitäten waren solche politischen Diskussionen verboten. Wer es dennoch tat, musste mit Strafen rechnen.

»Braucht man das Bloggen heute überhaupt noch für die Politik? Oder ist das jetzt ein Freizeitvergnügen für wenige?«, lautet die nächste Frage.

Waels Antwort: »Natürlich ist die Reichweite eines Blogs begrenzt. Die gewöhnlichen Ägypter können nur schwer unterscheiden zwischen einem guten und einem schlechten Blog, zwischen Unfug und wirklich Sinnvollem, wenn sie sich überhaupt dafür interessieren. Aber die Jugend braucht die Blogs; denn von ihr hängt die politische Zukunft dieses Landes ab, nicht von den korrupten Intellektuellen oder den gekauften Kulturleuten. Für die Jugend sind Blogs die idealen Kommunikationsmittel. Die Jugendlichen, die heute an den Universitäten studieren, die verändern das Land. Blogs fördern die Bereitschaft zur Diskussion und andere Meinungen zu akzeptieren. Nur so können wir das Land verändern.«

Diese Jugend, die Wael Abbas so über den grünen Klee preist, tut sich aber schwer, von der fröhlich-anarchischen Tahrir-Platz-Stimmung loszukommen und sich den neuen Herausforderungen zu stellen. Im Herbst sind die Wahlen zum Parlament geplant, zwei Monate später die Präsidentenwahlen. Wirklich gerüstet haben sich die Jungrevolutionäre noch nicht für diesen ganz anderen Kampf, für den Kampf um die Köpfe, Herzen und Stimmen der Wähler. Dabei ist es schon Anfang Mai. Die Zeit rennt ihnen davon. Die Gruppen vom Tahrir-Platz scheinen in einer virtuellen Falle zu stecken. In einer Facebook-Falle.

Ein gutes Dutzend dieser Gruppen hat sich zwar zusammengeschlossen und versucht nun, eine große Tahrir-Platz-Partei zu gründen. Mit Hilfe jenes Mediums, mit dem sie Mubarak gestürzt haben, mit Facebook. Ihr Aufruf hatte auch eine beachtliche Resonanz, mehr als 450 000 »Freunde« haben sich gemeldet. Wenn das alles eingeschriebene Mitglieder wären, dann müssten sie sich um ihre politische Zukunft keine Sorgen machen. Einen Namen hat sie auch schon, diese Partei. »25.-Januar-Partei« soll sie heißen, also benannt nach dem Tag, an dem die Demonstrationen losgingen.

Außerdem haben sie so etwas wie ein Programm. Die anderthalb eng bedruckten Seiten lesen sich allerdings eher wie ein Antiprogramm, eines, das sich dafür entschuldigt, ein Programm sein zu müssen: »Unsere Ideen werden die euren sein und eure die unseren. Und Gott weiß, dass wir kein verstecktes Programm haben«, so stellt sich die Partei auf Facebook vor. »Wir werden Konferenzen abhalten, damit wir uns kennenlernen.« Dieser Prozess könne mehrere Monate dauern, so schreiben die Parteigründer in ihrem Parteistatement weiter, überdies solle sich niemand einfallen lassen, an seinem Posten zu kleben – diese Posten gibt es allerdings bisher noch gar nicht.

»Erst wenn wir die notwendigen 5 000 Mitglieder haben, dann werden wir mit ihnen zusammen ein Programm formulieren. Wichtig ist, dass die Mitglieder ganz Ägypten repräsentieren, jede gesellschaftliche Gruppe,« erklärt uns Parteiinitiator Ahmed Nafie, und zur groben Richtung sagt er: »Wir sind gemäßigt und liberal, wir sind für alle Religionen da, wissen aber, dass Ägypten ein islamisches Land ist. Der Islam als Hauptreligion ist das Dach für alle.«

Diese im Internet geborene Partei tut sich schwer, ihre virtuelle Fruchtblase zu verlassen. Denn reale Unterschriften für die gesetzlich vorgeschriebene Registrierung haben die Parteigründer so gut wie noch keine. 5 000 müssen sie bei einer juristischen Prüfstelle einreichen, erst dann werden sie als neue Partei anerkannt werden und können Wahlkampf machen. 8 000 Mitgliedsanträge wollen sie aber im Augenblick bearbeiten. Und bei den Wahlen glauben sie, mindestens fünfzig Sitze erringen zu können.

»Erfolg kann man nur haben bei Wahlen«, so Ahmed Nafie, »wenn sich die Jungen mit den Alten zusammentun.« Deswegen sind unter seinen Kandidaten für die Parlamentswahlen im September 2011 auch etliche prominente Namen, darunter sogar ehemalige Minister Mubaraks. Auch für die Präsidentenwahlen wollen sie einen eigenen Kandidaten aufstellen, im Augenblick aber noch nicht verraten, wer dies sein könnte. Es ist bislang jedoch völlig unklar, ob es den Parteigründern jemals gelingen wird, in der politischen Realität Ägyptens wirklich anzukommen.

Andere Parteien sind da fünf Monate vor den Wahlen wesentlich besser aufgestellt. Zum Beispiel die islamisch ausgerichtete »Al Wasat-Partei« (Neue Mitte), die fünfzehn Jahre nach ihrer Gründung endlich von einem Gericht als Partei anerkannt wird. Oder die Moslembrüder mit ihrer Partei »Freiheit und Gerechtigkeit«, die angekündigt hat, bei den Wahlen im September bis zu fünfzig Prozent der Stimmen bekommen zu wollen. Oder die wirtschaftsnahen, liberalen Parteien wie die von dem Wirtschaftstycoon und koptischen Christen Naguib Sawiris gegründete und finanzierte »Freie Ägyptische Partei«. Sawiris stellt unter anderem den Artikel zwei der gegenwärtig geltenden Verfassung in Frage, nach dem die »Prinzipien der Scharia die Hauptquelle für die Gesetzgebung« sind. Alle diese Parteien haben Programme, Parteizentralen und touren durchs Land, um sich bekannt zu machen und Mitglieder zu werben.

Die 6.-April-Bewegung weigert sich sogar, sich überhaupt in eine Partei umzuwandeln. Eine solche Metamorphose würde der Bewegung die politische Schlagkraft nehmen, fürchtet ihr Gründer Ahmed Maher. Er könne sich höchstens vorstellen, so etwas wie eine Kontrollinstanz des Demokratisierungsprozesses zu werden, ein über allem schwebender Lobbyistenverein für Bürgerrechte: »Der Unterschied zwischen einer politischen Pressure Group und einer richtigen Partei ist, dass wir die Entwicklung der Demokratisierung überwachen wollen, die Einhaltung der Bürgerrechte, wie da sind: Freiheitsrechte jedes Einzelnen, Respekt, die Redefreiheit, die Freiheit, Parteien zu gründen, und so weiter. Wir wollen die Mächtigen kontrollieren, nicht selbst mächtig sein.«

Sollten die Mächtigen zu mächtig werden und Steine auf den Weg zur Demokratie legen, dann werde die Bewegung wieder auf den Platz gehen, so geschehen immer wieder in den letzten Wochen: »Wenn wir feststellen, dass die Dinge sich von unseren Forderungen zu weit entfernen, dann werden wir wieder Druck machen. So haben wir zum Beispiel erreicht, dass die ehemaligen Minister vor Gericht gestellt werden, sogar Mubarak selbst.«

Das Militär versucht zwar immer häufiger, die Demonstrationen zu verbieten und zu zerschlagen, bislang haben sich aber die 6.-April-Bewegung und ihre Verbündeten durchgesetzt. Dass die Familie Mubarak vor Gericht gestellt werden soll, war sicherlich nicht im Konzept der Militärs vorgesehen. Sie mussten dem Druck des Platzes nachgeben. Ägypten habe diesen Reinigungsprozess also der 6.-April-Bewegung zu verdanken. Für Ahmed Maher steht fest: »Erst wenn Ägypten eine stabile Demokratie geworden ist, erst dann wird die 6.-April-Bewegung daran denken, vielleicht eine Partei zu werden.«

Ein bisschen klingt bei all den Gesprächen über die Zukunft der Tahrir-Platz-Bewegung mit: »Politik ist ein schmutziges Geschäft. Wir wollen uns die Hände nicht dreckig machen, schließlich haben wir den Tahrir-Platz nicht umsonst gefegt. Wir wollen sauber bleiben. Wir wollen die Schiedsrichter des neuen Ägyptens sein, nicht die Feldspieler.«

Diese parlamentarische Enthaltsamkeit mag auch einer der Gründe sein, warum so viele Mitglieder die Bewegung verlassen und eigene Parteien gründen. So Sally Toma und Ziad al-Alimy, zwei prominente Mitglieder der 6.-April-Bewegung, die sich der Sammelpartei der ehemaligen Revolutionäre, der Ägyptischen Sozialdemokratischen Partei, angeschlossen haben, in der Mitgründer Bassam Mortada linke und liberale Kräfte zu einer großen Partei bündeln will, um die Demokratie im Land aufzubauen.

»In zwei Jahren können wir uns ja dann wieder zersplittern«, meint er mit leicht resigniertem Unterton angesichts des Dutzends Parteien, die im Augenblick entstehen und auch wieder verschwinden. Die ägyptischen Sozialdemokraten treten ein für soziale Gerechtigkeit, Menschenrechte, Demokratie und wirtschaftliche Entwicklung und unterscheiden sich damit kaum von anderen Parteien. In Fernsehsendungen streiten sich diese neuen Parteipolitiker zwar wie die Scheunendrescher, das gehört einfach zu dem neuen Politikgefühl im Land, bei den Wahlen wollen die meisten Tahrir-Platz-Aktivisten aber möglichst gemeinsam antreten, nicht gegeneinander.

Einen Gegner haben diese säkularen Parteien alle: die islamistischen Moslembrüder, die inzwischen ein neu gebautes mehrstöckiges Haus als luxuriös eingerichtete Parteizentrale eröffnet haben. Gegen die wollen die Liberalen und Sozialdemokraten im Wahlkampf gemeinsam Front machen. »Die Moslembrüder haben die Mehrheit unter den politisch aktiven Bürgern«, sagt zum Beispiel Wirtschaftstycoon Sawiris auf einer Veranstaltung seiner Freien Ägyptischen Partei im Mai, »wir bekommen unsere Stimmen bei der schweigenden Mehrheit, die müssen wir bewegen.«

Der Chefredakteur der linksliberalen Tageszeitung *Shorouk*, Amr Khafagy, sieht diese Entwicklung mit Sorge. Die Jungrevolutionäre vom Tahrir-Platz werden in der nahen Zukunft kaum noch eine Rolle spielen im politischen Alltag des neuen Ägypten, meint er nüchtern. Die hätten die Bedeutung des Internets für den politischen Wandel überschätzt: »Außerdem sind sie zu jung und haben nur wenig politische Erfahrung. Sie können nicht mit Macht umgehen. Sie spielen heute noch eine Rolle im Hinterhof der Politik. Sie können das Militär unter Druck setzen. Mehr nicht. Bei den Wahlen werden sie keine Rolle mehr spielen. Vielleicht ändert sich das in Zukunft, und sie werden später wieder wichtig und einflussreich. Bei den anstehenden Entscheidungen aber noch nicht.«

Gegen die traditionellen Parteien wie die Moslembruderschaft, die Nasseristen oder selbst die traditionelle Wafd-Partei, der man nachsagt, sie habe ihre Sitze im Parlament nach Absprache mit dem Mubarak-Regime bekommen, also vergleichbar mit den alten Blockparteien in der DDR, sind die neugegründeten Parteien bei den Wahlen erheblich im Nachteil. Die alteingesessenen Parteien sind viel zu bekannt und zu gut organisiert, allein deswegen haben sie bei den Wählern bessere Chancen. Die Menschen in Ägypten sind konservativ und werden im Herbst traditionell wählen. Daran müssen sich die neugegründeten Parteien orientieren. Das gilt auch für Parteien wie die liberale, wirtschaftsfreundliche Freie Ägyptische Partei, die, gut organisiert und mit viel Geld versehen, schon heute in den Wahlkampf geht. Solche Politiker können die Wähler erreichen, da diese nur einen langsamen, mit viel Sicherheit abgefederten Wandel wollen. In der Spontaneität der Tahrir-Platz-Bewegung sehen die meisten Wähler eher eine Bedrohung, ganz sicher aber keine politische Zukunft für sich und das Land.

Der frühe Wahltermin schade den Jungrevolutionären sicherlich zusätzlich, viel mehr aber ihr Gottvertrauen in das Internet. »Ägypter«, so sagt Chefredakteur Amr Khafagy, »sind Computer-Analphabeten. Besonders auf dem Land, wo die Wahlen mitentschieden werden, haben viele keinen Computer und auch sonst keinen Zugang zum Internet. Viele können nicht lesen oder schreiben. Wie sollen sie da mit dem Internet umgehen können, mit Twitter oder Facebook. Die haben davon noch nie etwas gehört.« Schließlich sei Ägypten nicht Kairo, das verwechselten die Tahrir-Platz-Demonstranten möglicherweise. »Ägypten, das sind auch die vielen Dörfer, die ländlichen Kleinstädte, die Bauern, die vielen Analphabeten.«

Die Change-Bewegung des Nobelpreisträgers el-Baradei und mutmaßlichen Kandidaten für die Präsidentenwahlen nennt sich glücklich, weil sich auf ihrer Facebook-Seite über 140 000 Freunde gemeldet hätten. Das klingt viel, aber verglichen mit den dreißig Millionen Wahlberechtigten Ägyptens sei das dann doch sehr wenig, zumal man gar nicht weiß, ob das wirklich alles Wähler sind, die sich bei solchen Aufrufen melden.

Das Internet ist für Amr Khafagy natürlich ein wichtiges Werkzeug der Moderne. In Ägypten könne man aber Wahlkampf nicht mit den Mitteln des 21. Jahrhunderts machen, sondern so wie vor der Zeit Nassers, also wie in den vierziger Jahren. Wer bei den Bauern Erfolg haben will, der muss zu ihnen hingehen und mit ihnen direkt reden, der muss sie in Kaffeehäusern besuchen und mit ihnen Wasserpfeife rauchen und Tee trinken. Eine andere Möglichkeit gebe es nicht, in den Dörfern Stimmen zu gewinnen. Chefredakteur Amr Khafagy macht sich keine Illusionen über den Ausgang der Wahlen im Herbst. Die Konservativen werden am besten abschneiden, die Moslembrüder können seiner Meinung nach bis zu 35 Prozent der Sitze holen, ein gutes Drittel der Stimmen also; denn die Moslembrüder gehören zu denen, die wissen, wie man auf dem Land die Menschen anspricht.

Verschwinden also die 6.-April-Bewegung und ihre Freunde vom Tahrir-Platz bald aus der politischen Szene in Kairo? Haben sie ausgedient und werden sie zu einer historischen Restgröße, an deren Mut und Kampfgeist man sich bewundernd erinnert, mehr aber nicht?

»Nein, nicht unbedingt«, meint Amr Khafagy, »vielleicht werden sie bei den übernächsten Wahlen wieder eine wichtige Rolle spielen. Das hängt ganz von ihnen ab. Aber bei diesen im Herbst spielen sie keine wirklich wichtige Rolle.«

Auch Ahmed Maher macht sich keine Illusionen über das, was seiner erst drei Jahre alten Bewegung blühen kann: »Natürlich wissen wir, dass es nach Mubaraks Sturz schwierig werden wird. Wir müssen uns auf ein ›Trial and Error‹-Spiel einlassen, bis wir das ideale Demokratiemodell gefunden haben. Das braucht Zeit, viel Zeit. Menschen zu ändern braucht auch Zeit. Aber immer wenn es zu einer Krise kommt, wird es Menschen geben, die sich an den Geist des Tahrir-Platzes erinnern. Der ist nämlich die Basis unserer Zukunft.«

Diesen Geist des Tahrir-Platzes erleben wir auch in der Buchhandlung Diwan. Seit drei Stunden sitzen die Teilnehmer der Veranstaltung nun schon zusammen mit dem Blogger Wael Abbas und fragen ihm Löcher in den Bauch, streiten miteinander, empören sich, lachen über ihren Eifer und wissen, dass alles, was sie sich erträumen von dem neuen Ägypten, immer noch auf schwachen Fundamenten steht.

Warum ist das politische Bloggen heute immer noch wichtig, der Diktator sei doch schließlich gestürzt? Warum reichen die Zeitungen nicht aus? Wie kann man das Erreichte schützen?

Eine Teilnehmerin stellt diese Fragen und gibt gleichzeitig die Antwort: »Den Zeitungen kann man immer noch nicht trauen. Die berichten nicht über alles. Die große Mehrheit der Jugendlichen ist doch ungebildet. Und die kann man nur über Blogs erreichen. Die müssen wir durch Blogs für die Zukunft bilden.«

Die meisten stimmen ihr zu. Auch Wael Abbas: »Wir dürfen aber niemanden vergöttern. Wir dürfen keinen groß schreiben, wie die Zeitungen das gern machen. Wir müssen ehrlich sein in unseren Blogs.«

Nach der Veranstaltung fragen wir eine junge Frau, die sich uns als Miriam al Hitami vorstellt: »Glauben Sie, dass der ganze Demokratisierungsprozess noch scheitern kann?«

Miriam zögert lange bei der Antwort. Zu pessimistisch will sie nicht sein, aber nur optimistisch kann sie nicht sein: »Ich hoffe nicht«, sagt sie schließlich und runzelt dabei die Stirn, als sei sie gar nicht sicher bei ihrer Antwort. »Ich versuche, optimistisch zu sein. Solange sich die Blogger und andere Aktivisten einmischen, dann muss es eigentlich gutgehen. Wenn aber immer mehr verhaftet werden, dann kann alles noch schiefgehen.«

Das Militär ist für alle in der Buchhandlung die große Unbekannte. In den letzten Wochen sind Tausende Aktivisten verhaftet worden. Wie viele verurteilt wurden und im Gefängnis sitzen, wissen sie nicht: »Das ist genau der Punkt«, sagt Miriam, »wir können nicht wirklich einschätzen, was das Militär eigentlich will. Wenn schlimme Dinge geschehen wie kürzlich, als ein Demonstrant auf dem Tahrir-Platz erschossen wurde, dann sagen die Generäle, das waren wir nicht. Wir lassen es untersuchen. Aber man hört danach nichts mehr.«

Auch Wael Abbas fragen wir nach der zwiespältigen Rolle des Militärs: »Was die Menschenrechte angeht und die Freiheitsrechte, bin ich sehr, sehr misstrauisch dem Militär gegenüber. Die Revolution ist noch nicht zu Ende. Es kann noch viel passieren. Erst nach den Wahlen und vielleicht erst im nächsten Jahr wissen wir, ob wir wirklich eine Demokratie haben werden.«

Bei dem Treffen in der Diwan-Buchhandlung verteidigt einer der Teilnehmer die Generäle: »Immerhin hat das Militär untersuchen lassen, welche Verbrechen die Polizei während der Revolution begangen hat und wer für sie verantwortlich ist.«

Tatsächlich ist vor wenigen Tagen der Bericht einer vom Militärrat eingesetzten Untersuchungskommission veröffentlicht worden, der bestätigt, was die meisten geahnt haben: Die Toten auf dem Tahrir-Platz sind von Polizisten gezielt getötet worden. Die Zeitungen, denen alle in der Diwan-Buchhandlung so sehr misstrauen, haben groß darüber berichtet. Nach dieser Untersuchung haben Scharfschützen der Polizei gezielt friedliche Demonstranten abgeschossen durch Schüsse in den Kopf. Postiert waren die Schützen auf Hausdächern rund um den Tahrir-Platz. Diese Tötungsspezialisten hatten einen Schießbefehl vom Innenminister persönlich. Sie zielten sogar auf harmlose Zaungäste der Revolution, die von ihren Balkonen aus nur den Tahrir-Platz beobachten wollten, stellt dieser Bericht fest. Selbst nachts war keiner vor diesen staatlichen Auftragskillern sicher. Diese Angst und diesen Schrecken verbreiteten sie nicht nur in Kairo, in jeder Stadt des Landes, in der es Demonstrationen gab, versuchten die Sicherheitskräfte, diese Proteste mit tödlichem Terror niederzukämpfen.

Die Attacken der Kamelkavallerie am 2. Februar habe die Staatspartei zu verantworten. Sie habe die Reiter bezahlt und mit Waffen ausgerüstet. Genauso die Schlägerbanden Mubaraks. Auch sie seien von der Staatspartei angeheuert und bezahlt worden. Verantwortlich für die über achthundert Toten im ganzen Land seien, so die Schlussfolgerung dieses Berichtes, Präsident Mubarak selber und Innenminister Ibrahim el-Adly. Ihnen soll der Prozess gemacht werden. Vom Militär allerdings, das an diesen Kampftagen nur zugeschaut und keinen der Morde im Staatsauftrag verhindert hat, ist nicht die Rede in dem Untersuchungsbericht.

Nach drei Stunden sind die Diskutanten in der Buchhandlung erschöpft. Sie haben über mehr als nur Bloggen geredet. Immer wieder stießen sie auf die Widersprüche ihres politischen Alltags. Auf der einen Seite wissen alle, ohne das Militär geht es nicht; auf der anderen haben sie nur noch geringes Vertrauen in die Generäle und hoffen, dass sie sich rasch aus dem politischen Geschäft zurückziehen werden. Selbst die anstehenden Prozesse gegen den ehemaligen Präsidenten Mubarak oder gegen den für die Gewalt auf dem Tahrir-Platz verantwortlichen Innenminister, Ibrahim el-Adly, erleben sie mit sehr zwiespältigen Gefühlen. Sie freuen sich, dass endlich die Verantwortlichen vor Gericht gestellt werden und dass »die da oben« nicht mehr unberührbar sind wie früher noch. Sie ahnen aber auch, dass diese Verfahren ein Beruhigungsmittel für allzu ungeduldige Revolutionäre sein könnten. Einer bringt es auf den Punkt an dem Abend: »Die liefern uns den Skalp von Mubarak, um die eigene Kopfhaut zu retten.«

Genau eine Woche nach diesem Treffen in der Diwan-Buchhandlung beginnt das erste große Verfahren gegen ein früheres Mitglied der Mubarak-Regierung. Es ist der Prozess gegen den ehemaligen Innenminister, sicherlich den verhasstesten aller Ex-minister. Morgens um viertel vor acht wird er, der so gern im Rampenlicht stand und für die Verurteilung Tausender Oppositioneller gesorgt hat, in einem Gefangenentransporter mit vergitterten Fenstern in den Innenhof des Kairoer Kriminalgerichts gefahren. Jene schwarzgekleideten, mit Schlagstöcken und Schutzschildern bewaffneten Polizisten, die er vor ein paar Monaten noch auf die Demonstranten gehetzt hatte, stehen nun auf Tuchfühlung hinter Absperrgittern, und man weiß nicht, soll der prominente Angeklagte noch zusätzlich bewacht oder sollen mögliche Angriffe von Demonstranten auf das Gerichtsgebäude abgewehrt werden.

Denn vor den Gittern warten wütende Menschen und genießen sichtlich das Schauspiel, als der Gefangenentransport vorbeifährt. Eine ältere Frau in schwarzen Kleidern und mit schwarzem Kopftuch hält das Bild eines Jungen hoch: »Das ist mein Sohn. Er hat gegen diese korrupten Leute demonstriert. Dann kam die Polizei und hat ihn totgeschlagen. Sie haben mir fünfzig Pfund geboten als Entschädigung. Stellt euch vor, fünfzig Pfund für meinen Sohn.«

Die Umstehenden schütteln empört ihre Köpfe und murmeln: »Möge Gott ihn verdammen. Ich hätte keine fünfzig Millionen genommen.«

Einige drohen mit ihren Fäusten und rufen dem Gefängniswagen hinterher: »Du hast den Tod verdient, el-Adly! Wir wollen die Todesstrafe.«

Ein Mann mit einem Verband über dem rechten Auge lacht, als er den Transport sieht: »Ich war am 29. Januar bei der Demonstration. Sie haben mit scharfer Munition auf uns geschossen. Eine Kugel hat mein Auge getroffen. Ich kann bis heute noch nicht richtig sehen. Das Auto gerade, das habe ich aber ganz genau gesehen!« Wieder lacht er. Es ist aber ein Lachen, in dem auch viel Verzweiflung mitklingt.

Beobachter sind an diesem Verhandlungstag nicht zugelassen. Zu zwölf Jahren Gefängnis wird el-Adly verurteilt, aber noch nicht wegen der Toten auf dem Tahrir-Platz, sondern wegen Korruption. Was diese Vorwürfe angeht, ist el-Adly nur einer unter vielen. Die meisten Politiker um Mubarak sind der Bereicherung, Bestechung oder des Betruges verdächtig und müssen mit Prozessen wegen Korruption rechnen. Fast alle haben Reichtümer gehortet und führen Konten im Ausland. Über 57 Milliarden Dollar sollen habgierige Ägypter in den letzten zehn Jahren außer Landes geschafft haben, hat die für Korruption zuständige Staatsanwaltschaft in Kairo ausgerechnet.

Der Prozess gegen den ehemaligen Innenminister wird sich vermutlich aber noch lange hinziehen. Das Urteil von zwölf Jahren Gefängnis ist noch nicht rechtskräftig; denn es sind zivile Richter, die über ihn urteilen. Das heißt, el-Adly kann sämtliche juristische Möglichkeiten ausschöpfen, die ein demokratisches Gerichtsverfahren zu bieten hat. Zeugen müssen gehört, Beweismittel geprüft werden. Verteidiger können das Gerichtsverfahren verschleppen. Nach jedem Urteil gibt es die Möglichkeit, die nächsthöhere Instanz anzurufen. Es kann also dauern, bis es zu einem rechtskräftigen Urteil gegen den einst gefürchtetsten Mann Ägyptens kommt. Gerechtigkeit, die im neuen Ägypten selbstverständlich auch einem Mann wie Ibrahim el-Adly zusteht, braucht Zeit.

Ganz anders war es dem ein paar Wochen zuvor zu drei Jahren Gefängnis verurteilten Blogger ergangen. Ihm hatte man einen kurzen Prozess gemacht. Die Generäle hatten ihn vor einem Militärgericht anklagen lassen. Solche Prozesse dauern in der Regel zwanzig bis vierzig Minuten, dann wird das Urteil gesprochen. Nicht selten wird gegen ein ganzes Dutzend Angeklagte gleichzeitig verhandelt. Verkündet der Richter in Uniform sein Schnellurteil, dann ist es sofort rechtskräftig; solche Gerichte kennen keine Berufung. Außerdem sind die Verteidigerrechte stark eingeschränkt. »Das war die Rache an einem Kritiker des Militärs«, hören wir nicht nur in der Diwan-Buchhandlung.

Dieser Blogger ist bei weitem nicht der einzige ägyptische Bürger, dem seit Mubaraks Rücktritt am 11. Februar ein Militärgericht den kurzen Prozess gemacht hat. Ende April veröffentlichte die amerikanische Menschenrechtsorganisation Human Rights Watch einen Bericht, der in Kairo wie eine Bombe einschlug. Insgesamt 5000 Demonstranten sind zwischen Februar und April im ganzen Land vor Militärgerichte gestellt und die meisten abgeurteilt worden. Auf dem Tahrir-Platz hatte die Militärpolizei massenweise Demonstranten verhaftet, als sie versucht hatte, mit Schlagstöcken und Tränengas Kundgebungen aufzulösen. Von Militärgerichten in Kairo, Alexandria, Ismaelia und anderen ägyptischen Städten sind in den letzten zwei Monaten, so schreibt der Bericht von Human Rights Watch Ende April, zahlreiche Ägypter zu Gefängnisstrafen zwischen sechs Monaten und sieben Jahren verurteilt worden, zwei sogar zu 25 Jahren Kerker.

Angeklagt waren die Verurteilten unter anderem wegen illegalen Waffenbesitzes, dazu zählen auch lange Messer, Beschädigung von öffentlichem Eigentum, was bei Demonstrationen leicht passiert, oder wegen Verstoßes gegen das nächtliche Ausgehverbot. Schon allein dieser Anklagepunkt zeigt, wie willkürlich diese Prozesse waren; denn kaum ein Ägypter hält sich an die Ausgangssperre. Und kaum ein Polizist versucht, sie durchzusetzen.

Normalerweise dürfen Militärgerichte in Ägypten nur in Ausnahmefällen Zivilisten anklagen, zum Beispiel bei Verdacht auf Terrorismus, bei Plünderei oder wenn ein Offizier in den Fall verwickelt ist. All das konnte man den verhafteten Tahrir-Platz-Demonstranten beim besten Willen nicht vorwerfen, stellt der Human-Rights-Watch-Bericht fest. Darüber hinaus berichten in dem Report Demonstranten, die aus der Militärhaft wieder entlassen wurden, von Misshandlungen, sogar von Folter.

»Die ägyptische Militärführung hat noch nicht erklärt, warum gegen junge Protestierende unfair vor Militärgerichten verhandelt wird, während Mubaraks Beamten, die des Mordes und der Korruption angeklagt sind, vor normalen Strafgerichten der Prozess gemacht wird«, kommentiert der stellvertretende Direktor für den Nahen Osten von Human Rights Watch, Joe Storck, das Verhalten des Militärrats. Der Militärrat untergrabe mit diesen Prozessen das Vertrauen der Ägypter in die zivile Justiz und schaffe eine nicht kontrollierbare Paralleljustiz, kritisiert Human Rights Watch weiter.

Der Pressesprecher der obersten Generäle des Landes hat eine Untersuchung versprochen. Wieder mal. Und Chefblogger Wael Abbas hat inzwischen zu einem »Tag des Antimilitär-Blogs« aufgerufen, um allen Mut zu machen, den Militärrat zu kritisieren.

»Trotzdem bin ich noch optimistisch«, sagt uns Miriam zum Abschied in der Diwan-Buchhandlung, »solange es Aktivisten wie Wael Abbas gibt, so lange können wir hoffen, dass es am Ende gutgeht mit der Renaissance unseres Landes. Immerhin hat sein Blog heute noch 30 000 Leser, also 30 000 Ägypter, die wissen wollen, was wirklich passiert. Das ist gut so.«

18 Können Araber überhaupt Demokratie?

Als im Januar 2011 der arabische Frühling in Tunesien begann, wagte kaum jemand vorauszusagen, wie die arabische Welt am Ende des Jahres aussehen wird. Ägypten machte es Tunesien nach und führte vor, wie man in achtzehn Tagen einen Alleinherrscher und seine Familie verjagen kann. Auch das hatte kaum einer so schnell erwartet. Doch damit endet vorläufig die Freude über die arabischen Frühlingsgefühle.

Andere arabische Länder folgten zwar, in den meisten erhoben sich die Bürger gegen ihre Regierungen, aber nicht mit dem gleichen Erfolg wie in Ägypten oder Tunesien. Auch in Ländern wie Syrien, Jemen oder Bahrain wollen die Menschen ihre Unterdrücker loswerden. Doch diesen ist jedes Mittel recht, um an der Macht zu bleiben. Sie setzten dabei das komplette Waffenarsenal ihrer Diktatur ein und versuchten die Revolutionen im Keim zu ersticken.

Bis Ende Juni sind allein in Syrien über 1 500 Menschen gestorben, von Scharfschützen erschossen, von Panzern überrollt, auf der Straße verblutet. Tausende sind verhaftet worden oder einfach verschwunden. Das Militär macht keine Anstalten, die Seite zu wechseln und sich den Demonstranten anzuschließen wie in Tunesien oder sich wenigstens abwartend zu verhalten wie in Ägypten. Das wäre die Voraussetzung für einen Regimewechsel gewesen. Und der Präsident des Landes setzt ausschließlich auf Gewalt statt auf Reformen, von denen er so gern in seinen Ansprachen redet. Die Zahl der Getöteten ging im Mai zwar vorübergehend zurück, doch das hatte nichts mit einer Wende zu Vernunft und Gesprächsbereitschaft zu tun, sondern nur mit einem Strategiewechsel der Unterdrückung.

Die Handyvideos, die trotz des Einreiseverbots für Journalisten in die Medien außerhalb des Landes gelangten, zeigten Wirkung. Westliche Politiker konnten angesichts dieser dokumentierten Brutalität gar nicht anders, als das Regime zu verurteilen. Dieses zog die Notbremse, überlegte, wie der Videoexport in Zukunft verhindert werden könne, und beschloss, Gewalt solle in Zukunft für Handykameras weniger sichtbar sein.

Die Beiruter Blogger Elias Perabo und Rami Nakhle haben diesen Strategiewechsel mit Hilfe ihrer Kontakte zu den Demonstranten in Syrien analysiert. Sie beschreiben ihn in einer ihrer E-Mails an die Presse so: »Die neue Strategie besteht hingegen darin, massenweise Personen festzunehmen, sie mindestens eine Woche zu inhaftieren und in dieser Zeit zu foltern. Menschen werden dabei meistens nicht aufgrund von konkreten Verdachtsmomenten festgenommen, sondern vielmehr wegen ihrer Zugehörigkeit zu bestimmten Zielgruppen. In Deraa und Baniyas wurden in den letzten zwei Wochen willkürlich Tausende Männer im Alter zwischen zwanzig und 35 festgenommen, in den Vororten von Damaskus fast komplette Straßenzüge verhaftet.«

Im ganzen Land geht das Regime offensichtlich nach dem gleichen Muster vor: »Die Orte werden von Sicherheitspolizisten, der vierten MilitärDivision des Bashar-Bruders Maher al Assad und teilweise auch der Präsidentengarde umstellt, gleichzeitig werden Strom und Telefonnetze abgeschaltet und Scharfschützen auf den Dächern positioniert. Damit wird eine nicht angekündigte Ausgangssperre sehr wirkungsmächtig durchgesetzt und Haus für Haus durchkämmt, um Leute festzunehmen.« Jeder ist verdächtig, jeder kann verhaftet und gefoltert werden, jeder soll in Angst leben. So sollen sämtliche Orte, an denen das Regime Demonstrationen erwartet, terrorisiert werden. Dass die Verhafteten nach einer Woche wieder freigelassen werden, habe einmal mit der begrenzten Kapazität der syrischen Gefängnisse zu tun, schreiben die Blogger, aber auch mit einem perfiden Plan: »Die Leute sollen von dem Grauen, den körperlichen und seelischen Misshandlungen erzählen, um damit weiter für Abschreckung zu sorgen. Solange die Regierung es schafft, die internationalen Medien weiterhin aus Syrien auszusperren und keine Bilder von Gefangenen und Folterlagern um die Welt gehen zu lassen, scheint diese Strategie, deutliche Teile der Bevölkerung im Durchlauferhitzerverfahren festzunehmen und zu foltern, erfolgreich.«

Der Internetfreak Baschar al-Assad hat also begriffen, dass selbst ein Einreiseverbot für Journalisten Bilder aus dem Land und damit Berichterstattung über das Land nicht verhindern kann. Twitter, Facebook und Co. machen möglich, dass die Welt erfährt, was in Syrien los ist. In keinem anderen Land des Nahen Ostens sind diese Kommunikationswege so wichtig wie in Syrien, um der Öffentlichkeit außerhalb des Landes wenigstens eine Ahnung davon zu geben, welche Gewaltherrschaft im Inneren die Menschen terrorisiert. Deswegen hatte sich das Regime vorübergehend von der offenen Brutalität zu verabschieden, es setzte im Mai auf versteckte Repression und verborgenen Terror gegen die eigene Bevölkerung. Doch als auch diese Strategie die Demonstrationen nicht stoppen konnte, griff das Regime zu den bekannten Mitteln, zu Panzern, Heckenschützen und systematischem, offenem Terror.

Ob sich das Regime am Ende damit durchsetzt gegen die Demonstranten, ist schwer vorauszusagen. Wenn es ihm gelingen sollte, dann wird Syrien eines der wenigen Länder der arabischen Welt sein, in dem am Ende Ruhe herrscht. Es wird aber eine Friedhofsruhe sein und Syrien ein Land, das mehr an Nordkorea erinnert als an die arabische Hochkultur, die es einmal verkörperte. Der Iran wird einziger Freund sein, der Westen wird es – erst einmal – isolieren und sämtliche Beziehungen einfrieren. Die Flüchtlinge, die dann mit Sicherheit in großer Zahl kommen werden, muss der Westen als politisch Verfolgte aufnehmen.

Allerdings ist Syrien für den Nahen Osten zu wichtig, um es ewig auszugrenzen und dadurch endgültig in die Arme des Irans zu treiben. Das kann am Ende nicht im Interesse des Westens oder der arabischen Länder liegen. Ein Pariastaat auf Zeit wird Syrien also sein, dessen Präsident am 31. Januar 2011 noch seinen Kollegen Mubarak und andere vollmundig wegen fehlender Reformbereitschaft kritisiert hatte.

Damals hatte Baschar al-Assad, der nur selten und ungern Interviews gibt, den Journalisten des *Wall Street Journals* gesagt, in Syrien könne es Entwicklungen wie in Tunesien oder Ägypten gar nicht geben: »Wir haben zwar mehr Schwierigkeiten als alle anderen arabischen Länder. Trotzdem ist Syrien ein stabiles Land. Warum? Weil wir eine sehr enge Verbindung zu unserem Volk haben. Nur wenn dieser Gegensatz zwischen der Regierung und dem, was das Volk glaubt und will, entsteht, dann gibt es diese Unruhen.« In Ägypten und Tunesien sei dies der Fall, die Regierungen in diesen Ländern hätten den Kontakt zu ihrer Bevölkerung verloren, in Syrien sei dies nicht der Fall.

Ob Baschar al-Assad inzwischen über diese angeblich in Syrien nicht existierende Mauer zwischen Regime und Volk anders denkt, wissen wir natürlich nicht. Er bot aber mit diesem Interview einen selten klaren Beleg für eben diese Volksferne, die er nur bei seinen Kollegen im arabischen Ausland vermutet. Er lebt in der gleichen Betonfestung wie alle anderen Herrscher der arabischen Welt, der politischen Realität seines Landes offensichtlich völlig entfremdet. Anders kann man dieses Interview nicht verstehen, unterstellt man, dass er tatsächlich an das glaubt, was er sagt.

In dem Gespräch zeigt er sich zum Beispiel erstaunlich einsichtig und verständig für die Belange seines Volkes, der Dialog mit ihm sei der einzig richtige Weg aus den Krisen des Nahen

Ostens: »Als erstes muss man lernen, wie man einen solchen Dialog führt und wie man ihn produktiv macht.« Sagt er und versucht, den Interviewern und den Lesern des *Wall Street Journals* wieder Sand in die Augen zu streuen, in Syrien laufe schließlich alles bestens: »Wir haben damit vor sechs oder sieben Jahren begonnen durch die Medien. Heute läuft es besser als vor sechs Jahren, wenn auch noch nicht optimal. Wir haben noch einen langen Weg vor uns.« Das sagte er am 31. Januar 2011, anderthalb Monate später lässt er die Demonstrationen zusammenschießen.

Vielleicht glaubt er tatsächlich an das, was er in dem *Wall Street-Journal*-Interview als sein politisches Credo verkündet hat. Es hatte schließlich den beschriebenen »Damaszener Frühling« gegeben, vor zehn Jahren, wenn auch nur für kurze Zeit. Die »Damaszener Eiszeit« dauert heute noch an. Und spätestens seit dem blutigen Karfreitag am 22. April 2011, dem noch viele Blutfreitage folgten, sind diese Argumente hinfällig. Baschar al-Assad sollte nach Gaddafi der nächste mit Haftbefehl Gesuchte für den Internationalen Strafgerichtshof sein. Die bisherigen Strafmaßnahmen reichen nicht. Die EU verhängte ein Waffenembargo, verfügte ein Einreiseverbot gegen führende Syrer und ließ deren Konten sperren. Obama ordnete an, die Konten des Präsidentenbruders und von dessen Cousin in den USA einzufrieren, auch andere Geheimdienstler sollen keinen Zugriff mehr haben auf ihr in den USA deponiertes Geld. Allerdings, vermute ich, plant im Augenblick ohnehin keiner dieser Herren oder deren Ehefrauen eine Shoppingtour in New York.

Weiterreichende Maßnahmen gegen das Regime wie eine Anklage vor dem Internationalen Strafgerichtshof in Den Haag sind also bislang noch nicht vorgesehen. Baschar al-Assad ist eben nicht Muammar al-Gaddafi. Syrien ist wichtiger als Libyen. Es hat zwar kaum Öl, dafür ist es aber einer der Schlüsselstaaten zu Krieg oder Frieden im Nahen Osten. Das ist in seiner langen

Grenze mit Israel begründet, außerdem hat es Grenzen mit Jordanien, mit dem Irak, mit der Türkei und dem Libanon. Weitere Gründe sind seine Allianz mit dem Iran und sein Einfluss auf die Hisbollah. Syrien ist die zweite Heimat der Hamas und deren wichtigster Verbündeter. Diese Organisationen – Amerikahasser, Westfeinde und Israelzerstörer – sind durch die syrische Kuratel kontrollierbar. Das hofft zumindest der Westen. Was nach Assad käme in Syrien, ist kaum voraussagbar: Israel hassende Islamisten wären gut vorstellbar, eine lupenreine Demokratie wäre es eher nicht.

US-Präsident Barack Obama hatte kurz vor Ausbruch der Unruhen zum ersten Mal wieder einen Botschafter nach Damaskus entsandt, um nach fünf Jahren diplomatischer Eiszeit die Beziehungen zum Regime wieder anzuwärmen. Auch die EU hat in den letzten Jahren versucht, ihr Verhältnis zu Syrien aufzufrischen, um Assad einen Weg aus der Isolation zu bieten. Der Westen hoffte, so einen Keil zwischen den Iran und seinen Verbündeten Syrien treiben zu können, um die Hisbollah im Südlibanon zu isolieren. Falsch waren diese Annäherungsversuche nicht, hätte der Iran doch ein Bollwerk weniger in der arabischen Welt. Sie waren allerdings wenig erfolgreich. Doch bei dem schwierigen Balanceakt zwischen interessengeleiteter Realpolitik und wertegeleiteter Menschenrechtspolitik sind Außenpolitiker im Westen häufig abgestürzt, besonders wenn es um den Nahen Osten ging. Israels Sicherheit, arabisches Öl und Kampf gegen den Terrorismus sind die Koordinaten, die diese Außenpolitik bestimmen. Menschrechte und Demokratie spielten in diesem politischen Dreieck oft genug nur eine untergeordnete Rolle.

Aber können Araber überhaupt Demokratie? Diese im Westen immer wieder auch von Politikern gern gestellte Frage beantworten westliche Bedenkenträger häufig so: Der Islam selbst sei das größte Hindernis, diese totalitäre Konfession, die nie eine Aufklärung erlebt habe, bestimme die Politik, das Alltagsleben und jede Lebensäußerung der Gläubigen, daher habe eine pluralistische Demokratie bei derartig religionsgesteuerten Menschen keine Chance. Islam und Demokratie schließen sich aus.

Andere argumentieren mit der angeblich demokratiefeindlichen Kultur der arabischen Welt: »Solange die ihre Frauen so behandeln, braucht man über Demokratie im Nahen Osten gar nicht nachzudenken.« Deswegen seien die autoritären Regime genau das, was diese Länder wollen und brauchen. Auch solche Argumente werden ernsthaft vertreten. Und keiner dieser »Fachleute« macht sich die Mühe, genauer hinzuschauen.

Ein ägyptischer Sozialwissenschaftler, der Kairoer Politikprofessor Moataz Abdel Fattah, hat die Frage »Können Araber Demokratie?« untersucht und seine Ergebnisse in einem Buch mit dem Titel »Democratic Values in the Muslim World« veröffentlicht. Die Veröffentlichung hätte den arabischen Despoten, die in diesem Jahr zum Rücktritt gezwungen wurden, eine Warnung sein können, da es schon vor fünf Jahren erschienen ist. Der Autor kommt zu dem Ergebnis: Ja, sie können, die große Mehrheit jedenfalls. Unmittelbar nach der Jahrtausendwende hatte Moataz Abdel Fattah mit seiner Befragung begonnen. Schon vor bald zehn Jahren wollten die meisten in verschiedenen arabischen Ländern Befragten nichts lieber als ihre Alleinherrscher loswerden. In Ländern wie Ägypten, Syrien und Marokko haben sich die Bürger klar für eine gewählte Regierung ausgesprochen und gegen ihre autokratischen Herrscher. Nur die Emiratis und die Omanis zogen ihre nicht gewählten Emire und Sultane einem gewählten Präsidenten vor. Beides sind reiche Länder, in denen es den Menschen gutgeht und die von ihren Regierungen sanft modernisiert werden.

Doch schon Kuwait fällt aus diesem Muster heraus. Obwohl reich durch Öl, plädierten hier 88 Prozent für eine gewählte Regierung. Moataz Abdel Fattah folgert aus dieser »gigantischen Kluft zwischen muslimischen Herrschern und der Öffentlichkeit« in seiner Untersuchung: »Wenn man den Muslimen die Gelegenheit gäbe, ihre Herrscher auszuwechseln, dann würden die meisten dies tun.« Die Unzufriedenheit war also schon spätestens seit 2005 bekannt.

Auch die Bereitschaft, demokratische Institutionen und Werte zu unterstützen, war schon 2005 in Ägypten stark ausgeprägt – ebenso wie in Tunesien und in Jordanien. Die Untersuchung nennt auch den Iran als eines der Länder, deren Bevölkerung auf eine Demokratisierung hofft. Fattah glaubt, mit seiner Untersuchung belegen zu können, dass der Wunsch nach Demokratisierung in diesen Ländern genauso stark ausgeprägt ist wie in Europa. Nur Libyen, die Vereinigten Emirate, Oman und Saudi-Arabien fallen negativ auf als Länder, die sich mit ihren autoritären Herrschern zufriedengeben. Fattah folgert aus seinen, wie er schreibt, unter schwierigen Bedingungen ermittelten Statistiken: »Moderne Muslime und pluralistisch eingestellte säkulare Bürger sind eine Mehrheit in der islamischen Welt. Eine Mehrheit der Muslime beurteilt die undemokratisch gewählten Regenten negativ und verlangt echte demokratische Regierungsformen für ihre Länder.«

Und schon damals stellte er fest, eine Mehrheit von Muslimen sei bereit, ihre politischen Rechte öffentlich einzufordern und dafür auch Opfer zu bringen. Fattah hat mit seinen Statistiken schon frühzeitig gleichsam die Tahrir-Plätze der arabischen Welt vorausberechnet. Seine Untersuchung belegt: Araber können Demokratie, wenn auch diese Demokratie anders aussehen mag als die, die man im Westen gern sieht.

Religion zum Beispiel wird in einer arabischen Demokratie einen wesentlich höheren Stellenwert haben, als dies die säkularen Demokratien in Europa zulassen. Fattah schreibt: »In 26 von 32 untersuchten Gesellschaften hatte die absolute Mehrheit der Befragten geantwortet, der Islam müssen eine aktive Rolle in der Politik spielen.«

Eine Studie des amerikanischen Pew Research Center bestätigt dieses Ergebnis von 2005 in einer 2011 durchgeführten Untersuchung (Egypt, Democracy and Islam, Richard Auxier, PRC,

31. Januar 2011). Nach dieser Befragung glauben über achtzig Prozent der Ägypter, dass der Islam einen positiven Einfluss auf die Politik hat, die Politiker daher gut daran tun, die Regeln des Koran zu befolgen. Es ist also damit zu rechnen, dass Prediger in den Moscheen bei Wahlkämpfen mit Wahlaufrufen Partei ergreifen und Wahlempfehlungen aussprechen, ähnlich wie es die katholische Kirche in Deutschland noch bis in die siebziger Jahre zugunsten der CDU machte.

Seine Ergebnisse legen für Fattah zwei Schlüsse nahe: Rein säkulare Parteien werden es schwer haben, sich bei Wahlen in den islamischen Ländern durchzusetzen. »Der Islam ist die Lösung«, ist zwar alles andere als ein überzeugender Slogan, und er wird Jungwähler kaum zum Kreuzchenmachen bewegen, doch Parteien, die sich weltlich nennen und ein religionsfernes Programm anbieten, geraten schnell in den Verdacht, blasphemisch und ketzerisch und damit nicht wählbar zu sein.

Zweitens folgert er, dass kurzfristig Islamisten wie die ägyptischen Moslembrüder zu den Nutznießern dieser Demokratisierung gehören und in den Parlamenten als starke Fraktionen vertreten sein werden. Genau damit müsse der Westen aber leben, denn weder die USA noch die europäischen Länder könnten dann auf die neuen Demokratien solchen Druck ausüben, wie es der Westen auf die alten Diktatoren getan hatte.

Islam und Demokratie, so Fattah, vertragen sich also doch miteinander, zumal es den einen Islam nicht gibt, sondern nur eine Vielfalt von Interpretationen und Deutungen dieser Weltreligion, in die demokratische Prinzipien eingebaut werden können.

Zu wirklich demokratisch funktionierenden Staaten ist es allerdings noch ein weiter Weg in der arabischen Welt, einen langen Marathon habe der Nahe Osten noch vor sich, schreibt der Demokratieforscher Moataz Abdel Fattah. Und es wird große Unterschiede zwischen den arabischen Ländern geben. In Saudi-Arabien sind keinerlei Ansätze erkennbar, mehr Mitsprache und politische Beteiligung für Bürger einführen zu wollen. Hier dominiert die engstirnig ausgelegte Religion in der Tat das gesamte Leben, eine Religionspolizei sorgt dafür, dass Abweichler streng betraft werden. Auch die Herrschaft des Königs legitimiert sich über den Islam und verhindert damit gesellschaftlichen Pluralismus. Die im Jahr 2005 durchgeführten Lokalwahlen waren eher die Karikatur einer demokratischen Wahl denn eine Übungseinheit für Demokratie.

Aber auch in einer moderaten islamischen Gesellschaft wie der ägyptischen stellt sich die Frage, wie viel Islam wird in der neuen demokratischen Verfassung festgeschrieben sein? Wird die Scharia wieder die Hauptquelle der Verfassung sein, wie es Artikel zwei der ägyptischen Verfassung immer noch vorsieht, oder eine von mehreren Quellen oder überhaupt keine Grundlage für die künftige Staatsordnung, wie es der Westen und inzwischen die meisten der neuen säkularen Parteien in Ägypten am liebsten sähe? Würden die Ägypter überhaupt einer rein säkularen Verfassung zustimmen? Denn sie sollen ja über den Entwurf abstimmen, den ein vom Parlament eingesetzter Ausschuss erarbeiten soll. Die meisten Ägypter können sich eine konsequente Trennung von Moschee und Staat nicht vorstellen. Islam ist keine Sache für das stille Kämmerlein wie das Christentum, das leere Kirchen beklagt. Moscheen dagegen sind jeden Freitag überfüllt, wenn die Prediger islamische Moral verkünden. Mit diesem Wertekanon begründet zum Beispiel die Al-Azhar-Moschee in Kairo, eine Art Aufsichtsbehörde des sunnitischen Islam, ihr Recht auf Zensur. Bisher konnte sie Filme und Bücher auf den Index setzen und sie damit de facto verbieten, wenn die Al-Azhar-Scheichs glaubten, Verstöße gegen religiöse Vorschriften entdeckt zu haben.

Wie viel Meinungsfreiheit darf es also sein in einem demokratischen Ägypten oder Tunesien? Darf man sich öffentlich als Atheist zu erkennen geben? Das kann heute noch lebensgefährlich sein. Erst wenn diese Staaten Meinungsfreiheit zulassen und in öffentlichen Debatten auch islamkritische Themen diskutiert werden können, erst dann besteht die Chance, dass Religion allmählich aus der öffentlichen Politik zurückgedrängt wird. Demokratie ist machbar in der islamischen Welt, aber es wird noch lange eine Demokratie mit eingebautem Koran sein.

Auch wird es bei der Demokratisierung im Nahen Osten immer wieder Rückschläge geben. Korruption lässt sich nicht von heute auf morgen abschaffen. Autoritäres Denken ist bei vielen Menschen fest verankert. Die neuen Demokratien werden ums Überleben kämpfen müssen, wenn die Wirtschaft nicht funktioniert und die Menschen anfangen zu fragen: »Was habe ich eigentlich davon?« Außerdem wäre es gefährlich, die antidemokratischen Kräfte in diesen Ländern zu unterschätzen. Es gibt immer noch zu viele, die zu viel zu verlieren haben.

Man darf dabei allerdings auch nicht vergessen: Frankreich wurde erst hundert Jahre nach der Französischen Revolution zu einer sich allmählich demokratisierenden Republik, England brauchte nach der Magna Carta noch siebenhundert Jahre, um ein demokratisches System zu entwickeln, in den USA bekamen die Frauen erst 150 Jahre nach der Staatsgründung das Wahlrecht. Auch darauf weist Fattah hin. Außerdem sollte man nicht vergessen: Deutschland benötigte zwei Anläufe, ehe es eine stabile Demokratie entwickelte. Zwischen diesen beiden Anläufen löste es einen Weltkrieg aus und versuchte, eine ganze Religionsgemeinschaft auszulöschen. Ihren zweiten, diesmal erfolgreichen Demokratieversuch bekam Deutschland von den Siegern des Zweiten Weltkrieges verordnet. Deutsche Fundamentalkritiker, die das islamische Demokratieverständnis und die arabische Demokratiefähigkeit anzweifeln, sollten das immer im Hinterkopf haben und sich an den Tahrir-Platz erinnern, wo die jungen Ägypter sich ihre Demokratie selbst erobert haben ohne fremde Hilfe.

Der Westen tut gut daran, diese Demokratisierung ohne Bevormundung zu begleiten. Schließlich hat er einiges wiedergutzumachen bei den Arabern, ist er doch mit den alten Regimen gut gefahren und hat sie erst in Frage gestellt, als der Erfolg der Revolutionen kaum noch zu übersehen war, die Amerikaner taten dies noch vor den Europäern.

»Eine Mischung aus wirtschaftlichen und sicherheitspolitischen Interessen einerseits und blanker Ignoranz andererseits prägte die Politik der EU«, schreibt zum Beispiel die entwicklungspolitische Gutachterin Martina Sabra – aber nicht etwa in einer linken, regierungskritischen Zeitung, sondern in der vom Bundesministerium für wirtschaftliche Zusammenarbeit finanzierten Monatszeitschrift *Entwicklung und Zusammenarbeit* (Jahrgang 52, 2011, Heft 2) – und kommt zu dem Schluss, »… manche Politiker glaubten, Araber und Muslime seien ohnehin demokratieunfähig«.

Die Ergebnisse relativ freier Wahlen in Ländern wie Algerien oder den besetzten Palästinensergebieten hatte der Westen nicht anerkannt, sondern die islamistischen Wahlsieger boykottiert wie im Fall Palästina oder einen Quasi-Militärputsch wohlwollend geduldet wie 1992 in Algerien.

Die despotischen Regime haben stattdessen Entwicklungshilfe bekommen, sind hofiert worden, selbst Gaddafi vor dreieinhalb Jahren noch in Paris. Deutliche deutsche Kritik wegen der Menschenrechtsverletzungen dieser Regime hat es auch nur selten gegeben. Noch nicht einmal auf der Münchner Sicherheitskonferenz am 5. Februar 2011 konnte sich Bundeskanzlerin Merkel zu einer klaren Verurteilung Mubaraks durchringen, der nur sechs Tage später zurücktrat. Sie und die amerikanische Außenministerin streichelten ihn, weil er für eine weitere Amtszeit nicht mehr kandidieren wolle. Von einer Rücktrittsforderung an den ägyptischen Präsidenten war bei dieser hochrangig besetzten Konferenz nur leise die Rede. Und in einer ihrer ersten Kommentare zur Revolution in Ägypten mahnte die Kanzlerin, der Friedensvertrag mit Israel dürfe nicht gefährdet werden.

In Ägypten kam diese Belehrung überhaupt nicht gut an, hatte es doch während der achtzehn Tage dauernden Revolution und auch lange danach auf dem Tahrir-Platz keine der sonst üblichen Ausfälle gegen den ungeliebten Nachbarn gegeben, obwohl die große Mehrheit der Ägypter kein Freund dieses Friedensvertrags ist, dies aber nicht, weil die Menschen am Nil einen neuen Krieg mit Israel wollen, sondern weil der Vertrag den Palästinensern keinen Frieden gebracht hat. Außerdem hatten die Ägypter im Januar 2011 andere Sorgen als diesen Friedensvertrag mit Israel.

19 Israel – der ungeliebte Nachbar

»Jeder zweite Ägypter gegen Friedensvertrag mit Israel«, so lautete die Schlagzeile einer dpa-Meldung am 26. April 2011. Diese Meldung wäre in der Tat beunruhigend, würde sie bedeuten, eine neue ägyptische Regierung würde als erstes diesen 1979 in Washington unterzeichneten Vertrag aufkündigen. Damit ist aber kaum zu rechnen. Auch wenn der Friede mit Israel immer ein eisiger Frieden war, ein Frieden zwischen Regierungen, nicht zwischen den Menschen der beiden Länder. Schuld daran sind sicherlich beide Seiten. Das Ägypten Mubaraks hatte eine Verständigung zwischen den beiden Völkern behindert, Schriftsteller, die durch Israel gereist sind und nicht mit dem erwarteten antiisraelischen Horrorgemälde zurückkamen, wurden abgestraft, Ägypter, die sich israelfreundlich geäußert hatten, kamen ins Fadenkreuz des Geheimdienstes. Schüleraustausch gab es nie, der Tourismus kam bis auf eine Enklave auf dem Sinai zum Erliegen, nachdem islamistische Terroristen israelische Reisebusse wiederholt angegriffen hatten. Gegen Israel zu sein war fester Bestandteil des politischen Brauchtums in den arabischen Ländern. Dass dabei oft die heimliche Politik der Regierungen krass von diesem öffentlichen Ritual abwich, durfte in der Öffentlichkeit nicht debattiert werden. So waren die engen Kontakte zwischen Mossad und ägyptischem Geheimdienst ein Tabuthema für ägyptische Zeitungen.

Andererseits hat Israel mit seiner Palästinapolitik und der Unterdrückung der Menschen in den besetzten Gebieten entscheidend zu diesen Ressentiments und zu diesem Hass beigetragen. Ägypter, Jordanier oder auch Syrer empören sich zu Recht über die Toten in den besetzten Gebieten, über den Siedlungsbau im Westjordanland, über die Straßensperren und die Behinderung des alltäglichen Lebens in den Palästinensergebieten. Arabische Zeitungen beschimpfen Israel deswegen als faschistischen Staat, zu Unrecht, und verschonen die Hamas im Gazastreifen von jeder Kritik. Auch diese zornige Einseitigkeit ist ein Teil des nahöstlichen Politikrituals. Die andere Seite schlägt regelmäßig mit gleichen Unsachlichkeiten zurück. Ein hochgerüsteter Goliath und ein Steine schleudernder David stehen sich wütend gegenüber und wissen nicht, wie die Geschichte diesmal ausgeht.

Nirgends funktioniert dieses »blame-game« so gut wie im Nahostkonflikt, es führt zur bekannten Kommunikationsunfähigkeit zwischen den beteiligten Parteien und zu tiefsitzenden Zweifeln an der Friedenswilligkeit des anderen auf beiden Seiten. Gelänge es, den politischen Stillstand zu durchbrechen, dann unterstützte auch auf der arabischen Seite eine große Mehrheit einen Friedensprozess. 86 Prozent der Araber sind nämlich bereit, Frieden mit Israel zu schließen, vorausgesetzt, es gibt die im Sechstagekrieg besetzten Gebiete einschließlich Ostjerusalem zurück. Mit anderen Worten: Zöge sich Israel auf seine am 4. Juni 1967 geltende Waffenstillstandslinie zurück – so wie es auch der amerikanische Präsident Barack Obama inzwischen fordert –, dann würde eine überwältigende Mehrheit der Araber einen Frieden mit dem jüdischen Staat unterstützen. Das hatte die amerikanische Brookings Institution schon 2010 ermittelt.

Zweifellos hat Israel mit dem ehemaligen ägyptischen Präsidenten Mubarak einen verlässlichen Sicherheitspartner verloren, der zum Beispiel versucht hatte, die ägyptische Grenze zum Gazastreifen zu versiegeln. Waffenlieferungen sollten so verhindert werden, außerdem Benzin- und Dieseltransporte, um die Hamas-Regierung auszutrocknen. Husni Mubarak sah wie Benjamin Netanjahu in der Hamas einen politischen Hauptfeind, erkannte sie doch die Existenzrechte Israels nicht an, verweigerte sich daher jeden Friedensverhandlungen zwischen Palästinensern und dem jüdischen Staat. Außerdem lehnt die Hamas den Friedensvertrag zwischen Ägypten und Israel ab und damit die Politik der Westorientierung Mubaraks. Die palästinensischen Tunnelbauer untergruben diesen gemeinsamen ägyptisch-israelischen Boykott. Sie lieferten mit Hilfe der Sinai-Beduinen alles nach Gaza, was gebraucht wurde: Benzin, Waffen, Raketenteile, Zement aus einer staatlichen Zementfabrik auf dem Sinai, Autos, sogar, wenn gewünscht, Bräute, gestand mir einmal einer der Beduinen, der durch diesen Tunnelhandel wohlhabend geworden war.

Die ägyptische Armee versuchte zwar, diesen unterirdischen Schmuggel abzustellen, allerdings mit nur sehr begrenztem Erfolg. Sie würden halt die Offiziere am Gewinn beteiligen, deutete der Beduine an. Außerdem unterstützte die ägyptische Armee die israelische bei der Abwehr von Menschenschmuggel aus Afrika nach Israel, mit dem ägyptische Beduinen auf dem Sinai auch ein kleines Vermögen verdienten. Fast wöchentlich berichteten ägyptische Zeitungen, dass die Armee wieder Afrikaner erschossen habe beim Versuch, die Grenze nach Israel zu überqueren. Warum Mubarak auch dieses schmutzige Geschäft für die Israelis besorgte, ist schwer nachvollziehbar.

Ein immer gern gesehener Gast beim Mossad war Mubaraks Geheimdienstchef Omar Suleiman. Kein anderes arabisches Land unterhielt so enge Beziehungen zu Israel wie Ägypten. Die Bevölkerung wusste von dieser Nähe ihrer Regierung zu den Besetzern der Palästinensergebiete, beobachtete sie mit tiefem Groll, musste sie aber stillschweigend hinnehmen. Das änderte jedoch nichts daran, dass Mubaraks Ägypten für Israel bis zuletzt eine der wichtigsten Stützen seiner Sicherheit war.

Damit ist es jetzt vorbei, egal ob schlimmstenfalls die Moslembrüder an die Regierung kommen und den Friedensvertrag tatsächlich aufkündigen, wie einige ihrer führenden Mitglieder fordern. Sie argumentieren, der Vertrag habe den Palästinensern keinen Frieden gebracht, also sei er hinfällig. Gemäßigtere Parteien stellen den Friedensvertrag zwar nicht in Frage, sie wollen aber auch das Verhältnis mit diesem ungeliebten Nachbarn neu überdenken. Fest steht jedenfalls, dass »demokratische Regierungen öffentliche Meinungen widerspiegeln«, wie der Forschungsdirektor des Brookings Doha Center, Shadi Hamdi, in der Monatszeitschrift *Foreign Affairs* (Ausgabe Mai/Juni 2011) schreibt, »und im Nahen Osten ist diese Meinung stark gegen Israel und die Hegemonie der USA in der Region gerichtet«. Am Ende werden vermutlich die Militärs dafür sorgen, dass der Vertrag nicht aufgelöst oder neu verhandelt wird.

Doch es waren auch die Militärs, die nach dem Rücktritt Mubaraks die Versöhnung zwischen der islamistischen Hamas und der Fatah-Bewegung aus dem Westjordanland gefördert hatten. Unter dem alten Präsidenten wäre eine solche Einigung kaum vorstellbar gewesen. Und es waren die ägyptischen Militärs, die die Grenze bei Rafah zum Gazastreifen dauerhaft wieder geöffnet haben, so dass nun Menschen regelmäßig die Grenze zwischen Gaza und Ägypten passieren können. Und noch ein Tabu ist der Militärrat offensichtlich bereit zu brechen. Er denkt laut darüber nach, mit dem Iran wieder diplomatische Beziehungen aufzunehmen. Auch dies hatte Mubarak immer abgelehnt, sehr zum Wohlgefallen Israels und der USA.

Die Zeit der bequemen, weil nur auf den Westen fixierten Diktatur ist jedenfalls vorbei. Israel wird sich darauf einstellen müssen, dass es in Zukunft nicht mehr mit einem leicht berechenbaren Partner zu tun hat, der bereit ist, Widerstände im eigenen Volk gegen seine israelfreundliche Politik mit Gewalt zu brechen. Es hat zumindest jenseits seiner südlichen Grenze mit einer immer offeneren Gesellschaft zu tun, für die Meinungsvielfalt lebenswichtig ist. Man kann dies auch als Vorteil sehen. Zwischen Demokratien gibt es weniger Kriege, als wenn eine Diktatur an einem Konflikt beteiligt ist.

Anders sieht es mit der Sicherheit für Israel an seiner Nordgrenze aus. Weder in Syrien scheinen die Chancen im Augenblick groß zu sein, dass dort eine offene Gesellschaft entsteht, noch im an Israel grenzenden Südlibanon, der reines Hisbollah-Land ist. Diese »Partei Gottes« ist der erklärte Erzfeind des jüdischen Staates, den sie vernichten will. Jerusalem sei eine heilige Stadt des Islam, müsse daher wieder rein islamisch werden, wenn es sein muss, mit Gewalt. Um diese Position durchzusetzen, unterhält diese auch im libanesischen Parlament und der Regierung in Beirut vertretene Partei eine hochgerüstete Miliz im Südlibanon, die von Syrien und dem Iran mit modernen Waffen versorgt wird. Ihre Raketen sollen inzwischen sogar in der Lage sein, Tel Aviv zu erreichen. Diese Hisbollah stellt für Israel eine permanente Bedrohung dar.

Am besten lässt sich die Haltung der Hisbollah in einem Vergnügungspark studieren, den sie in den Bergen nahe der Hafenstadt Sidon eingerichtet hat, finanziert mit iranischem Geld, offen für jedermann, außer für Israelis, wie der Parkdirektor uns ausdrücklich in einem Interview mitteilte. Eine Art Erlebnispark des heiligen Krieges soll diese Anlage sein. Eröffnet wurde sie im Mai 2010. Dorthin zu reisen ist inzwischen selbst für Familien aus Beirut ein beliebtes Sonntagsvergnügen, eine prickelnde Zeitreise inklusive Picknick; denn vor zehn Jahren verlief hier noch die Front zwischen den israelischen Besatzungstruppen im Südlibanon und der Hisbollah. Jetzt ermöglicht die Hisbollah den Libanesen einen Blick in einen Abgrund, in dem die israelische Armee ihr Grab gefunden haben soll. Zumindest in der Fantasie der Museumsbauer. In eine Grube haben sie zerstörte israelische Panzer gestürzt, sie liegen dort zwischen allerlei Kriegsschrott wie tote Käfer auf dem Rücken, die Ketten abgeplatzt, die Kanonen verbogen. Dazwischen Helme israelischer Soldaten, manche mit Einschusslöchern, außerdem verbogene Gewehre. Alles original, versichern die Parkwächter ernsthaft. Das meiste dieses Kriegsgeräts stammt aus dem letzten Krieg zwischen Hisbollah und Israel 2006. Die Hisbollah inszeniert sich als unbesiegbare Macht im Libanon. Die Besucher sollen lernen: »Wir sind die Einzigen, die den Zionistenstaat je besiegt haben.«

Über dieses imaginäre Grab der israelischen Armee spannt sich eine Brücke, über die die Besucher spazieren und dabei einen Blick in die Tiefe riskieren können. Die Israelfeinde fotografieren begeistert. Wärter erklären, welche Waffen die Hisbollah den Israelis abgenommen habe. Alle Besucher strahlen und scheinen stolz zu sein auf »ihre Widerstandskämpfer« gegen den zionistischen Feind.

»Ohne uns ist der Libanon schutz- und wehrlos«, das ist die zweite Botschaft dieses Parks.

Hat der Besucher den Abgrund überquert, betritt er den »Wald der Märtyrer«. Hier haben die Dschihad-Designer Stellungen der Hisbollah-Kämpfer nachgebaut und sie mit lebensgroßen Puppen in Tarnuniform und mit Sturmgewehr im Anschlag bemannt. Über Lautsprecher dröhnen Kampfgeräusche von explodierenden Granaten und Maschinengewehrfeuer. Alles soll möglichst realistisch wirken in diesem Disneyland des bewaffneten Kampfs. Man kennt nur Sieger hier, tot sind immer die anderen. Die Freizeitkrieger wandern durch die Schützengräben, ducken sich in Sandsackstellungen, betasten ehrfurchtsvoll Granatwerfer und Katjuscha-Raketen. Sogar Papierkörbe sind an Raststellen mit Bänken in Tarnfarben aufgestellt. »Unser Schlachtfeld soll sauber bleiben.«

Die Besucher gaben sich begeistert bei unserem Besuch kurz nach der Einweihung des Parks im Mai 2010. Zum Beispiel ein junger Libanese aus Beirut: »Das gibt uns Würde und Stolz zurück. Wir haben gewonnen und den Feind besiegt. Das wird hier gezeigt. Ich bin jederzeit bereit, mit der Hisbollah zu kämpfen und für mein Land zu sterben«.

Ein junger Vater mit Kleinkind verkündete: »Ich bin bereit, alles zu geben. Und ich werde meinem Kind beibringen, dass dies ein Ort des Stolzes und der Würde ist«, sagte er und streichelte dem Sechsjährigen über den Kopf. Der strahlte, als gäbe es nichts Schöneres, als ein im Kampf gegen Israel gefallener Märtyrer zu sein.

Kampfgeist und Hass gegen den starken Nachbarn sollen so auf dem nachgebauten Schlachtfeld genährt werden bei den Hisbollah-Fans. Mit dramatischer Musik untermalt ist der Gang durch einen in den Fels gehauenen Originalbunker mit Befehlsstellen und Schlafstätten. Ein Freilichtmuseum der geistigen Aufrüstung ist diese Anlage, in der die Gotteskrieger stolz ihre militärische Überlegenheit im Libanon vorführen. Die eigentliche Armee ist, verglichen mit diesen Kämpfern, ein harmloser Schützenverein.

Die Hisbollah beansprucht für sich die Vorherrschaft im ganzen Südlibanon. Allein sie will über Krieg und Waffenstillstand mit Israel entscheiden. Ihren politischen Einfluss in Beirut baut sie kontinuierlich aus. Das sind die Bedingungen, mit denen sich Israel an seiner Nordgrenze auseinandersetzen muss. Ein dauerhafter Frieden ist hier vorerst kaum zu erwarten.

Außerdem beunruhigt die Israelis zu Recht die unklare Lage im benachbarten Syrien. Am 15. Mai 2011, dem Tag, an dem die Israelis die Gründung ihres Staates feiern, hatten Dutzende Palästinenser erst an der streng bewachten Grenze zwischen Syrien und Israel auf dem Golan demonstriert, dann die israelischen Soldaten mit Steinen beworfen und schließlich die Grenze gestürmt. Dieser Sturm auf die Golan-Grenze war zweifellos inszeniert vom syrischen Regime. Einigen der Grenzüberwinder war es sogar gelungen, tief auf israelisches Gebiet vorzudringen. Die Palästinenser verstehen diesen Gründungstag als den »Tag der Katastrophe«, als den Tag, an dem sie ihre Heimat endgültig verloren hatten. Die Botschaft des Angriffs ist klar. Das syrische Regime wollte mit dieser erfolgreichen Attacke vorführen, wie gefährdet diese Grenze ohne die harte Hand Baschar al-Assads sein wird.

Das Gleiche gilt für den Sturmangriff auf die libanesisch-israelische Grenze am selben Tag. Hier hatte die Hisbollah die Koordination für die Grenzerstürmung übernommen. Zehn tote Palästinenser sind der Preis dieser politischen Demonstration. Beide zeitgleich inszenierte Ereignisse – eine Warnung an den Westen und an Israel.

Der jüdische Staat wird sich neu mit seinen Nachbarn auseinandersetzen müssen, wenn es mit der Demokratisierung in diesen Ländern tatsächlich funktionieren sollte. Mit ihren erfolgreichen Revolutionen sind Ägypten und Tunesien auf dem besten Weg, auch hinsichtlich der politischen Kultur mit Israel gleichzuziehen. Bislang hat Israel ein bestimmtes Gütesiegel für sich allein beansprucht, nämlich der einzige demokratisch regierte Staat im Nahen Osten zu sein. Damit könnte es bald vorbei sein. Wenn es in diesen beiden Ländern demnächst freie Wahlen gibt, dann können die Ägypter und Tunesier mit Stolz den Israelis den Satz vorhalten: »Wir denken genauso demokratisch wie ihr, vielleicht sogar ein bisschen demokratischer, weil wir niemanden besetzt haben.«

Der israelische Historiker und Buchautor Tom Segev fürchtet in einem *Spiegel*-Interview am 5. März 2011 sogar um die israelische Demokratie: »Während wir sehen, wie sich die arabische Welt demokratisiert, wird in Israel die Demokratie schwächer. Wir haben einen Außenminister, dessen Partei man mit rechtsradikalen Bewegungen in Europa vergleichen kann.«

20 Das Ende der Ohnmacht?

»Die Araber sind heute die unglücklichsten Menschen der Welt, selbst wenn sie das nicht anerkennen«, schrieb der international bekannte libanesische Journalist und Historiker Samir Kassir in seinem 2004 erschienen Essay-Band *Being Arab*. Die arabischen Gesellschaften befänden sich in einer »ausweglosen Sackgasse«, seien total blockiert durch Analphabetentum, die gewaltigen Unterschiede zwischen Arm und Reich, Überbevölkerung der Städte und Verödung der Provinzen. Alles Phänomene, die auch für andere Gegenden der Dritten Welt gelten. Für die Araber käme aber noch eine Besonderheit hinzu: »Das beginnt mit dem weitverbreiteten und tief verwurzelten Gefühl, dass die Zukunft versperrt sei.« Weiter schrieb er 2004 unter dem Eindruck der schnellen Eroberung und Besetzung des Irak durch die USA und der Unfähigkeit, die Okkupation der Palästinensergebiete durch Israel zu beenden: »Ohnmacht ist heute unbestreitbar der Inbegriff des arabischen Unglücks. Eine Ohnmacht, die daran hindert, das zu sein, was man den eigenen Vorstellungen nach sein müsste. Die Ohnmacht zu handeln, um den eigenen Lebenswillen zu bestätigen ... die Ohnmacht, das Gefühl zu unterdrücken, dass man nur noch eine zu vernachlässigende Größe sei ...«

Die vielen Niederlagen gegen Israel und die USA haben entscheidend zu diesem Grundgefühl in der arabischen Seele beigetragen, der Ohnmacht und des verinnerlichten Gefühls, unfähig zu sein, sein Leben in die eigene Hand nehmen und gestalten zu können, so Samir Kassir 2004. Hinzu kommen die korrupten Regime, die bewusst diese scheinbare Aussichtslosigkeit der arabischen Gesellschaften fördern und sie mit Verschwörungstheorien erklären. Die rückwärtsgewandte Sehnsucht nach dem goldenen Zeitalter der islamischen Welt gehört ebenfalls dazu, jener Zeit also, als die arabische Kultur der europäischen weit überlegen war. Das ist allerdings gut tausend Jahre her. Entstanden ist aus dieser Gemengelage eine Ideologie, so Kassir, in der sich Araber als ewige Opfer sehen.

Interessant wäre zu lesen, was dieser wichtige Denker der arabischen Kultur am 14. Januar oder 11. Februar 2011 geschrieben hätte. Er wurde am 2. Juni 2005 durch eine vermutlich vom syrischen Geheimdienst gelegte Autobombe in Beirut ermordet. Er war einer der wenigen Intellektuellen, die sich in ihren Zeitungsartikeln immer wieder für den Abzug der syrischen Truppen aus dem Libanon und für das Selbstbestimmungsrecht der Völker eingesetzt hatten. Er hätte aber möglicherweise schnell begonnen, seinem Buch *Being Arab* noch einige optimistischere Kapitel hinzuzufügen, in denen er vom nahen Ende dieses lähmenden Ohnmachtsgefühls geschrieben hätte. Zumindest hätte er die Überschrift seines letzten Kapitels des Essay-Bands korrigieren können. In der heißt es nämlich: »Das größte Unglück der Araber besteht in der Weigerung, es zu überwinden.«

Ein harter und verzweifelter Vorwurf, den Samir Kassir 2004 an seine angeblich so passiven schicksalsergebenen Landsleute gerichtet hatte. Vielleicht hat er an diesen Vorwurf selbst nicht ganz geglaubt, denn er sah damals schon einen Ausweg aus dieser vermeintlichen Ausweglosigkeit: »… dass sich die Araber vom Trugbild einer nicht wieder zu erreichenden Vergangenheit lösen, um sich endlich mit ihrer wahren Geschichte auseinanderzusetzen. Bis sie ihr schließlich gerecht werden.« Voraussetzung war seiner Meinung nach der Tyrannensturz in den arabischen Ländern, für den er damals vor sechs Jahren noch keine Chance sah.

Auf den Tahrir-Plätzen der arabischen Welt haben die jungen Araber inzwischen ganz im Sinne Kassirs ihre Geschichte selbst in die Hand genommen und sind dabei, dieses von ihm beschriebene Unglück der Araber abzuschütteln. Immerhin in zwei Ländern haben die Menschen ihre Würde schon zurückgewonnen, eine Würde, die ihnen nicht Israel oder der Westen genommen hatten, sondern ihre eigenen Diktatoren. In anderen Ländern kämpfen sie noch um diese Würde. Selbst wenn es kaum zu verhindernde Rückschläge geben wird bei diesen schwierigen Prozessen, die vor Ländern wie Ägypten oder Tunesien liegen, das Gefühl, ohne Macht zu sein, können sich die Bürger dieser Länder nicht mehr einreden. Es gehört der Vergangenheit an.

Wer vor der Revolution mit jungen Ägyptern sprach, konnte dieses Gefühl der Ohnmacht hautnah miterleben. Gespräche über Politik endeten oft mit einem resignierten Schulterzucken: »Wir können doch nichts machen.« Oder: »Die machen doch, was sie wollen.«

Im Dezember 2010 war ich in der Deutschen Schule der Borromäerinnen in Kairo eingeladen – die Borromäerinnen oder Barmherzigen Schwestern vom heiligen Karl Borromäus sind eine katholische Ordensgemeinschaft –, um über meine Arbeit als Fernsehkorrespondent zu berichten. Die Schülerinnen, zwischen sechzehn und achtzehn Jahre alt, alle Ägypterinnen, Musliminnen wie Christinnen, sprachen perfekt deutsch. Die Koptinnen waren am Halskettchen mit Kreuzanhänger erkennbar. Einige der Musliminnen trugen Kopftücher, die meisten waren ohne. Sie stammen fast alle aus dem gutsituierten Mittelstand. Es war Samstagnachmittag, der Tag vor der zweiten Wahlrunde zu den Parlamentswahlen, von denen jeder wusste, es lohne nicht, sich über die Qualität der Wahlen große Gedanken zu machen.

Ich war gespannt. Interessieren sich die Schülerinnen, die bald Abitur machen, überhaupt für Politik? Was denken sie über die Wahlen am nächsten Tag? Sympathisieren sie mit Bewegungen wie der 6.-April-Bewegung? Könnten sie sich vielleicht sogar vorstellen, selbst aktiv zu werden gegen das System Mubarak?

Die Antworten waren auf ganzer Linie enttäuschend. Sie strahlten genau das aus, was der libanesische Intellektuelle Samir Kassir als Grundübel der arabischen Kultur beschrieben hat, eben dieses alles lähmende Ohnmachtsgefühl.

»Nein, mit Politik etwas zu tun haben, das will ich nicht. Ich kann doch sowieso nichts ausrichten.« Das war fast einhellig die Standardantwort.

»Sich engagieren? Nein das bringt doch nichts. Man kann doch eh nichts ändern. Außerdem darf ich das nicht.«

Erstaunlich aber war die große Unkenntnis über Politik in Ägypten. Dieser Teil der ägyptischen Landkarte ist für sie ein riesiger weißer Fleck. Mubarak sicherlich, den konnten sie natürlich alle nennen. Dann wurde es aber sofort dünn. Nicht Dummheit, sondern Desinteresse ist der Grund. Politik spielte auch bei ihnen zu Hause so gut wie keine Rolle. Sich von den Eltern politische Tagesereignisse erklären zu lassen, ist nicht üblich in solchen ägyptischen Familien: »Zu Hause reden wir nicht über Politik. Ich stelle aber auch keine Fragen zu Politik.«

Eine andere Schülerin gestand: »Ob meine Eltern morgen wählen gehen, das weiß ich nicht.«

Mit diesen Jugendlichen ist wirklich keine Opposition zu machen, das war mein Fazit nach dem fast zweistündigen Gespräch mit den Abiturientinnen. Furchtbar lieb, aber genauso furchtbar apolitisch. Interessiert an vielem, an Europa zum Beispiel, da sogar an Politik. Aber was das eigene Land angeht? Offensichtlich hat das Regime Mubarak ganze Arbeit geleistet, indem es den jungen Menschen die Ohnmacht erfolgreich eingeimpft und sie damit immunisiert hat gegen den Virus »Mündigkeit durch unabhängiges Denken«.

Sechs Monate später verabreden wir uns noch einmal. Es ist gar nicht einfach, einen Termin mit ihnen zu finden, denn in einer Woche stehen die Abiturprüfungen an. Pauken ist angesagt. Sie müssen viel nachholen. Während der Revolution war die Borromäerinnen-Schule wie alle anderen auch geschlossen gewesen, die deutschen Lehrer hatten aus Sicherheitsgründen das Land verlassen müssen. Jetzt läuft der Schulbetrieb wieder. Doch nichts ist, wie es vorher war.

Was strahlen sie heute aus, die im Dezember noch so desinteressiert waren beim Thema Politik?

Sie wirken glücklich, selbstbewusst und neugierig, sind begeistert von der Revolution, von ihrem Land und ein bisschen auch von sich selbst. Fast so, als hätten sie Mubarak allein verjagt: »Früher haben wir uns nicht getraut, über Politik zu reden, kein Problem heute. Heute können wir alles sagen.«

Dabei hatten sie als gutbehütete Töchter das Haus nicht verlassen dürfen während der Demonstrationen. »Meine Eltern haben mich nicht gelassen«, entschuldigen sich die vier Abiturientinnen einstimmig auch ein wenig traurig.

Immerhin war einer der Väter am 28. Januar auf dem Tahrir-Platz gewesen. »Ich hatte fürchterliche Angst um ihn, als ich die Kämpfe im Fernsehen sah, wie die Polizei mit Tränengas und Gewehren auf sie losgegangen ist«, erzählt die resolute Aisha, die am liebsten ihren Vater begleitet hätte. Mobiltelefone funktionierten an dem Tag nicht. Das Regime hatte die Leitungen gekappt. Keine Nachricht von ihm bis spät abends. Dann kam er endlich nach Hause, ein bisschen ramponiert, aber begeistert und verkündete der erstaunten Familie, jetzt würde er häufiger demonstrieren gehen.

Erst am 17. Tag der Revolution, am 10. Februar, erlaubten die Eltern den Schülerinnen, auf den Tahrir-Platz zu gehen – das war der Tag, an dem jeder mit dem Rücktritt Mubaraks rechnete.

»Für mich war das eine ganz neue Erfahrung«, erzählt Sahar, die nach dem Abitur einmal Politik studieren will, »ich habe neue Menschen kennengelernt. Menschen aus allen Schichten.

Sonst wäre mir nie eingefallen, mit dem Sohn des Hausmeisters zu reden. Auf dem Platz habe ich das getan.« Und dann erzählt sie begeistert: »Die sind richtig gebildet. Man kann wirklich mit allen reden.«

»In Ägypten ist es nicht üblich, dass sich alle Schichten mischen«, erklärt Nour, »von den deutschen Sommerfesten kenne ich das, aber hier geht das eigentlich nicht. Das hatte mich immer geärgert. Auf dem Tahrir-Platz funktionierte es, da war es toll.«

Und der 10. Februar, der Tag, an dem jeder dachte, Mubarak gebe seinen Rücktritt bekannt? »Es war fürchterlich an dem Abend, als das erlösende Wort nicht kam. Ich dachte, jetzt ist alles vorbei, jetzt war alles vergeblich.« Als Mary ihre Gefühle beschreibt, nicken die anderen Schülerinnen und sagen, sie hätten es genauso empfunden – Verzweiflung und ein Stück Hoffnungslosigkeit.

Die Tahrir-Platz-Proteste waren nicht die ersten Demonstrationen in Ägypten. Und anfangs wunderten sie sich, dass die Proteste kein Ende nehmen wollten. Nach den schweren Zusammenstößen am 28. Januar merkten sie, diesmal geht es um das Ganze. Und als dann bewaffnete Bürgerwehren in den Stadtteilen für Sicherheit sorgten, hatten sie richtig Angst.

»Ich hatte Angst vor dem Chaos, vor den Leuten, die sich um nichts kümmern und sich nur für sich interessieren und Krach machen«, so Nour aus dem großbürgerlichen Maadi, die sich um die Sicherheit ihrer Welt aus Villen, Alleen und Dienstpersonal sorgte. »Die müssen erst einmal lernen, was Demokratie ist. Die müssen erst einmal lesen und schreiben lernen, dann können die vielleicht Demokratie machen«, sagt sie und wird sofort von Mary unterbrochen.

»Wir müssen doch jetzt damit anfangen. Demokratie braucht Zeit, aber das kann jeder lernen«.

»Demokratie ist aber nicht nur Meinungsfreiheit«, wehrt sich Nour, »Demokratie heißt auch verstehen und begreifen.«

»Ich glaube, wir haben einen sehr wichtigen Schritt getan«, sagt Sahar, »wir brauchen aber ein besseres Bildungssystem, in der Schule müssen wir anfangen, wir müssen die Menschen besser ausbilden, damit sie es lernen.«

Die Wahlen sind ihnen natürlich wichtig. Auf irgendeine politische Richtung oder Partei wollen sie sich nicht festlegen lassen. Meinungsfreiheit, das ist wichtig für sie, und Verantwortung. Das ist ein Begriff, der immer wieder auftaucht. Verantwortung für das Gemeinwesen. Die gab es in der Vergangenheit nicht. Jeder dachte nur an seinen eigenen Vorteil.

Aber sie haben auch die Sorge, die Moslembrüder könnten zu stark werden und versuchen zu diktieren, wie sie leben sollen. Im Koran stünde nichts davon, dass man mit Religion Politik machen muss, beschweren sie sich. »Sie wollen doch Menschen, die gehorsam sind, keine Fragen stellen und nur das tun, was man ihnen sagt.« Religion solle sich gefälligst aus der Politik heraushalten. »Auf dem Tahrir-Platz hat Religion keine Rolle gespielt, deswegen brauchen wir sie jetzt auch nicht in der Politik«, sagt Sahar, die einzige der Schülerinnen, die ein Kopftuch trägt.

Das sind alles Sätze, wie ich sie im Dezember bei den Schülerinnen kaum für möglich gehalten hatte, klar und eindeutig, Sätze von Menschen, die entdeckt haben, dass es lohnt, sich in Politik einzumischen, das sind Aussagen, die aus einer anderen Welt zu stammen scheinen. Damals vor der Revolution waren sie die reinsten Politikverweigerer, Neinsager, Privatiers – noch vor dem Abitur. Kann ein einzelnes Ereignis Menschen tatsächlich so umkrempeln, so runderneuern? Kann man jahrzehntealtes Politphlegma in achtzehn Tagen in Politikbegeisterung umdrehen? Offensichtlich ja! Alle vier sagen, wir wollen uns jetzt für unser Land engagieren, und sie sagen, sie haben ein ganz neues Lebensgefühl entdeckt.

»Wir werden ernstgenommen. Wir gelten als die mutige Generation. Wir haben die Revolution gemacht.«

»Ein Taxifahrer, mit dem ich über die Revolution diskutiert

habe, sagte, als wir am Ziel angekommen waren, er hätte sich nicht vorstellen können, dass Jugendliche so viel von Politik verstehen.«

»Die Erwachsenen respektieren uns und sind an unserer Meinung interessiert. Daraus erwächst aber auch für uns eine besondere Verantwortung«, sagt Sahar, die zukünftige Studentin der Politikwissenschaft, »wir müssen etwas für unser Land tun. Ich zum Beispiel werde im Ausland studieren, nach dem Abschluss aber wieder zurückkommen.«

Drei der vier, so stellt sich heraus, wollen im Ausland studieren. Politikwissenschaft, Medizin und ein technisches Studium. Bis auf eine sagen alle: »Wir kommen wieder zurück, um in Ägypten zu arbeiten. Das Land braucht uns. Und wir müssen etwas zurückzahlen.«

Glauben sie, dass alles gutgehen wird, oder kann diese Revolution noch scheitern? Das ist meine letzte Frage an die vier erwachsenen Schülerinnen. Ein kurzer Augenblick des Schweigens. Nachdenklichkeit. Dann Sahar: »Ja, ich glaube schon. Sie kann noch scheitern, wir wissen nicht, was das Militär wirklich vorhat.«

Die anderen stimmen zu. Doch Aisha ist auch überzeugt: »Aber es wird nie wieder so sein wie unter Mubarak. Die Revolution haben wir im Kopf. Die können sie uns nicht einfach herausoperieren.« Und Nour, die Großbürgerliche, sagt: »Wenn sie versuchen, uns die Revolution zu nehmen, dann kommt die nächste schnell. Es wird nicht wieder dreißig Jahre dauern. Sie kann scheitern, aber wir werden immer wissen, wie es war.«

21 Der kalte Frühling

In Ägypten ist es ziemlich unwahrscheinlich, dass die Revolution noch scheitert. In anderen Ländern schon eher. Dort steht es um den arabischen Frühling nicht gut.

In Libyen zum Beispiel. Gaddafi wird sich nicht ewig halten können. Aber was kommt danach? Seine Söhne, die nicht viel besser, vielleicht aber geschickter sind? Oder ein neuer Alleinherrscher aus dem Militär? Der Westen ist gut beraten, nicht eine irakische Lösung zu suchen. Die Bombardierungen aus der Luft – angeblich nur zum Schutz von Zivilisten – sollten das Äußerste an Militärintervention zugunsten der Aufständischen sein. Am Ende müssen sie sich ihren neuen Staat selbst erkämpfen, anderenfalls gilt er schnell als vom Westen aufgezwungen. Sollten die Rebellen aus Bengasi das militärische und politische Patt überwinden und sich durchsetzen, ist es nicht klar, ob die Libyer im Westen, in Tripolitanien, eine Dominanz des Ostens, der Kyrenaika, überhaupt hinnehmen würden. Wollen sie wirklich so viel Religion, wie sie im Osten zu Hause ist? Die Unterschiede zwischen diesen Regionen sind beachtlich. Wie lassen sich die rund 140 Stämme in ein neues, demokratisches Libyen einbauen?

Oder Bahrain. Das Königsregime hat sich durchgesetzt, es herrscht eine Friedhofsruhe auf der Insel, zu der auch saudische Truppen ihren Anteil beigetragen haben. Vier schiitische Demonstranten wurden zum Tode verurteilt. Die Anführer der Demonstranten sind verhaftet, ebenso Ärzte und Krankenhaushelfer einer Klinik. Sie sollen vor Gericht gestellt werden, weil sie verletzte Demonstranten behandelt hatten. Außerdem wurden Ende Juni acht schiitische Oppositionelle zu lebenslänglichen Gefängnisstrafen verurteilt, weil sie angeblich versucht hatten, das sunnitische Königshaus zu stürzen, andere der insgesamt 21 Angeklagten verurteilte das Militärgericht zu Haftstrafen von bis zu fünfzehn Jahren Gefängnis. Auch bei ihnen die Anklage: Verschwörung gegen den Staat. Der amerikanische Präsident Barack Obama mahnte in seiner Rede am 19. Mai 2011 nur an, das Königshaus möge doch Reformen einleiten und den Dialog mit der schiitischen Opposition suchen, so als säße die nicht zum größten Teil im Gefängnis und als habe es die über zwanzig Toten bei den Demonstrationen nicht gegeben. Mehr an Kritik wollte er wohl diesem engen Bündnispartner am Persischen Golf nicht zumuten.

Im Jemen wusste man lange nie so genau, ob Staatspräsident Ali Abdullah Saleh den Rücktrittsvertrag, den der Golf-Kooperationsrat angeboten hat, unterschrieben hat oder nicht. Er sagt zu, um gleich wieder abzusagen. Er pokert um die Macht wie kaum ein anderer seiner Kollegen, obwohl dieser Vertrag des Golf-Kooperationsrates, des Zusammenschlusses der kleineren Golfländer, ihm und seiner Familie sogar Straffreiheit zugesichert hatte, er also nicht mit Mubaraks demütigendem Schicksal vor einem Strafgericht rechnen oder bei Nacht und Nebel aus dem Land fliehen muss wie sein tunesischer Kollege Ben Ali. Selbst sein Vermögen will man ihm lassen. Kein Diktator im Nahen Osten hat günstigere Voraussetzungen für einen Rückzug aus der Politik bekommen; dennoch rührt er sich nicht, will den Präsidentenpalast nicht verlassen, klammert sich an seinem Sessel fest, als wartete draußen eine Meute Hunde auf ihn, die ihn zerreißen will. Mit Panzern, Artillerie, Raketen und seiner Luftwaffe geht er gegen Demonstranten vor.

»Nur durch einen Rücktritt Salehs kann im Jemen noch ein Bürgerkrieg verhindert werden«, sagt Mohammed AL-Mekhlafi,

Sprecher der Yemen Socialist Party, einer der Oppositionsparteien des Landes, »ein Bürgerkrieg wird auch die Transportwege für Öl gefährden.« Wegen der Kriegsverbrechen gegen die Protestierenden müsse Saleh vor Gericht gestellt werden, fordert diese Partei, außerdem müsse sein Vermögen eingezogen werden.

Je länger Saleh indes manipuliert und die Jemeniten hinhält, desto eher wird er als vom Hof gejagter Hund enden. Bei seiner Begründung für die Verweigerung unterscheidet er sich von keinem der anderen Diktatoren des Nahen Ostens: Nach ihm käme alles noch viel schlimmer, verkündet er. Der Jemen werde auseinanderfallen, Islamisten und Al Kaida würden die Macht übernehmen. Nur er könne das Land zusammenhalten. Und um das zu beweisen, riskiert er, dass das Land durch einen Bürgerkrieg mit seinem eigenen Stammesverband, dem Hashid-Stamm, unregierbar wird. Ob er allerdings aus dem saudischen Krankenhaus, in dem er seit dem Attentat behandelt wird, nach Saana zurückkehrt? Diese Frage kann Anfang Juli nicht beantwortet werden. Doch selbst der Westen, den solche Argumente und Inszenierungen lange beeindruckt haben, will ihn inzwischen loswerden.

Was aus Syrien wird? Das Töten geht weiter. Oppositionelle sagen einhellig, ein Sturz ist keine Frage von Wochen, sondern, »wenn wir Glück haben, von Monaten, vielleicht noch länger«. Das Regime wird auch in Zukunft auf Gewalt setzen und seine Scharfschützen töten lassen, das wissen die im Exil lebenden Syrer, die einzigen, die wir sprechen können.

Was aber passiert, wenn Assad tatsächlich gehen muss? »Nach uns das Chaos«, hatte auch dieses Regime immer wieder gedroht und sich damit die stillschweigende Duldung des Westens erkauft: Syrien – ein brutaler Polizeistaat, ja, aber er garantierte Stabilität in der Region.

Anfangs verlangten die Demonstranten nur Reformen und nicht den Sturz des Regimes. Am 16. April 2011 schrieb der Oppositionelle Michel Kilo in der libanesischen Tageszeitung *As-Safir*, niemand solle sich der Illusion hingeben, man könne einfach den Schalter umlegen »von der Tyrannei zur Freiheit« …, »von einer familiengebundenen Gesellschaft zu einer zivilgesellschaftlichen«. So funktioniere es nicht in Syrien. Stattdessen appelliert dieser altgediente Oppositionelle an alle Beteiligten, nach einer politischen Lösung zu suchen, nach einem nationalen Dialog, bei dem beide Seiten auf maximale Forderungen verzichten. Die Opposition solle nicht mehr den Sturz des Regimes fordern, das Regime müsse dagegen auf jede Gewalt verzichten, so Michel Kilo in seinem Artikel.

Das waren damals durchaus verhandelbare Forderungen. Doch das Regime ließ sich nicht darauf ein, setzte stattdessen ausschließlich auf Gewalt. Eine Woche nach dem Artikel Michel Kilos veröffentlichte eine syrische Oppositionsgruppe ein Manifest, in dem sie ebenfalls demokratische Reformen forderte, dem Militär sogar entgegenkam und ihm die Rolle einer Übergangsregierung zusprach, eine Lösung des Konflikts wie in Ägypten also. Auch auf dieses Angebot kam keine Reaktion.

Allerdings setzen solche Appelle und Manifeste voraus, dass das Regime überhaupt reformfähig ist. Fachleute streiten genau das aber ab. Das Regime Baschar al-Assad ist nicht reformierbar, weil es nicht bereit ist, »mittelfristig das Machtmonopol der Baath-Partei zur Disposition« zu stellen, schreiben zum Beispiel die Syrienexperten der Stiftung Wissenschaft und Politik, Heiko Wimmen und Muriel Asseburg.

Von dem Vorwurf, die Opposition verlange Unmögliches, nämlich einen radikalen Bruch mit dem Regime und den Sturz des Staatspräsidenten, konnte am Anfang der Proteste also noch keine Rede sein. Erst die Scharfschützen und Panzer des Regimes haben die Demonstranten radikalisiert und vermutlich den syrischen Moslembrüdern mit zum Aufstieg verholfen, die bis dahin die Demonstrationen zwar unterstützt, aber nicht dominiert haben. Noch nicht. Sollte es dazu kommen und schlimms-

Der kalte Frühling

tenfalls zu einem Bürgerkrieg in Syrien, dann trägt allein das Regime um Baschar al-Assad die Verantwortung dafür.

Die demonstrierende Opposition ist ohne gemeinsame Führung, also keine zentralgesteuerte Massenbewegung nach allem, was man weiß. Sie ist zersplittert und damit leichter auszuschalten als in anderen arabischen Ländern. Jede Stadt hat eigene Organisatoren des Protestes, die Aktivisten einteilen, um die Gewalt mit kleinen Kameras oder den Mobiltelefonen aufzunehmen und diese Videos möglichst über Satellitentelefone zu Bloggern im Ausland zu übertragen. Einer Stadt von 50 000 Einwohnern sollen etwa zehn solcher Telefone zur Verfügung stehen. Langsam komme Struktur und Organisation in die syrischen Aufstände. Doch noch immer, so erzählten uns Exilsyrer in Beirut, fehle der Mittelstand der großen Städte bei der Erhebung.

»Es kann lange dauern, nicht Wochen, sondern vielleicht Monate, vielleicht noch länger, ehe wir ein Land haben, in dem die Menschen so leben, wie sie leben möchten, bis wir ein Leben erreicht haben, das wir als menschliche Lebewesen verdienen«, sagte Ende Mai der syrische Oppositionelle Yasin al Hajj Saleh dem *ARD-Weltspiegel*. »Vielleicht werden wir unser Ziel nie erreichen. Wir müssen aber alles tun, um die Situation zu verändern.«

Schließlich Ägypten. Sind die Taxifahrer wirklich freundlicher geworden? Die Schülerinnen sagen, ja.

Hat es tatsächlich mit der Revolution zu tun, wenn plötzlich ein junger Mann aus seinem Auto springt und einem anderen Autofahrer aus einer misslichen Lage hilft mitten im schlimmsten Stoßverkehr, wenn jeder um jeden Meter froh ist, den er vorankommt? Das ist mir passiert, zum ersten Mal in dieser äußerst aggressiven Autofahrergesellschaft Ägyptens. Der junge Mann verschwand so schnell, wie er gekommen war. Plötzlich freundliche Polizisten an jeder Straßenecke – Revolution oder nur die Suche nach ein paar Freunden, nachdem die Polizei während der Revolution so abgestraft und ausgegrenzt worden war?

Es hat sich eine Menge geändert in Ägypten seit dem 11. Februar. Ob es allerdings nur die Angst vor Nachbeben ist, die Polizisten und andere einst gefürchtete Vertreter der öffentlichen Ordnung umgänglicher macht, ist schwer zu sagen. Und ein Bakschisch beim Falschparken nehmen sie inzwischen auch wieder gern, schließlich haben sich ihre mickrigen Gehälter nicht erhöht. Und das Leben wird immer teurer in Ägypten, weshalb die Menschen unzufriedener werden.

Sorge bereitet derweil die Wirtschaft. Die Industrieproduktion war bis zu achtzig Prozent zurückgegangen in den ersten Monaten nach der Revolution und erholt sich nur langsam. Die Arbeitslosigkeit nimmt zu, die Lebensmittelpreise steigen. Die Menschen haben immer weniger im Portemonnaie, stellen dafür immer häufiger die Frage: »Hat sich dieser Umsturz wirklich gelohnt?« Streiks sind die Folge, Arbeitskämpfe, die unter Mubarak verboten waren und verfolgt wurden. Die Arbeiter müssen ihre Kräfte messen und wollen wissen, was heute möglich ist. Immerhin wurden vor drei Jahren bei dem legendären Streik in Mahalla al Kubra am 6. April 2008 noch Arbeiter erschossen, die Textilfabriken von den schwarzuniformierten Bereitschaftspolizisten verteidigt. Klassischer Frühkapitalismus im 21. Jahrhundert. Heute gehören Streiks zum neuen Alltag. Arbeiter organisieren sich in freien Gewerkschaften. Und die Fabriken müssen heute häufig höhere Löhne zahlen, selbst wenn sie weniger produzieren. Sogar das Militär ordnet in seinen Unternehmen Lohnerhöhungen von bis zu dreißig Prozent an.

Trotz dieser wirtschaftlichen Schwierigkeiten sind die Menschen optimistisch. »Wir schaffen das schon. Wir haben so viel erreicht.«

»Es wäre völlig falsch, jetzt klein beizugeben, nur weil es im Augenblick Probleme gibt«, sagt zum Beispiel auch Heba. Ich habe mich mit ihr verabredet, weil sie eine Art ägyptische Frührevolutionärin ist, die als junge Frau schon beschlossen hatte, das enge Moralkorsett der ägyptischen Gesellschaft zu sprengen und anders zu leben, als es von Frauen in Ägypten normalerweise erwartet wird. Dazu gehört unter anderem, bis zur Hochzeit bei den Eltern zu wohnen, in dieser Zeit natürlich mit keinem Mann zu schlafen und so früh wie möglich zu heiraten. Solche Zwänge lehnte Heba schon als junge Frau ab. Mit 23 Jahren brach sie mit allem, was versuchte, ihr solche Fesseln anzulegen, mit ihrer Familie, mit der Schule, den Nachbarn, später auch mit ihrem Arbeitgeber und ganz besonders mit den vielen Vorschriften des Islam. Religiös sei sie nicht mehr, bekennt sie. Sie hat gewissermaßen ihre eigene Revolution gemacht gegen die Verbote des ägyptischen Alltags.

»Ich habe mit der ägyptischen Gesellschaft abgeschlossen, sie kommt mir dumm und eng vor«, hatte sie mir schon früher gestanden. Heute ist sie eine erfolgreiche Geschäftsfrau, hat ein eigenes Restaurant geführt und lebt schon seit Jahren mit einem Amerikaner zusammen. Auch diese Gemeinschaft ist eine Provokation für alle ehrbaren Ägypter, da sie ohne Trauschein unter einem gemeinsamen Dach zusammenleben, ohne den Segen der Eltern, ohne die Zustimmung des Imam, in Ägypten eigentlich eine Unmöglichkeit.

»Die Atmosphäre hat sich total verändert«, erzählt Heba bei unserem Treffen, »wir haben keine Angst mehr, dass der Geheimdienst uns beobachtet, wenn wir uns mit Ausländern treffen, mit Botschaftsleuten oder mit ausländischen Journalisten.« Und die 38-jährige Heba hatte in erster Linie Ausländer als Freunde, weil die Ägypter nicht bereit waren, ihre andere Lebensweise anzuerkennen

»Religion beherrscht uns, alles wird an der Religion gemessen. Auch mein Leben sollte ich an den Vorstellungen der Imame ausrichten, deswegen konnten die Ägypter nicht akzeptieren, dass ich als junge Frau aus meinem Elternhaus ausgezogen bin.« Damals vor fünfzehn Jahren überwarf sie sich mit ihren Eltern, und sie entschloss sich zu einem Schritt, den nur sehr wenige ägyptische Frauen wagen. Sie entschied sich, allein zu leben.

Eine Entscheidung, die selbst heute noch nur zögerlich von der ägyptischen Gesellschaft akzeptiert wird. Ihre Schwierigkeiten begannen damals bei der Wohnungssuche. Eine junge Frau allein in einer eigenen Wohnung? Dahinter konnte doch nur etwas sehr Unmoralisches stecken. So dachten die meisten Vermieter. Niemand wollte ihr eine Wohnung geben. Das würde doch den schlimmsten Dingen Tür und Tor öffnen. Und als sie endlich einen Vermieter gefunden hatte, musste sie die doppelte Miete zahlen.

»Meine Nachbarn in dem Haus schnitten mich. Sie haben mich nicht gegrüßt. Es war, als hätte ich eine ansteckende Krankheit. Ich existierte nicht für das Haus.« Ihre wenigen ägyptischen Freunde besuchten sie nicht mehr, genauso wenig ihre Eltern. »Ich war eine Gefahr für die traditionelle Moral.«

Viel Groll und noch mehr Verletzungen stauten sich in ihr auf mit der Zeit. Aber Heba hielt durch: »Ich wollte nicht so werden wie meine Geschwister. Meine Schwester ist verheiratet, sie zieht ihre vier Kinder groß, geht in ihren Klub. Das ist ihr Leben. So ein Leben wollte ich nicht. Ihr Mann will immer genau wissen, was sie macht. Ägyptische Männer kontrollieren ihre Frauen.« Lieber die täglichen Demütigungen einer alleinlebenden Frau in Kauf nehmen als sich dieser permanenten Aufsicht aussetzen.

Auch hier kommt für sie wieder die Religion ins Spiel. Die Imame seien diejenigen, die die Moral bestimmen, die entscheiden wollen, wie eine Frau zu leben hat. Kaum eine habe es unter Mubarak gewagt, dagegen aufzumucken. Die Folge sind Frustration und eine hohe Scheidungsrate. In Ägypten ist sie mit vierzig Prozent die höchste der arabischen Welt und ähnlich hoch wie die in Deutschland, obgleich die Ägypterinnen bei weitem nicht so gut abgesichert sind. Scheidung heißt für die meisten Frauen Rückkehr ins Elternhaus; denn an geschiedenen Frauen, die auch noch allein leben, haftet immer noch der Geruch von Anstößigkeit.

»Und ich glaube, dass die Demonstranten auch dafür kämpfen, dass jeder endlich seinen eigenen Lebensstil entwickeln kann und sich nicht mehr diese ewige Bevormundung gefallen lassen muss«, sagt Heba, »die Demonstranten waren nicht irgendeine wildgewordene Clique von Aktivisten, sondern ganz normale Ägypter, die die Nase voll hatten von diesem Moraljoch der Imame, zum Beispiel Frauen, die sich gegen ihre schlagenden Ehemänner wehren, gegen ungerechte Arbeitgeber, die Frauen schlechter bezahlen als Männer, und gegen alle, die vorschreiben wollen, wie man zu leben hat.«

Mit einem schnellen Wandel rechnet sie nicht: »Es wird noch gut zehn Jahre dauern, bis der Einfluss der Religion auf ein erträgliches Maß geschrumpft ist. Dann sind wir vielleicht freier. Aber wir haben jetzt die Chance. Die Menschen fühlen sich schon ein bisschen freier.«

Heba ist kein Einzelfall. »Seit neuestem sprechen mich Frauen an und wollen wissen, wie ich das geschafft habe mit meinem anderen Leben. Die Neugier ist groß.« Die Revolution ist also auch ein Wutausbruch gegen die Frömmelei der ägyptischen Gesellschaft, ein Aufstand gegen allgegenwärtige Bigotterie.

Wer sind nun diese Araber, die scheinbar aus heiterem Himmel Revolutionen auslösen, die diese Doppelmoral in Frage stellen, Machtverhältnisse umstoßen und Lebensgefühle umkrempeln?

Vor einem Jahr hätte der Satz »Araber können Revolution« vermutlich Zweifel an der Kompetenz des Berichterstatters ausgelöst. Die Innenminister hätten vielleicht vorsichtshalber ihre Tränengasvorräte aufgestockt und die Bruchfestigkeit der Schlagstöcke ihrer Polizisten überprüfen lassen. Doch auch sie hätten nicht wirklich an eine Gefahr geglaubt: »Wir haben alles im Griff«, hatte der ägyptische Innenminister kurz vor dem 25. Januar verkündet. Jeder verließ sich auf die Kontinuität der Geschichte. In dieser Region hatte es bisher nur »Revolutionen von oben« gegeben, nie eine von unten. Palastrevolten, ja, Militärputsche zahllose, Vatermorde darunter und auch Bürgerkriege. Starke Männer haben die Macht mit Gewalt an sich gerissen und dem Volk eingeredet, es geschähe in seinem Interesse. Angesichts der Gewehrläufe, die auf es gerichtet waren, hatte das Volk dann immer brav applaudiert.

Aber einen Umsturz von unten, der den Palast leert und die Machthaber wegfegt? Nein! So etwas hatte es in der arabischen Welt bisher noch nie gegeben. Das ist wirklich neu. Die Menschen auf den Tahrir-Plätzen des Nahen Ostens haben ein neues Kapitel ihrer eigenen Geschichte geschrieben, egal wie die einzelnen Revolutionen am Ende ausgehen werden. Es ist das erste Kapitel, das sie selbst verfasst haben, nachdem über Jahrhunderte die Geschichte immer von oben geschrieben worden war. Es waren die Jungen, die Geschichte gemacht haben. Unter zwanzig waren zwar die wenigsten der Organisatoren dieser Revolutionen, die meisten allerdings auch nicht über dreißig. Es sind Revolutionen der Jungen gegen die Alten und des Neuen gegen das Alte. Kein Kampf der Kulturen oder Religionen, kein Kampf der Vollbärtigen in Galabiya gegen Glattrasierte in Anzug und Krawatte, sondern ein Kampf der Generationen und ein Kampf um die Moderne, um Würde und eine selbst gestaltete Zukunft. Die Alten können den Jungen nicht mehr so ohne weiteres diktieren, wie deren Zukunft auszusehen hat. So war es häufig in der Vergangenheit gewesen. Die Jungen haben sich mindestens ein Mitspracherecht erkämpft.

Als Berichterstatter wusste man, dass es viel Unzufriedenheit gibt in der Region. Man wusste, wie viele junge Menschen jährlich von der Schule abgehen, man kannte ihre geringen Chancen, einen Job zu finden, man kannte die Arbeitslosenzahlen. Man schrieb, für diese Menschen ist eine selbst gestaltete Zukunft ein ferner Traum. Sie müssen nehmen, was kommt, wenn überhaupt was kommt. Und jetzt das! Welcher Berichterstatter hatte mit so etwas gerechnet? Gleich eine richtige Revolution. Wer hat sie vorausgesehen? Welcher Geheimdienst hat seine Regierung 2010 rechtzeitig darüber informieren können, was Anfang 2011 im Nahen Osten passieren wird? Streiks, ja, vielleicht auch Massendemonstrationen, das hatte man in der Vergangenheit immer wieder erlebt, aber gleich eine Revolution, die das Gewohnte über den Haufen wirft, eine Intifada gegen das Alte, die vom Westen sogar eine neue Nahostpolitik fordert?

Welcher Korrespondent hat den Libyern zugetraut, dass sie einen Krieg gegen einen der schlimmsten Diktatoren des Nahen Ostens riskieren – mit anfangs nichts in der Hand als guten Argumenten? Hatten wir wirklich geglaubt, die Leidensfähigkeit der arabischen Menschen sei grenzenlos und sie würden ewig diese Diktaturen hinnehmen, ihre Lügen runterschlucken, ihre täglichen Demütigungen ertragen oder sich dümmliche Ausreden anhören wie die: Solange der Palästinakonflikt nicht gelöst sei, könne es keine Demokratie in den arabischen Ländern geben? So hatte einmal der ehemalige Generalsekretär der Arabischen Liga, Amr Moussa, versucht, den Mangel an Demokratie im Nahen Osten zu entschuldigen. Er wird aller Voraussicht nach bei den Präsidentenwahlen in Ägypten kandidieren.

Wer hat sich vorstellen können, dass Facebook, Internet und SMS in einem Land wie Ägypten mit mehr als vierzig Prozent Analphabeten in kürzester Zeit zu einem Tyrannensturz führen können, nur weil ein paar hundert junge Ägypter diese neuesten Werkzeuge der informationstechnologischen Entwicklung klug einsetzen? Und das ganz ohne Hilfe aus dem Westen.

Der angeblich so rationale Westen hatte oft genug blasiert auf diese »zurückgebliebenen Araber« herabgeblickt, die ja bekanntlich am liebsten beten und sich bei jeder Entscheidung als erstes fragen, was der Koran dazu sagt. Die bekanntlich rückwärtsgewandt und modernisierungsfeindlich sind, die vielleicht noch eine interessante Folklore haben, bei denen man auf einem Kamel um die Pyramiden reiten kann, immer verfolgt von aufdringlichen Bakschischjägern. Die für uns eigentlich nur wichtig sind, weil sie das Öl haben. Wir regen uns über sie auf, weil sie am liebsten ihre Frauen unterdrücken, wenn sie nicht gerade im Kaffeehaus sitzen und Wasserpfeife rauchen. Den Terrorismus bitte nicht vergessen. Man könnte die Liste dieser Klischees noch lange fortsetzen. Wer sie im Kopf hat, kommt schnell zu dem Ergebnis: »Aber das Rad haben diese Moslems auch nicht erfunden.« So fasste einmal ein Besucher mir gegenüber die Summe seiner Eindrücke kurz vor seiner Abreise zusammen.

Jetzt entdecken diese Moslems doch tatsächlich, wie man aus Dreck Gold gewinnen kann, nämlich wie man aus Diktaturen Demokratien macht, eine Regierungsform, von der der Westen geglaubt hat, sie sei in erster Linie ihm vorbehalten.

»Die haben ja noch nicht einmal eine Aufklärung gehabt«, nannten Intellektuelle im Westen gern als Grund, warum es mit der Demokratie im Nahen Osten nicht funktionieren kann. Seit Ben Alis heimlicher Flucht und Mubaraks langem Rücktritt löst sich der Nährboden dieser Überheblichkeit immer mehr auf: »Die sind ja gar nicht so schicksalsergeben und fatalistisch, wie wir immer gedacht haben.«

Es wäre also nicht verkehrt, wenn man die 1001 Vorurteile wenigstens um die Hälfte reduziert und der Westen von seinem hohen Ross steigt, um sein Verhältnis zu den Arabern gründlich zu überdenken. Dazu gehört unter anderem die Einsicht, diese Araber können Demokratie genauso gut lernen wie Europäer, vielleicht noch ein bisschen besser, weil sie sich ihre Demokratie selbst erstritten haben. Sie sind bereit, die Werte ihrer Gesellschaft in Frage zu stellen.

Mit einem wird man sich erst einmal abfinden müssen. Diese Demokratien werden am Ende anders aussehen als unsere, islamisch sicherlich, aber nicht automatisch islamistisch. Dass Islamismus und Demokratie sich ausschließen, wissen die meisten Ägypter, Tunesier oder Syrer. Auch wird die Frage, wie viel Religion es sein soll in der Verfassung und im politischen Leben, genauso kontrovers diskutiert wie das Thema christliche Leitkultur in Deutschland. Der Westen sollte also aufhören, den Begriff

»westliche Demokratie« als das einzige Gütesiegel einer Demokratie zu begreifen. Rückschläge wird es geben in den neuen Demokratien, aber rückholbar sind diese Entwicklungen in den arabischen Ländern nicht mehr. Und der Westen wird lernen müssen, demokratische Entscheidungen der neuen, frei gewählten Parlamente zu respektieren, auch wenn sie nicht seinen wirtschaftlichen oder politischen Interessen entsprechen, alles andere würde als Intervention von außen verstanden werden.

Wie wird der Nahe Osten in einem Jahr aussehen? Was wird aus den Revolutionen werden? Wie wird es in Libyen oder Syrien aussehen?

In Ägypten sind die Menschen verhalten optimistisch. Einige der Vordenker der Tahrir-Platz-Revolution wie der Politologe Amr Hamzawy zögert bei der Antwort und gesteht dann: »Sehr schwer zu sagen, Ich weiß nicht, wohin die Reise geht. Eines hat sich aber in Ägypten geändert, nämlich dass die Bürger die Straße wiederentdeckt haben als politische Arena, als Arena des politischen Kampfes.«

Der Autor des Bestsellers *The Jakoubian Building*, eines Romans, der ein drastisches Bild des alten Ägypten unter Mubarak entwirft, Alaa al-Aswany, sieht die Zukunft rosig: »Ägypten hat ein großes Potenzial. Diese Möglichkeiten hat Mubarak nicht genutzt. Das war eine Schande. Deswegen wird Ägypten sehr schnell seine Bedeutung und Stärke zurückgewinnen. Ägypten war ein gelähmter Riese, jetzt kann er wieder laufen.«

Andere warnen vor zu viel Optimismus. Es dauere mindestens eine Legislaturperiode, ehe sich das Land stabilisiert habe, sagt zum Beispiel der Chefredakteur der Tageszeitung *Shorouk*, Amr Khafagy. Erst dann werde deutlich werden, wohin die Reise wirklich gehe. Und der Gründer der 6.-April-Bewegung, Ahmed Maher meint: »In einem Jahr haben wir viele gute Erfahrungen gesammelt. Die Menschen werden unsere Idee von Freiheit und Pluralität besser verstehen. Aber viele Wünsche werden noch nicht in Erfüllung gegangen sein, weil sie einfach mehr Zeit brauchen.«

Obwohl Libyen brennt, zeigt sich die Politikerin Iman Bugaighis alles andere als pessimistisch: »Wir werden Fehler machen. Aber wir lernen, lernen sehr schnell. In einem Jahr werden sehr viele Exillibyer zurückgekommen sein, um die Kultur liberaler, offener zu gestalten. Die Menschen werden zu Seminaren gehen. Sie wollen lernen, was ihnen bisher verwehrt war. Sie werden mit internationalen Experten zusammenarbeiten aus Europa, von den Vereinten Nationen. Sie werden Parteien gründen. Die Zivilgesellschaft wird blühen. Libyen wird sicher sein. Das Land wird aufblühen, nicht nur in Bengasi, das gilt auch für Tripolis.«

In Syrien wissen die Oppositionellen, dass sie sich auf Monate einrichten müssen, wenn nicht auf Jahre, ehe das Regime stürzen könnte. Ob das überhaupt gelingt, selbst das ist nicht sicher. Das Regime schreckt noch nicht einmal davor zurück, einen 13-jährigen Jungen zu Tode zu foltern. Im Jemen droht die kleine Demokratiebewegung durch den Machtkampf der verfeindeten Stämme zerrieben zu werden.

Auch aus Ländern wie Bahrain kommen eher Resignation und Enttäuschung, Mutlosigkeit und Niedergeschlagenheit. Reformen stehen nicht auf der politischen Agenda des Königs, der höchstens milden Druck von seinem Freund, den USA, fürchten muss. Nur in »bösen« Diktaturen wie Syrien oder dem Iran versuchen offensichtlich US-Geheimdienste die Regime zu destabilisieren. In Saudi-Arabien oder Kuwait haben sich die Menschen den Schneid und damit ihre Freiheit abkaufen lassen. Mit hohen Subventionen und direkten finanziellen Zuwendungen haben in diesen Ländern die Könige und Scheichs ihre Untertanen ruhiggestellt. Das Fazit nach einem halben Jahr arabischer Frühling klingt nicht hoffnungsfroh: In den meisten arabischen Ländern haben sich bisher die alten Kräfte behaupten können, sie mögen angeschlagen sein, sie sind aber noch lange nicht geschlagen.

Nur in zwei Staaten des Nahen Ostens hat der arabische Frühling bisher Freiheit gebracht. Wer auch immer in Ägypten oder Tunesien die Wahlen gewinnen und die Regierung stellen wird, eines hat er heute schon als schwere Bürde zu stemmen: das drückende Erbe der Diktaturen. Dazu gehört die extrem hohe Arbeitslosigkeit unter jungen Ägyptern und Tunesiern, eine Krankheit, unter der alle Länder dieser Region leiden. Unter dreißig sind heute in der arabischen Welt über 350 Millionen Menschen, von denen mindestens jeder vierte keine Arbeit hat. In keiner anderen Region der Welt ist es für einen Jugendlichen schwerer, einen Arbeitsplatz zu finden, als im Nahen Osten. Das bedeutet, fast neunzig Millionen Mal, die Frage: »Wann habt ihr endlich einen Arbeitsplatz für mich?« Außerdem: »Was wird aus mir? Kann ich meine Zukunft so gestalten, wie ich es mir wünsche?« Und am Ende noch die Frage: »Was hat mir die Revolution eigentlich gebracht?« Auch diese Fragen neunzig Millionen Mal.

Es gilt die einfache Zukunftsformel: keine Jobs, kein dauerhaftes Vertrauen in die Demokratie. Sollte also die Mehrheit der Fragenden nicht ein klares Ja hören, dann wird aus dem arabischen Frühling schnell wieder ein eisiger Winter, auch in jenen Ländern, in denen man heute noch Frühlingsgefühle empfindet.

Literatur und Quellen

Al Aswany, Alaa, *On the State of Egypt*, The American University in Cairo Press, Cairo/New York 2011

Amnesty International: *Egypt Rises, Killings, Detentions and Torture in the 25 January revolution*, Bern 2011

Avernarius, Thomas: »Rebellen ohne Regierung«, *Süddeutsche Zeitung*, München 28. 03. 2011

Braun, Michael: »Gaddafi stiehlt Berlusconi die Show«, *Spiegel-Online*, 11. 06. 2009

Carnegie Endowment for International Peace, Washington, Beirut: diverse Publikationen zu Ägypten, Syrien, Jemen, Libyen

»Die Vorstellungswelt des Oberst Ghaddafi«, *Neue Zürcher Zeitung*, 13. 03. 1970

Deutsche Gesellschaft für die Vereinten Nationen (Hg.): *Arabische Berichte über die menschliche Entwicklung 2003 – 2006*, Berlin, 2004, 2005, 2006, 2007

Dieterich, Johannes: »Regierender Exzentriker«, *Frankfurter Rundschau*, Frankfurt 23. 02. 2011

Dunsch, Jürgen/Herrmann, Rainer u.a.: »Die Milliarden der Diktatoren«, *Frankfurter Allgemeine Zeitung*, 11. 03. 2011

Edlinger, Fritz, Erwin M. Ruprechtsberger: *Libyen, Geschichte Landschaft, Gesellschaft, Politik*, Wien 2009

El-Mahdi, Rabaab, Philip Marfleet: *Egypt – Moment of Change*, The American University in Cairo Press, Kairo 2009

El-Baradei, Mohammed: *Wächter der Apokalypse*, Frankfurt/New York 2011

European Union Institute for Security Studies: *The Arab democratic Wave, How the EU can seize the moment*, Report No 9, March 2011

Fattah, Moataz Abdel: *Democratic Values in the Muslim World*, The American University in Cairo Press, Kairo 2006

Frefel, Astrid: »Aus dem Traum des islamischen Sozialismus wurde eine Diktatur«, *Tages-Anzeiger*, 27. 08. 2009

Gunßer, Cornelia: *Europäische Flüchtlingsabwehr und Lagerpläne 2003 und 2004*, Flüchtlingsrat Hamburg, 22. 05. 2005

Halliday, Fred: *Libya's regime at 40: a state of kleptocracy*, www.opendemocrazy.net, 7. 03. 2011, Erstveröffentlichung 08. 09. 2009

Hamid, Shadi: »The Rise of the Islamist«, *Foreign Affairs*, New York, Mai/Juni 2011

Herrmann, Rainer: »Das neue Libyen«, *Frankfurter Allgemeine Zeitung*, 31. 03. 2011 (und andere Beiträge)

Ibn Khaldoun Center for Development Studies/Zaki Moheb, *Civil Society and Democratization in the Arab World, Annual Report 2010*, Kairo 2010

Ibrahim, Saad Eddin: *Egypt Islam and Democracy, Critical Essays*, The American University in Cairo Press, Kairo 2002

Idle, Nadia and Nunns, Alex: *Tweets from Tahrir – Egypt's Revolution as it unfolded, in the words of the people who made it*, Bloomsbury Publishing PLC, 2011

Jacobs, Andreas, KAS-Auslandsinformationen, Hefte 9, 12/2010, Hefte 1, 2, 5/2011 Konrad Adenauer Stiftung, Berlin

Kassir, Samir: *Being Arab*, London, New York 2006

Kassir, Samir: *Das arabische Unglück*, Berlin 2006

Kister, Kurt: »Letztes Gefecht eines alternden Revolutionärs«, www.opendemocrazy.net, 22. 02. 2011

Lerch, Wolfgang Günter: »Kann Gaddafi sich behaupten?«, *Frankfurter Allgemeine Sonntags-Zeitung*, 13. 03. 2011

Lerch, Wolfgang Günter: »Bruder Oberst, Befreiungsideologe, Erzterrorist, *Frankfurter Allgemeine Zeitung*, 02. 03. 2011

Leukefeld, Karin: »Wassernot in Syrien«, *Deutschlandfunk*, 08. 02. 2011 (und andere Beiträge)

Manz, Reinold: »Immer diese Gaddafis«, *Frankfurter Allgemeine Zeitung*, 09. 09. 2009

Musharbash, Yassin: »Der eingefrorene Frühling«, *Spiegel-Online*, 16. 03. 2011

Pelda, Kurt: »Mit den Rebellen unterwegs«, *Frankfurter Allgemeine Zeitung*, 28. 03. 2011

PRO ASYL: »Schröder, Fischer und Schily bei Gipfeltreffen in Rom«, *Presseerklärung* vom 13. 10. 2004

Sydow, Christoph und Björn Zimprich: »Arabische Kommentare über Muammar al Gaddafi, Naher und Mittlerer Osten, Nachrichten und Hintergründe rund um den Nahen und Mittleren Osten«, Blog, 07. 03. 2011

Stock, Jonathan:»Gaddafis gefährlichste Gegner«, *Spiegel-Online*, 14. 03. 2011

St. John, Ronald Bruce: *Libya: Continuity and Change*, London, New York 2011

Stark, Holger und Markus Verbeet: »Die Grenzen verschieben«, *Spiegel*, 31/2004

Stier, Ken, »Egypt's Military-Industrial Complex«, *TIME MAGAZINE*, Feb. 9, 2011

The Arabic Network for Human Rights Information (Hg.): *Freedom of Expression in Egypt*, Kairo 2009

The Egyptian Organization of Human Rights: *The Situation of Human Rights in Egypt 2009*, Kairo 2010

Thumann, Michael: »Endlich herrenlos«, *DIE ZEIT*, 03. 03. 2011

UNDP und Institute for National Planning: *Egypt Human Development Report, Youth in Egypt: Building our Future*, Kairo 2010

Wall Street Jorunal Interview mit Abshar al Assad, 31. 1. 2011

Whitaker, Brian: *What's really Wrong with the Middle East*, London, Beirut 2009

Wiegel, Michael: »Geschäfte mit Gaddafi«, *Frankfurter Allgemeine Zeitung*, Frankfurt 11. 12. 2007

Zekri, Sonja: »Bombentage«, Süddeutsche Zeitung, München 10. 06. 2011

Zeitungen, Zeitschriften, TV-Magazıne

Frankfurter Allgemeine Zeitung, Süddeutsche Zeitung, New York Times, International Herald Tribune, Spiegel und Spiegel-Online, Die Zeit, die tageszeitung, Stuttgarter Zeitung, Al Ahram Weekly, Daily News Egypt, Al Quds al Araby, As Safir und andere (nach Übersetzerdienst Meadeast-wire, Beirut), Nachrichtenagenturen

ARD Weltspiegel mit Berichten von Stefan Maier, Gulineh Atai u. a.

Entwicklung und Zusammenarbeit, Jahrgang 52, 2011/2 ff.

Foreign Affairs, »The new Arab Revolt«, Vol. 90, Mai/Juni 2011

INAMO – Berichte und Analysen zu Politik und Gesellschaft des Nahen und Mittleren Ostens, herausgegeben vom Informationsprojekt Naher und Mittlerer Osten e. V., hier besonders aber die Hefte 64 und INAMO spezial »Game over«, Berlin, Frühjahr 2011

Publikationen der Stiftung Wissenschaft und Politik, Berlin